高等院校"十三五"工商管理规划教材

社会保障概论

主　编　韩淑慧

副主编　李冬艳　刘鸣霁　兰　玲

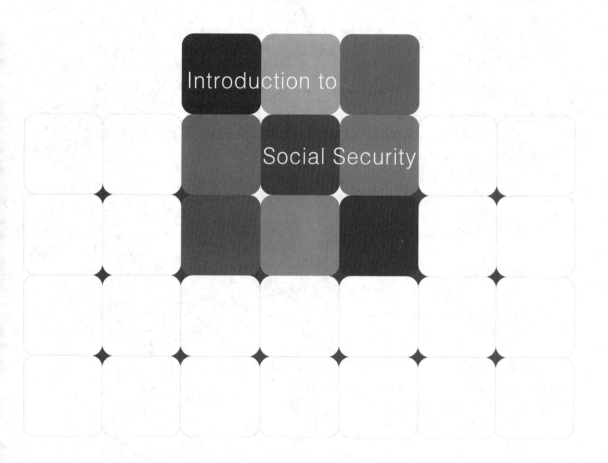

Introduction to

Social Security

经济管理出版社

ECONOMY & MANAGEMENT PUBLISHING HOUSE

图书在版编目（CIP）数据

社会保障概论／韩淑慧主编. —北京：经济管理出版社，2018.5
ISBN 978-7-5096-5471-2

Ⅰ.①社⋯　Ⅱ.①韩⋯　Ⅲ.①社会保障—概论—教材　Ⅳ.①C913.7

中国版本图书馆 CIP 数据核字（2017）第 274212 号

组稿编辑：王光艳
责任编辑：许　兵
责任印制：黄章平
责任校对：董杉册

出版发行：经济管理出版社
　　　　　（北京市海淀区北蜂窝 8 号中雅大厦 A 座 11 层　100038）
网　　　址：www. E-mp. com. cn
电　　　话：（010）51915602
印　　　刷：北京市海淀区唐家岭福利印刷厂
经　　　销：新华书店
开　　　本：787mm×1092mm/16
印　　　张：16
字　　　数：332 千字
版　　　次：2018 年 5 月第 1 版　　2017 年 5 月第 1 次印刷
书　　　号：ISBN 978-7-5096-5471-2
定　　　价：58.00 元

前　言

　　现代社会保障制度是伴随着生产社会化和市场经济的形成而建立起来的，中国社会保障制度是在 20 世纪 80 年代初期开始进行的理论和实践探索，并经过多年的改革和发展，逐步形成了新型的社会保障制度体系。

　　目前，有关社会保障的教材多以社会保险及保险险种为主要内容，而保险险种往往又单列一门课程，难免造成在内容上的重复，且现有教材的习题类型也比较单一，所以在教学中缺少适应教学和学习需要的教材。为此，我们编写了这部教材。

　　本教材在编写过程中广泛吸收了当前中国社会保障实践发展的新成果，并结合中国情境，充分反映了社会保障领域的新问题；在每一章内容后面单列了习题，且附有部分参考答案，比较适合使用者学习与使用。教材具有较强的实用性。

　　本教材的编写分工如下：大纲及统筹工作由韩淑慧完成，教材第一章至第三章、第五章和第六章由韩淑慧编写，第四章、第十章至第十二章由李冬艳编写，第七章至第九章及第十三章由刘鸣霁编写，最后，由兰玲对教材进行了修改和定稿。受编写时间及作者水平所限，错漏之处在所难免，有不当之处，敬请读者和使用者不吝批评指正。

编　者

2017 年 11 月

目　录

第一章　绪　论

📖 学习目的

1. 了解市场经济与社会保障之间的关系。
2. 理解社会保障的体系结构。

📖 **重　　点**

社会保障的特征和功能性。

📖 **难　　点**

社会保障与市场经济之间的关系。

第一节　社会保障制度与市场经济的关系

　　社会保障制度是市场经济体制不可或缺的重要组成部分。所谓市场经济，就是通过市场调节社会经济活动，配置社会资源的一种经济组织形式。市场经济有许多优越性，但也有不足之处，其不足一方面表现在由于分配不均产生的两极分化，另一方面表现在由于市场机制和竞争规律作用的结果，必然导致一些企业在竞争中失败，产生亏损乃至破产，进而导致职工失业，使其失去生活来源，生存受到威胁，这就需要有完善的社会保障制度对失业者给予基本的生活保障，调节和缩小分配上的不均衡，以弥补市场经济的不足。所谓社会保障是国家依据一定的法律和法规，在劳动者或全体社会成员因年老、疾病、伤残、失业及遭受其他灾难时，保障他们及其家庭的基本生活需要的社会行为、机制和制度的总称，以此维护社会安全，调动劳动者的积极性，促进国民经济持续、稳定的发展。社会保障包括社会救助、社会福利、社会保险等。

社会保障是市场经济发展的必然产物。对劳动者的社会保障是所有社会都面临的问题，只要存在人类和人类社会，这个问题就始终存在。市场经济的高效率和高风险使社会保障制度显得尤为重要，社会保障对经济的发展只有在市场经济条件下才能发挥其完整而巨大的维系作用。纵观历史，现代意义的社会保障制度也正是市场经济的产物。特别是在资本主义世界发生严重的经济危机，造成大量工人失业，阶级矛盾尖锐以致影响社会稳定的情况下，资本主义国家纷纷出台社会保障法律，确立社会保障制度，用社会保障的手段来维护市场经济的有序运行。西方资本主义国家社会保障制度的发展经历了三个阶段，其每一次变化都无不与市场经济有密切的关系，都是为了弥补市场经济的不足，巩固资产阶级的统治。

社会保障制度是市场经济运行的必要稳定机制。市场经济运行实质上是市场对资源配置起基础性作用的过程，而这种配置主要靠市场竞争、市场供给和价格参数来实现。客观上，市场机制在资源配置过程中要求参与市场竞争的各经济主体有均等的机会，但竞争的结果却是非均等的。这种竞争机会的均等性和竞争结果的非均等性的矛盾则是激励劳动力竞争热情和积极性的动力和压力。对于那些无力参与竞争和竞争中的被淘汰者，则需要通过社会保障制度予以基本生活、生命上的必要保障，以维系社会劳动力生产的需要，并随时为经济系统的运行补充必要的劳动力，否则社会就不能安定，市场经济就不能正常发展。因此，社会保障制度是社会经济运行的"安全网"和"减震器"，是维系整个社会稳定的重要手段。

社会保障制度是市场经济运行中宏观调控机制的重要内容。政府宏观调控是减少和避免市场机制缺陷的必要措施，也是国家宏观调控机制的重要内容。从宏观角度看，社会保障制度中的社会保险是市场经济运行中劳动力再生产的重要保障机制；社会救助和社会福利是调整经济发展与社会公平矛盾的必要协调手段；社会保障基金的征收与支付又是国民收入分配的调节机制，其能使国家对国民收入分配进行再调节，尽量缩小贫富差距，缓和社会矛盾，确保市场稳定；社会保障基金的投向是国家用以调节国民经济产业结构的重要手段。社会保障制度的这种再分配功能虽然不能直接改变国民财富的总量，但能改变国民经济运行中的结构比例和流量。通过社会保障体系，在保障公民基本生活需要的同时，还能通过互济来调节收入的流量和收入的差别，能使多数劳动者和贫困者保持一定的消费水平，直接或间接提高劳动者收入，增加社会总需求量和扩大社会需求形式的市场调节空间，从而刺激供给和经济增长，达到调节供给比例和经济结构的目的。

第二节 社会保障制度的体系结构

社会保障体系是指由社会保障各个项目构成的有机运行的整体。社会保障体系有无漏洞是衡量社会保障制度完备与否的基本依据。社会保障体系在不同国家以及不同时期的表现不尽相同。只有其与本国国情相适应，才是合理的制度安排，才能发挥应有的功能。

社会保障体系根据其所包含的业务内容、是否与受保障对象的缴费义务相关联以及政府介入的程度和法律规范的强制性三方面进行划分。

一、根据社会保障制度所包含的业务内容划分

1. 社会救助

社会救助是社会保障制度最低层次的保障。它是依据法律规定，政府和社会对因自然灾害或其他原因而无法维持最低生活水平的无收入和低收入的个人或家庭给予帮助，满足其生存需要的制度。

2. 社会保险

社会保险是社会保障制度的核心，也是基本保障。它是以国家为责任主体，采用社会筹资的方式，在保障对象遭遇年老、疾病、工伤、生育、死亡、失业等风险时给予其本人或亲属一定程度的收入损失补偿和服务，是保证其基本生活的一种制度。

3. 社会福利

社会福利是最高层次的保障。它是指政府和社会组织通过建立文化、教育、卫生等设施免费或优惠向大众提供服务以及以实物发放、货币补贴等形式，向全体社会成员或特定人群给予帮助，以保证和改善其物质文化生活的制度。

4. 社会优抚（军人保障）

社会优抚是对军人的保障，也是特殊的保障。它是国家建立的，以军人及其家属为保障对象的各种社会保障制度的统称。

除了以上政府主导建立的各种保障项目外，还有一些补充社会保障制度，如企业年金、补充医疗保险、慈善事业、民间互助保障等。

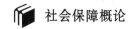

二、根据是否与受保障对象的缴费义务相关联划分

1. 与缴费义务相关联的保障制度

与缴费义务相关联的保障制度通常强调权利和义务相结合原则，待遇与缴费水平或工龄挂钩。如与收入关联的养老金、失业津贴、工伤津贴等。

2. 与缴费义务无关联的保障制度

与缴费义务无关联的保障制度通常强调社会成员的需求，待遇与受益者缴费义务不直接挂钩。如基础养老金、最低生活保障、灾害救济、各种福利待遇等。

三、根据政府介入的程度以及法律规范的强制性划分

根据政府介入的程度以及法律规范的强制性可以分为制度化的社会保障和非制度化的社会保障。

第三节　社会保障制度的特征和功能性

一、社会保障的基本特征

一般来说，社会保障具有六个方面的基本特征。

1. 社会性

社会保障对象具有社会性，即其是全体社会成员；社会保障组织管理机构的社会性；社会保障资金来源的社会性。

2. 强制性

各国均用法律的形式将社会保障制度固定下来，以确保制度的实施，避免主观随意性。社会保障所规定的某些保障项目，不论个人或雇佣单位愿意与否，都必须依据有关法律规定参加并接受其保障；社会成员个人无权选择所参加的社会保障项目和待遇，社会保障机构也无权拒绝社会成员享受其权利的要求；社会保障基金的筹集以立

法形式保证其实施，凡符合条件的个人和团体都必须按要求缴纳，否则将被追究法律责任。但是，仍有不少企业拒绝参加社会保险，这违反了《劳动法》中第七十二条的规定："用人单位和劳动者必须依法参加社会保险，缴纳社会保险费。"

3. 普遍性

社会保障的普遍性包含两方面：一是保障项目的普遍性，包括社会保险、社会救助、社会福利等，社会保险又包括养老、医疗、失业、生育、工伤等多个方面；二是保障对象的普遍性，其覆盖至全体社会成员。

4. 公平性

凡符合保障条件的对象能够均等地获得社会保障的机会和权利，能够促进整个社会的公平和进步。

5. 互助性

互助性包含横向互济和纵向互济两方面。横向互济：失业保险、医疗保险等遵循的是一种大数法则，即由多数成员实现对少数遭遇风险成员的收入补偿。纵向互济：代际之间的互济，如养老保险的社会统筹部分。

6. 储蓄性

一部分社会保障项目的资金是先行扣除、缴纳和储存，然后分配和使用，其实质是"取之于己，用之于己"。

二、社会保障的功能

市场经济是通过市场机制作用于社会，以此促进整个社会经济的发展，但是市场机制存在不可避免的弊端，如盲目性、外部不经济、无法协调效率与公平等。社会保障是国家干预社会经济生活的有效手段之一。现代市场经济体制由竞争性的市场体系与以政府为主体的宏观调控体系两部分组成，二者相互作用，进行资源配置。国家运用社会保障干预市场失灵，维护社会公平，促进社会公共利益的发展。

1. 社会保障的社会性功能（对社会发展、社会稳定的作用）

（1）社会保障的补偿功能。补偿功能是对市场竞争造成的失业、下岗者的一种经济补偿。

（2）社会保障的稳定功能。通过保证劳动者乃至国民在特殊情况下的生活问题，从而实现整个社会乃至统治秩序的稳定，其被誉为"社会安全网"和"社会减震器"。国际劳工组织在总结各国实施社会保障制度的作用时指出,"没有社会的安定,就没有社会的发展;没有社会保障,就没有社会的安定"。这客观地描述了社会保障作为社会稳定机制的重要性和功能。

2. 社会保障的经济性功能(对经济发展的作用)

(1)调节投融资功能。社会保障的资金直接来源于社会保障费、国家资助(财政补贴)以及资金运营收入,经过长期积累,其数量巨大,具有较高的稳定性,成为国家调节投资的一大支柱。

(2)平衡需求功能。经济要健康发展,就要保持需求与供给的总体平衡。在经济扩张期,就业比较容易,失业率低;在经济紧缩期,找工作困难,失业率高,可支配的收入减少,容易造成有效需求不足。社会保障被称为调节经济的"蓄水池",具有非常有效的平衡需求的作用。当经济衰退失业率增大时,由于社会保障具有的失业给付功能,其抑制了个人收入减少的趋势,使失去职业和生活困难的人们保持其购买力,起到了唤起有效需求的作用,这在一定程度上促进了经济复苏。而当经济高涨失业率下降时,社会保障支出相应缩减,其基金规模因此增大,抑制了社会需求的急剧膨胀,最终使社会的总需求与总供给达到平衡。

(3)国民收入再分配功能。通过税收环节,在第一次分配的时候,将高收入者的收入以征税的形式收取,然后通过财政手段进行转移支付,再分配给低收入者,以缩小贫富差距,缓和社会矛盾,实现社会公平。

(4)保护和配置劳动力功能。通过失业救助,使失业者能够维持劳动力的再生产;通过就业培训,可以使失业者获得新的技能,达到重新就业的目的。通过社会保障的调控作用使劳动者无后顾之忧,可以促进劳动力的合理流动,实现劳动力要素的有效配置。部分劳动力则通过失业救助,找到了最能发挥其能量的工作,也实现了劳动力的有效配置。

 练习题

一、选择题

1. 保障社会安全的最后一道防线是(　　　　)。

A. 社会保险　　B. 社会救济　　C. 社会福利　　D. 社会优抚

2. 社会保障的最高层次是(　　　　)。

A. 社会保险　　B. 社会救济　　C. 社会福利　　D. 社会优抚

3. 社会保障的目的是保障（　　　　）。

A. 生活幸福　　　B. 人民富裕　　　C. 社会安定　　　D. 生活水平稳定

4. 社会保障的对象在总体上具有（　　　　）。

A. 差异性　　　B. 区域性　　　C. 普遍性　　　D. 特殊性

5. 社会保障的最初形态是（　　　　）。

A. 社会保险　　　B. 社会救济　　　C. 社会优抚　　　D. 社会福利

6. 社会保险体系的核心部分是（　　　　）。

A. 社会保险　　　B. 社会救济　　　C. 社会福利　　　D. 社会优抚

7. 社会保障的实施对象是相对贫困人口群体的为（　　　　）。

A. 社会保险　　　B. 社会福利　　　C. 社会救助　　　D. 社会优抚

8. 社会保险的实施对象是（　　　　）。

A. 社会上相对贫困的人口群体

B. 社会劳动者（一般是挣工资的劳动者）

C. 包括社会劳动者在内的全体社会成员

D. 社会上一部分备受尊重而又有光荣身份的人口群体

9. 社会保障制度包括（　　　　）。

A. 社会保险　　　B. 社会救济　　　C. 社会福利　　　D. 社会优抚

10. 社会保障主要有以下几个特征（　　　　）。

A. 强制性　　　B. 互济性　　　C. 社会性　　　D. 福利性

二、思考题

1. 社会保障具有哪些本质特征？

2. 社会保障制度的建立应遵循哪些原则？

3. 社会救助、社会保险、社会福利三者之间有何不同？

4. 社会保障有哪些功能？

5. 为什么说社会保障制度是市场经济正常运行的必要条件？

6. 论述社会保障体系的组成部分。

7. 说明社会救济、社会保险、社会福利在社会保障体系中的地位。

参考答案

一、1-5 BCCCB　6-8 ACB　9 ABCD　10 ABCD

二、思考题

1. 社会保障的本质特征

（1）公平性特征。公平性特征包含以下两方面：

1）在保障项目实施范围内不会对受保对象有性别、职业、民族、地位方面的身份限制。

2）对符合条件享受保障的各类对象，在待遇上享受同一标准。

（2）社会化特征。社会化特征包含以下几点内容：

1）社会保障制度及法规是面向全社会成员的。

2）社会保障资金是在全社会范围内，动员各方社会力量（政府、社会组织、个人）多渠道筹集的。

3）社会保障的运行及实施过程，资金缴纳、待遇给付（如退休金发放等）是借助社会各方面的组织和人力实现的。

4）对社会保障的管理监督是依靠社会力量进行的，即除政府外还依靠社会团体、受保人代表共同实行。

（3）福利性特征。受保方无代价地获得现金补贴，免费或减费获得商品和服务；保障方无偿地或仅以低廉价格向受保方提供商品和服务。

（4）法制规范性特征。法制规范性主要体现在法律的规范与强制性上。

（5）刚性发展特征。刚性发展主要表现为社会保障项目和待遇水平一旦被确定下来，则很难被取消和降低。

2. 社会保障制度建立应遵循的原则

（1）公平原则。

（2）与社会经济发展相适应原则。与社会经济发展相适应原则主要体现在社会保障的项目多少、待遇水平的高低要与社会经济发展程度以及由此决定的社会成员对基本生活的需要相适应，同时也要与社会财富、政府财力与社会成员的经济承担能力相适应。社会保障制度的建立既不能"过广过高"，也不能"过少过低"。

（3）责任分担原则。责任分担原则体现在社会保障的各种责任方面，例如，资金负担、管理、监督等责任应该由政府、企业、个人和社会团体等分别承担，而不应该只集中在政府或少数几个部门。

（4）普遍性与选择性相结合原则。普遍性原则是指社会保障的对象、范围不能只局限于贫困阶层，而应使全体国民都能享受相应的社会保障；选择性原则是指根据收入状况和对社会保障的需求程度，有区别地安排。两者相结合即在制度设计中既要有按普遍性原则的项目，能够使全体国民按同一标准共享，也要有只保障一定范围内的部分人的项目。

3. 社会救助、社会保险、社会福利三者的不同点

社会救助、社会保险、社会福利三者的不同一般表现在保障范围和对象、保障目标、主要资金来源以及权利义务关系等几个主要方面。

4. 社会保障的功能

社会保障的功能主要有以下几方面：

（1）社会保障是保障人民群众生活的安全网。

（2）社会保障是调节收入差距的平衡器。

（3）社会保障是发展经济的推动器。

（4）社会保障是社会政治的稳定器。

5. 论述社会保障制度是市场经济正常运行的必要条件

市场经济是效率高的经济，其利润最大化的原则对经济的发展产生了强大的动力，同时，市场经济也是风险大的经济，风险造成的社会震荡又会成为经济发展的阻碍因素，所以，社会需要一种稳定的机制来缓解、排除这种阻力和干扰以保障经济的正常运行。社会保障制度就是市场经济的这种稳定机制，是作为社会的"减震器"和"安全网"应运而生的。

6. 论述社会保障体系的组成

社会保障体系主要由社会救助、社会福利以及社会保险三方面组成。

（1）社会救助。社会救助是国家及社会对遭受自然灾害、不幸事故和生活在贫困线或最低生活标准下的个人和家庭进行的救济和援助，以维护这些社会成员的基本生活权利的一项社会保障制度。

（2）社会福利。社会福利是在保障全体社会成员享受基本生存权的基础上，能够随着社会经济的不断发展而提高生活水平，增进社会成员个人福利的一项社会保障制度。

（3）社会保险。社会保险是社会保障体系最核心的部分，是国家通过立法而建立的旨在保障劳动者在因年老、疾病、伤残、生育、失业等暂时或永久失去劳动力而减少或失去工资收入的情况下，仍能享有和在业期间相差不大的基本生活权利的一项社会保障制度。

7. 社会救济、社会保险、社会福利在社会保障体系中的地位

（1）社会保险是社会保障体系的核心部分。

（2）社会福利是社会保障体系的最高层次。

（3）社会救济是社会保障体系的最后一道防线。

第二章　现代社会保障制度的产生和发展

1. 了解社会保障制度产生和发展的历史和条件。
2. 领会社会保障制度的内涵。

社会保障制度产生的社会条件。

社会保障制度产生的理论基础。

第一节　社会保障制度产生的经济条件与社会政治条件

在现实生活中，人总会遇到生、老、病、死以及就业、失业、各种自然灾害等情况，面临这些困难和风险，依靠什么？当学生毕业走上社会成为一名即将从业人员时，其权利和义务有哪些？如何保护？作为一名从事社会管理专业的学生，今后的从业领域、发展空间是什么？能干什么？这些都与社会保障制度相关。

社会保障制度已有170多年的历史，是人类社会发展、社会进步的结果，已经成为现代社会文明的重要标志，也是当今世界许多国家实施的社会政策。它在经济发展和社会稳定方面发挥着重要的"稳定器""安全网"的作用。

一、社会保障制度的定义

社会保障作为一个概念（理论概念）的出现，源于 1935 年美国颁布的《社会保障法》中的"Social security"，其通常被解释为社会保障或社会安全。在实践中，社会保障源于 19 世纪末欧洲的工业社会，1938 年，"社会保障"一词出现在新西兰的一项法案中，1941 年《大西洋宪章》中也使用了这一词汇，1944 年，在第 26 届国际劳工大会发表的《费城宣言》中，国际组织开始正式使用社会保障的概念。1986 年，我国《国民经济和社会发展第七个五年计划》中首次提出"我国将逐步建立起具有中国特色的社会保障制度雏形"，"社会保障"一词在我国开始广泛传播。社会保障制度经过 170 多年的发展，现已推行到世界 160 多个国家和地区，成为国际性的制度，也是各国政府治国安邦的基本手段。

由于各国家和地区的政治、经济、文化等方面存在差异，社会保障在各国实践中也有着较大的不同，从而使其具有不同的含义，但综合起来，社会保障有以下共同特征：

第一，社会保障的责任主体是国家与政府，并需要其统一进行管理。

第二，社会保障的目的是稳定社会，以促进整个社会经济的协调发展，因而需要依法实施，体现强制性。

第三，社会保障采用的是经济或物质援助手段为社会成员的基本生活权利提供安全保障，以确保成员不因特定事件的发生而陷入生存困境，并体现公平性。

第四，社会保障以国家财政为基本经济后盾，其资金来源既有政府财政部分，也有企业和劳动者个人缴纳及社会成员捐赠的部分，体现经济福利性。

第五，社会保障是自成体系的国民收入分配与再分配方式。

综上所述，我们认为，社会保障是以国家或政府为主体，依据法律规定，通过国民收入再分配，对公民在暂时或永久失去劳动能力以及由于各种原因导致的生活发生困难时给予物质帮助，以保障其基本生活的制度。

二、社会保障制度产生的经济条件、社会条件

社会保障制度的产生离不开一定的经济条件和社会条件。

1. 社会保障制度产生的经济条件

人类社会并不是一开始就有社会保障制度的。在原始社会初期，人类认识和利用自然、改造自然的能力极为低下，使用粗糙的石制工具，以采集和狩猎为生，靠集体

劳动才能获得有限的生活资料，没有剩余产品可以供人们在遇到天灾人祸时使用。因此，人们共同生产、共同享受，多则同饱，少则同饥。老幼病残等不能从事生产的劳动者作为氏族成员得到自然照顾，没有特殊性待遇。这时的社会，不存在产生社会保障的物质基础，也不存在任何社会保障的形式。

当社会发展到氏族公社，特别是父系氏族公社时，生产力有了较大的提高，社会有了剩余产品，出现了私有财产及以私有财产为基础的父权制家庭。从原始社会末期到封建社会的漫长历史过程中，社会生产方式一直停留在以手工生产为基础的自给自足的自然经济状态，家庭作为社会的细胞，是人们生产和生活的基本单位。劳动力的再生产是在家庭的内部进行的，生产技艺祖辈相传，劳动者的生、老、病、死、伤、残的生活费用完全由家庭负担。社会除了出自道德的原因对个别极度困难的人进行一些慈善性的救济外，不负担任何费用。因此，在自给自足的自然经济状态下，存在的是以血缘关系为基础的家庭亲属保障。老年农民在家庭"共同体"的框架中得到照料，他们一般继续与子女同住，由此得到固定的食物供应和必要的住宿条件。"养儿防老"成为普遍的风俗，有时也扩大到其他直系亲属或旁系亲属中，形成家族养老模式。

社会保障制度出现的经济条件就是社会生产力发展到一定的水平，社会有剩余产品可供扣除和储存，并建立起一套完整的调节收入分配的制度。一般认为，现代社会保障制度是随着生产工业化和市场经济的出现而产生的。

（1）工业化是社会保障制度产生的经济根源。18世纪中叶，疯狂的殖民地掠夺和罪恶的奴隶贸易使英国积累了雄厚的货币资本，并且为其提供了广阔的市场空间，同时，英国资产阶级政府也高度重视国内社会生产力的发展，如把财富用于生产的投资，采用奖励等方式刺激技术发明和应用，这些因素的综合作用导致了工业革命在英国的出现，并随之在欧洲大陆快速发展。工业革命的目的就是以机器代替人力，以工厂生产代替手工工场劳动。工业化给人类社会带来了翻天覆地的变化。

工业化尤其是机器大工业生产使劳动者在生产过程中遇到的风险事故增多。机械化程度的提高使劳动生产方式产生了变化，产业形式也变得多样化了，不仅有较早出现的纺织业，还有各种采矿业、加工业等，生产过程中伤残、事故、职业病等事件时有发生，影响劳动者的人身安全和生活质量。工人患病或伤残后靠本人工资无法进行医治，失去劳动能力后使其生活更加难以维持。工业革命带来了社会化大生产，强调的是专业化分工与协作，对劳动者技能素质提出了更高的要求，这也促使其过早地退出生产领域，因为劳动者的素质提高往往赶不上由于技术的飞速发展，新机器的不断涌现所需要的技能。同时，由于技术的进步和机器的普遍采用，资本的有机构成提高，对劳动力的需求相对减少，出现了"机器代替人"的现象，致使劳动力相对过剩，结构性失业增加。失业的劳动者及其供养的家庭也就暂时失去了生活来源，这成为一个严重的社会问题，迫切要求对他们的基本生活实行社会保障。

生产社会化带来的不仅是经济结构、产业结构的变化，而且引起了社会、政治文化的变迁。生产社会化导致社会结构变迁，使传统的农业社会逐步过渡到工业社会，家庭结构及其功能发生了根本性的变化。在农业社会中，以农业、手工业为主体的自然经济、半自然经济占主导地位，家庭功能全，既是生产单位，具有生产职能；又是消费单位，具有消费职能；同时还具有生育、教育、养老的功能，家庭保障成为劳动者和其他社会成员在遭遇不幸时的"保护伞"。在生产社会化的条件下，机器大工业以其低廉的生产成本、高质量的产品和高效率的方式，在竞争中彻底摧垮了以家庭为基本生产单位的自然经济、半自然经济的基础。大工业在瓦解家庭制度的经济基础及与之相适应的家庭劳动的同时，也瓦解了旧的家庭关系本身。家庭的职能不得不发生转换，由生产实体转变为单纯的消费实体，其保障功能大大缩小。工业社会中的家庭尤其是被雇用的劳动者家庭，主要是靠工资来安排生活，一旦工资收入中断，生活便会陷入困境，既无资产可依赖，又无家庭可保障。因为无产者根本不可能从微薄的工资收入中拿出一些钱来储蓄，以备在伤残、疾病、年老等丧失劳动能力的情况下以及与资本主义生产方式紧密联系的失业时的生活需要。社会化生产的发展和家庭功能的变化，使传统的家庭保障和家族保障在不同程度上失去了存在的基础。另外，社会化生产的发展，意味着劳动力的再生产也必须社会化。生活社会化的组织程度也在不断提高，教育、卫生、城乡生活服务逐步成为社会公共事业，走上了社会化发展的进程，成员的个人需求成为社会需求，于是便产生了生活保障社会化的要求。

（2）市场经济的发展强化了社会保障的需求。现代工业化的进程是伴随市场经济的发展而深化的。市场经济是以市场调节为主要手段配置资源的，它得以运行的主要机制之一就是竞争，注重企业之间在市场上的"搏杀"。竞争的结局是优胜劣汰，企业间会不断出现破产、重组、壮大等景象，不同的企业具有不同的发展前景，会给劳动者带来不同的生活状态。实践证明，纯粹的市场机制有利于实现效率，却不利于社会公平，会导致社会成员间的"马太效应"，即"穷的越穷，富的越富"，出现两极分化现象，产生社会不公，导致社会矛盾加深，甚至出现社会动荡。显然，单纯依靠市场是不能保证社会公平的，也不能使"人人有饭吃"。为了维护社会安定，政府必须采取有力措施，弥补市场的缺陷，对在市场竞争中出现的生存难以为继的失败者给予物质上的帮助，满足他们最基本的生存需要。

市场经济发展的周期性规律也要求实行社会保障制度。市场经济是不稳定经济，价格机制、供求机制和竞争机制的共同作用使经济形态在复苏、繁荣、停滞、萧条甚至是危机状态中交替运行。在经济处于繁荣时期，社会生产规模扩大，如果技术条件相对稳定就需要吸纳大批劳动力，形成对劳动力的需求。在经济处于收缩、停滞、衰退时期，尤其当经济危机到来时，大量企业破产，出现劳动力供给过剩，导致大量工人失业，且陷入生活困境。即使在经济正常发展时期，由于市场经济调节的自发性、盲目性、滞后性导致的市场供求不平衡，也会出现企业破产和工人失业现象。在失业工人失去收入，生活来源断绝时，必须要给予其生活保障，这一方面避免他们流离失所，铤而走险，危及社会安定，另一方面又可以保存这部分劳动力，以备经济繁荣、劳动需求扩大时，不会出现劳动力供不应求的状况。

2. 社会保障制度产生的社会条件

社会生产力的发展和生产社会化的提高是产生社会保障制度的经济条件，而这并不会使社会保障制度自发地产生。经济利益和社会权利的分配取决于各阶级、各集团政治力量的对比。工人阶级的坚决斗争是将社会保障制度产生的可能性变为现实的决定性因素。正是基于这些客观的社会原因，社会保障制度才得以在西欧国家形成。具体来说，产生社会保障制度的现实客观条件有以下几方面，这些客观原因在一定程度上互相关联。

（1）工业化大生产使工人失去土地保障是现实原因。英国持续 300 多年的圈地运动，使大量农民无以为生，流入城镇，对当局充满仇恨，成为麻烦的制造者。英国政府软硬兼施，一手高压政策，严厉打击；一手安抚驯服，于 1601 年颁布伊丽莎白《济贫法》（pool law，也称旧《济贫法》），在全国各地设立济贫院，收容、接济老人、孤儿、残疾人。18 世纪的工业革命使劳动生产率提高，导致大量工人失业，陷入贫困，这时慈善家主张网开一面，大力推行福利主义，政府的救济面更广，儿童免费体检治病，穷学生享有免费牛奶，工伤受赔偿，失业领救济，70 岁以上低收入者，只要在英国住满 12 年就可拿养老金。

（2）阶级矛盾尖锐是政治原因。资本主义发展到 19 世纪后半叶，一方面资本家对工人的剥削压迫变本加厉，使工人阶级相对贫困问题越发严重；另一方面经济危机周期性爆发，使失业大军队伍不断扩大，绝对贫困人口迅速增加。剥削、贫困和生存无保障激起了工人的愤怒和抗争，无产阶级为了保障自身的利益，与资产阶级进行了针锋相对的斗争，工人运动风起云涌，罢工、游行、示威、起义此起彼伏。如何缓解社会矛盾，维护资产阶级的统治，成为一大难题。对此，资产阶级政府为了缓和阶级矛盾，维护自己的统治，确保获取更多的剩余价值，在工人阶级斗争面前采取了"施压"与"安抚"两手并重的政策，而社会保障制度就成为资产阶级政府实施安抚政策、平息劳工运动的一种形式。

同时，工人阶级的斗争也推动了社会保障理论的发展。国家的职责是维护社会秩序和国家安全，政府要改革《济贫法》，制定全国最低生活标准，对劳动者实施强制性社会保险制度。于是，现代意义上的社会保险制度便首先在德国产生了。1883 年，德国颁布的《疾病保险法》标志着以社会保障为核心内容的现代社会保障制度的产生，之后，德国先后于 1884 年颁布了《工伤事故保险法》，1889 年颁布了《老年和残障社会保险法》，社会保险项目增加。

第二节　社会保障制度产生的思想理论基础

社会保障制度是市场经济发展的需要，它的建立与完善，除了要有上述的经济、社会条件以外，还需要一定的理论基础。

一、福利国家理论和福利经济学

福利国家理论、福利经济学理论是社会保障制度建立和发展最直接的、最有力的理论依据，正是在这两者影响下，各国社会保障制度才有了飞跃的发展。

19 世纪末，德国新历史学派的施穆勒、布伦坦诺等提出了福利国家理论，认为国家除维护社会秩序和国家安全外，还有一个"文化和福利"的目的。

20 世纪初，以英国韦伯夫妇为首的费边主义者提出了福利国家对策，如对老弱病残、儿童和失业者提供社会保障，以此代替《济贫法》，后被称为"福利国家概念和政策最初的充分的制度者"。费边主义的这种思想逐步在社会上产生影响，甚至英国工党也接受把实现社会福利作为自己的纲领。

福利经济学以 1912 年英国经济学家庇古（Pigou）的《财富和福利》为标志，以其 1920 年《福利经济学》为代表作。

福利经济学证明了为什么通过转移支付使收入均等就能增加收入总量的福利，增加整个社会的福利。

福利国家理论和福利经济学的共同点：第一，两者都主张建立一种能更好地提高人们福利的制度，尤其是提高和保障低收入人口群体的福利；第二，国家应当承担提高公民福利的责任。

20 世纪 30 年代，一些政治家、学者把摆脱经济危机、政治危机的措施与福利国家联系在一起。

最早对社会保障制度进行实证分析和推理的是凯恩斯主义经济学，其影响最大的著作是 1936 年出版的《就业、利息和货币通论》，它成为第二次世界大战后西方国家制定经济政策和重建社会保障制度的理论依据。在这本书中，凯恩斯彻底放弃了"供给会自动创造需求"的传统经济学信条，运用总量分析方法，提出了有效需求不足理论以及相应的国家经济干预思想。凯恩斯思想本质上是新自由主义在经济学界的延伸。他也强调自由、个人主义、私人企业之间竞争的价值和作用，但反对完全的自由放任。他认为寄希望于政府，而抛弃了自由放任——不是出于偏激，也不是对这个古老信条价值的轻视，而是不管我们是否喜欢，它获得成功的那些条件业已消失。他否定完全的自由放任，认为市场经济存在着两种严重的缺陷，收入分配过于不匀和不能实现充分就业均衡，所以必须通过国家干预来弥补市场的缺陷。他认为国家是公共意志的代表，应负起调剂国民经济的责任。在他的国家干预思想中，社会保障占有很重要的地位。他主张通过累进税和社会福利等办法重新调节国民收入的分配。他认为国家对社会福利领域的干预有助于增加消费倾向，实现宏观经济的均衡，其发挥作用的机理：一般地，社会保障收入在经济萧条时期增加缓慢，支出迅速增加；在经济繁荣时期，社会保障支出增加缓慢，收入迅速增加。社会保障的收支变化会自发地作用于社会总需求，起到稳定经济的作用。

凯恩斯的理论从结构上扩大了社会政策应当干预的范围，"充分就业"不再仅仅是与贫苦工人的生存有关，而是涉及整个资本主义经济体系能否顺利运转的问题。社会政策的出发点第一次开始从社会伦理等角度转向维护整个现存制度的生存方面，从"救人"变成了"自救"。从此，福利制度已不仅是给穷人撒下的最后一张"安全网"，而且也是给现存制度的最后一张"安全网"。

1942 年 12 月，身为保守党人的丘吉尔首相授权劳工部次官，让曾长期担任伦敦经济学院的院长贝弗里奇拟定一份《社会保险及其相关服务报告书》（又称《贝弗里奇报告》），他把各种改革者的不同愿望融进了一个有内在联系的框架之中，是当代福利思想的集大成者。这个报告确立了"二战"后英国福利体系重建的基本框架，标志着福利国家思想开始由理论变成现实。《贝弗里奇报告》确立了英国福利体系重建的四条基本原则：一是普遍性原则，社会保障应是普遍性的而非选择性的；二是满足最低需求原则，社会保障旨在维持生存所需的最低限度的收入并防止贫困；三是充分就业原则，一个没有充分就业以防止大规模失业的社会保障计划是不能令人满意的；四是费用共担原则，社会保障计划的实行由雇员、雇主和政府财政三方共同承担费用。

《贝弗里奇报告》还确立了"二战"后英国社会保障计划的基本结构。"国家所组织的社会保险和社会救济的目的是保证以劳动为条件获得维持生存的基本收入，即保证每个人的生活水平不能低于国家最低生活标准"。对于有些阶层的需求保障超出了最低生活标准的可以通过参加私人举办的自愿保险计划解决。因此，社会保障应采取三种方式：满足基本需要的社会保险；对特殊情况的国民补助；作为补充基本补助的自愿保险。这三种社会保障应按统一标准发放补助金；按统一标准缴纳保险金；将负责的行政部门统一起来；领取的补助金数额应当适当，并及时提供。社会保障应达到的目标是消除贫困。

总之，《贝弗里奇报告》的主要目的是试图通过国家补贴、雇主与雇员缴费的方式建立一种全面的社会保障制度，并由政府对经济结构进行调整从而提供充分就业的机会，最终消灭英国的社会贫困问题。

《贝弗里奇报告》直接推动了社会保障制度的发展和"福利国家"的建设，1948年，英国工党领袖艾德礼首次宣布英国已建成"福利国家"。

二、中外古代的大同思想

1. 西方传统宗教理念

传统宗教与慈善事业分不开，而慈善事业则是早期社会保障的重要形式。英语中表达慈善的词很多，有博爱、施舍、善行、捐款、救济。古基督教的慈善事业的开始主要是对基督徒中贫困者的关怀照顾或在其社群内的相互扶持，待信徒人口扩大后，博爱精神扩展至整个社会，它对施舍的强调一直是影响西方社会慈善事业的根源，公元 4 世纪，信徒的增长，教区制的成立，照顾教区内的穷人成为了教会的责任，并由各地主教督导。

2. 人权保障理论

人权可分为生存权和发展权。所谓生存权指社会中任何人都有生存下去的权利，这意味着一个人因任何原因陷入贫困，或发生危机时，有从国家和社会获得帮助以维护生存的权利，生存权的确立要求社会和政府尽可能保障社会成员的生存，乃人权之基础；发展权是社会中任何人都有满足、完善、发展自己需要的权利，它要求政府和社会要创造一切条件满足社会成员的发展需求，乃人权的更高层次。

人权与社会保障的关系是社会保障权是一项基本权利，现代社会保障是以肯定社会保障权利的基本人权属性为前提，由政府作为承担保证这些权利的主要义务载体；社会保障是实现其他各项人权的物质基础；社会保障的人权保障由保障生存权向保障发展权转变

3. 空想社会主义思想

空想社会主义是指为提高劳动群众的福利和保障社会和平而改造社会制度的思想，但允许财产不平等的存在，其更重视社会保障制度方面的问题。法国的圣西门、傅立叶，英国的欧文三大空想社会主义者，身体力行，非常关心整个社会保障的状况，关心人的生、老、病、死，尤其是妇女、儿童福利，工人失业状况，并努力推动社会在此方面的改善，如 1815 年，欧文提出了限制童工劳动的工厂立法，几经努力，英议会于 1819 年通过了第一个限制童工女工劳动的法案，尽管没有采取具体实施措施，但为以后的立法奠定了基础。

4. 我国古代大同思想

社会保障的本身就是各民族传统文化的一部分，我国古代虽无社会保障的概念，但却有其思想、行为。周代六政有"慈幼、养老、赈穷、恤贫、宽疾"；汉"社

仓"——民众捐谷物，政府贷给粮食，各方设仓储存，以待灾年救济邻里贫户，这些都是原始社会保障思想。孔子在《礼记·礼运》"大同篇"中有"不独亲其亲，不独子其子，使老有所养，壮有所用，幼有所长，鳏寡孤独废疾者皆有所养"的"大同思想"。《孟子·梁惠王》的"老吾老以及人之老，幼吾幼以及人之幼，天下可运于掌"体现了社会保障的萌芽，尽管在当时的社会条件下不能实现，但这种朴素的社会保障文化对于维护社会稳定，调整人们行为关系起到了一定的作用。

5. 马克思主义的社会保障学说

马克思主义关于社会保障的学说可以概括为两个不同的角度：一是从收入和分配的角度讲，社会保障是以国家为主体，通过国民收入的分配和再分配，依法对社会成员的基本生活权利予以保障的社会安全制度；二是从社会经济的运行角度讲，社会保障是保证劳动力再生产顺利进行的手段，是社会稳定、协调发展的均衡机制。马克思在《对德国工人党纲领的几点意见》一文中强调，在财富的分配问题上要有真正的公平，他在批判拉萨尔的"劳动所得应当不折不扣和按照平等的权利属于社会成员"这句话时指出："如果我们把'劳动所得'这个用语首先理解为劳动的产品，那么集体的劳动所得就是社会的总产品。现在从它里面应扣除：第一，用来补偿消费掉的生产资料的部分；第二，用来扩大生产的追加部分；第三，用来应付不幸事故、自然灾害等的后备基金或保险基金。从'不折不扣的劳动所得'里扣除这些部分，在经济上是必要的，至于扣除多少，应当根据现有的资料和力量来确定，部分地应当根据概率论来确定，但是这些扣除要根据公平原则无论如何是不能计算的。剩下的总产品中的其他部分是用来作为消费资料的。把这部分进行个人分配之前，还得从里面扣除……"马克思的这一著名论断高度地概括了社会保障的主要内容和实质，是社会保障学建立和研究的出发点。

第三节　社会保障制度的建立

现代社会保障制度的形成与发展过程分为以英国的《济贫法》为标志的萌芽阶段，以德国俾斯麦政府的社会保险制度为标志的形成阶段，以美国颁布的《社会保障法》为标志的发展阶段，以英国《贝弗里奇报告》为标志的全面发展、完善及调整阶段。

一、社会保障制度的萌芽——社会救助

社会保障作为一种制度是工业社会的产物，但作为一种观念和行为，无论在古代的东方和西方都存在。

从观念上看，早在 2000 多年前，中国思想家孔子在《礼记·礼运》"大同篇"中就有关于社会保障的描述。"大同"之意也就是人人有工做、有饭吃，灾难不幸发生时大家分担，个人无冻馁之虑，社会无贫困现象。英国空想社会主义者托马斯·莫尔在 1516 年出版的《关于最美好的国家制度及其乌托邦岛意趣盎然的全书》（后被称为《乌托邦》）中对儿童集体教育、免费医疗等未来的社会保障作了描述。这些对社会保障的设想可视为建立社会保障制度的思想渊源，但这在自然经济或半自然经济的社会是不现实的。

从实践上看，古代的中国，自周朝至汉王朝就大规模地兴建"常平仓"作为备灾救灾之用；隋文帝时普建"义仓"，每年均在秋后按贫富状况逐户征粮作为救灾用粮的储备。公元前 4000 多年，在古埃及石匠中，有一种互助合作组织，用参加者缴纳会费的方法筹集会员死后的丧葬费用。古罗马的丧葬互助会也有类似之处。同时古罗马力图创建横跨欧亚非三洲的大帝国，其参加的士兵们也建立过互助性团体，加入者缴纳一定的费用，在会员调离时，由团体给付旅费；在会员终止服役时，由团体给付本金；会员战死在沙场时向家属发放抚恤金。

但这些都只是一种社会保障行为，并不是一种社会保障制度。真正意义上代表现代社会保障制度的萌芽则是在 19 世纪 30 年代英国颁布并实施《济贫法》时。

社会救助制度之所以首先出现在英国，是因为这里是工业革命的摇篮。16 世纪英国在从自然经济向商品经济过渡的过程中，由于圈地运动导致大量流离失所的贫民出现，其生活遭受各种困难，偷盗、乞讨、抢劫等社会不安定因素急剧上升。为此，英国政府从救济贫民入手于 1530～1597 年通过了 13 个有关处理流浪者的法案。较典型的是 1601 年英国女王伊丽莎白一世在原有法案的基础上颁布的《济贫法》。该法案用征税办法向圈地运动中流离失所的贫民实行救济，包括各教区负责向居民和房地产所有者征收济贫税，以此来给无力谋生的人发放救济；通过各教区的教会组织失业者从事劳动，安排未成年儿童学习等。18 世纪后半叶，英国进入工业化时代，生产力大幅度提高的同时，贫民也日益增多。为了安定社会秩序，扫除工业化的障碍，英国议会于 19 世纪 30 年代颁布并实施了《济贫法》，对贫民进行社会救助。为区别 1601 年的旧《济贫法》，后人称为新《济贫法》。尽管该法对申请救助的贫民要求的条件较苛刻，以致难以推行下去，但它较旧《济贫法》还是向前推进了一大步。新旧《济贫法》比较，旧《济贫法》带有传统的慈善经济事业的特征，不承认社会救助是一种公民的权利，也不承认社会救助是政府的义务，更不承认社会救助事业需要专门的知识

和人员；新《济贫法》则不然，它开创了承认社会救助是公民的合法权利、实施社会救助是政府应尽义务的新格局，从此确认了人人有生存的权利，政府则有保障公民生存义务的法律地位，并且认为社会救助是要有专门知识与人员从事的事业，从而使社会救助通过立法成为一种制度，其标志着社会保障制度的萌芽产生。因为它仅仅满足社会成员的最低生活需要，所以是社会保障的最低纲领。

二、社会保障制度的建立——社会保险

1. 社会保险制度的建立

19世纪80年代，社会保障制度开始形成，1935年美国颁布并实施的《社会保障法》标志着作为社会保障基本项目的社会保险制度的形成，社会保障开始制度化。

德国是第一个推出社会保险制度的国家。从19世纪80年代起，德国陆续颁布了一系列社会保险法案。究其原因，一方面是为了调和劳资关系、加快工业发展和对外扩张，另一方面是德国工人运动的迅速发展以及德国历史学派的主张为社会保险的出台奠定了理论基础。

1870年，德国在对法战争中打败了法国，实施了统一，这大大推动了德国经济的发展，但也出现了一些社会矛盾。为了调和劳资矛盾，加快工业发展，德国1883~1889年陆续推出了一系列社会保险法案。1883年俾斯麦国王颁布了《医疗保险法》，这部《医疗保险法》被称为世界上第一部社会保险法，此法常作为现代社会保障形成的标志；1884年德国又首创了《工伤保险法》；1889年再创《养老保险法》。这种立法推行社会保险的行为使社会保障的基本项目步入法制轨道，是社会保障的一个质的飞跃，它确定了社会保险的基本体系。

由于德国的社会保险对安定劳动者的经济生活和稳定社会起了较大的作用，所以1890~1919年各工业国纷纷仿效德国建立了社会保险制度。在此期间实行养老保险的有丹麦、奥地利、英国等16个国家；实行疾病生育保险的有比利时、瑞士、英国等9个国家；实行失业保险的有英国、法国、西班牙等9个国家；实行工伤保险的有美国、波兰、南非等37个国家。

1935年后，社会保障得到了普遍的发展。在罗斯福总统的领导和主持下，1935年美国颁布了第一部《社会保障法》法典，它包括养老保险、失业保险、盲人补助、老年补助、未成年人补助等。至"二战"结束，已有50多个国家先后建立了社会保障制度，几乎所有西方国家都完成了有关社会保障的社会立法，设立了社会保障的主要项目和管理机构。由于社会保险是社会保障的基本纲领，因而社会保险的形成就标志着社会保障制度的最终形成。

2. 社会保险与商业保险的区别

社会保险和商业保险是按不同的政策进行的。社会保险是国家通过立法对劳动者在暂时或永久失去劳动能力，或失业带来的收入减少时提供的一定物质帮助，以维持其基本生活水平的社会保障制度。它是由法律规定的将某些社会风险转移于政府或某一社会组织的一种风险管理措施。由于社会保险所承担的风险包括生育、疾病、伤残、死亡、失业等风险，因此一般包括工伤保险、医疗保险、生育保险、养老保险和失业保险等。

商业保险是投保人根据合同规定，向保险人支付保险费，保险人对合同约定的可能发生的事故因其发生所造成的财产损失承担赔偿保险金责任，或者当被保险人死亡、伤残、疾病或者达到合同约定的年龄、期限时承担给付保险金责任的保险行为。

社会保险与商业保险都是通过建立保险基金的方式应付风险，以保证社会经济生活的稳定，但二者在性质、对象、实施方式、建立依据、保障水平、保费来源、经营主体和经营目的等方面均不同。

（1）保险性质不同。社会保险是国家保障劳动力基本生活的一项社会政策，当被保险人在遇到生育、老年、疾病、伤残、失业等风险而丧失劳动能力或暂时中断收入时，有从社会获得基本生活保障的权利，同时也是政府应承担的责任，属于政策性保险和政府行为；商业保险属于商业性质，其行为是等价交换的买卖行为。

（2）保险对象不同。社会保险的对象是法律规定的社会劳动者——工资劳动者或雇佣劳动者，有的甚至扩大至全体公民，凡法律规定属于社会保险的对象均必须参加，其社会化程度高；商业保险的对象较灵活，是一切自愿投保的国民，无论是劳动者还是非劳动者，均可投保，可由个人根据需要选择加入，但实际上，往往劳动者尤其是低收入劳动者无力参加。社会保险是为了社会政策的实施，以解决社会问题为目的。当某种现象成为社会问题时必然与大多数人发生关系，少数人之间发生的问题，不能成为社会问题，也无所谓社会政策。虽然各种社会保险无不以多数人加入为要件，但社会保险所需的大多数人是指足以引起社会问题，必须采取社会政策而言的。

（3）实施方式不同。社会保险主要采取强制方式实施，属于强制保险。凡属于社会保险的对象无论其是否愿意都必须参加，并缴纳保费；当被保险人遇到生育、老年、疾病、伤残、失业等风险而丧失劳动能力或暂时中断收入时，政府必须按法定标准给付。因为，社会保险既然以社会大多数人为对象，故必须有大多数人的加入，才能收到实施社会政策的效果。社会保险的实施虽不能以营利为目的，但基于经营技术的理由，也应有大多数人参加才能使全部收支得以平衡。而商业保险一般采取自愿原则，主要属于自愿保险，投保人是否投保，投保什么险种，保多少等，主要由投保人自行决定。虽然有些社会性较大的社会保险也采取强制方法，如汽车第三者责任保险，但投保人对投保的保险人、保险金额等均有选择余地。同样，保险人也可以选择被保险人。

（4）保险关系的建立依据不同。社会保险中保险人与被保险人之间关系的建立主要以法律为依据，如保险对象、保险资金来源、保费负担、受给资格、给付内容等均由法律规定，双方当事人不能另有约定。商业保险保险人与被保险人之间关系的建立完全依据保险合同的签订。通过保险合同确定双方权利义务关系，如保险人可因被保险人不履行交付保险费的义务而有停止保险合同效力的权利，但社会保险则不能。

（5）保障水平不同。社会保险的保障水平是基本生活需要，一般在贫困线以上，过高会产生依赖和懒惰的副作用；商业保险是满足人们对保障水平的特定需要，投保人可根据其面临的风险以及保费承受能力确定险种和保费金额，其保障水平多样，一般比社会保险高，是社会保险的必要补充。

（6）保费的承担者不同。社会保险的保费通常由劳动者个人、企业和国家三方共同承担，其基本原则主要是保障基本生活需要，而不特别强调权利义务的对等，主要强调社会的公平性。个人负担多少主要取决于其经济承受能力，而不是将来给付的需要。因为社会保险是为了保障社会大多数人经济生活的安全，而这些人在一般情况下均因无力支付保险费而不能参加商业保险，以至于一旦不幸事件发生，便会使其经济生活陷入不安定状态，造成严重的社会问题。故社会保险的费用常由各方分担，以减轻被保险人的负担，使其有参加保险的机会。商业保险的保险费则完全由投保人负担，保险费负担的多少取决于给付被保险人保险金额的多少以及风险程度的高低，严格强调权利与义务对等的原则，强调个别的公平性。

（7）经营主体不同。社会保险的经营主体是政府，包括政府设置的社会保险机构或政府委托的政策性金融机构或保险公司；商业保险的经营主体是保险公司，其为营利性的企业法人。

（8）经营目的不同。社会保险是国家强制实行的以保证社会安全为目的的保险制度。社会保险机构不是营利机关，政府对保险财务负有最后的责任，保险金盈余作为保险后备，发生亏损则由国家财政拨款弥补。商业保险是以营利为目的的企业经营活动，保险公司与投保人双方以契约规定各自的权利与义务，一旦契约履行完毕，保险责任则自行终止。保险公司是独立核算，自负盈亏的企业单位，国家财政不予补贴。

第四节　社会保障制度的发展

自 20 世纪中叶，社会保障进入了新的发展阶段，其主要标志是普遍福利政策的广泛实施，福利国家纷纷出现，形成了多种制度模式。这说明社会保障从内涵上已扩展到以普遍福利型为主的社会保障制度。1948 年英国首先宣布建成"从摇篮到坟墓"

均有保障的福利国家，其他欧洲、北美国家以及大洋洲、亚洲发达国家也宣布实施"普遍福利"政策。社会福利是社会保障的最高纲领，因而它是社会保障的发展。

社会福利继社会救助、社会保险之后得到了空前发展，一个以"高福利"为内涵的社会保障制度出现在发达国家。随着社会福利事业的发展，社会保险进一步加强，不少西欧国家扩大了社会保险范围、提高了社会保险津贴标准、放宽了享受社会保险的条件，降低了退休年龄，发展和改革了医疗保险事业。这一时期实行各种社会保险的国家从50多个增加到140多个，各国的社会保险制度更加完善。同时，社会优抚也因第二次世界大战造成的伤残而广泛开展起来。这种变化的原因主要是由于"二战"后的第三次技术革命大大推动了生产力发展，为社会保障的发展创造了经济条件；许多社会主义国家的成立以及大批发展中国家的独立，为社会保障的发展创造了环境条件；1952年国际劳工组织制定并通过的《社会保障最低标准公约》为各国制定社会保障制度提供了依据，是解释社会保障的权威性文件，其极大地推动了世界社会保障制度的发展和完善。《社会保障最低标准公约》是各项社会保障的基本准则，包括对退休待遇、疾病津贴、医疗护理、失业津贴、工伤补贴、子女补助、死亡补助及定期支付应遵从的最低标准都作了明文规定。《社会保障最低标准公约》虽无约束力，但它表明社会保障已成为全球关注的举措，因而在西方世界，《社会保障最低标准公约》被誉为国际保障事业的里程碑。

这种高福利的社会保障，有利于社会公平与社会稳定，有利于缓解经济危机，但由于超过了经济承受能力，尤其是20世纪70年代由石油危机所引起的经济危机使世界经济出现了"滞胀"局面，导致了大量的社会保障赤字和财政赤字的出现。同时，高福利、高补贴的社会保障助长了懒惰情绪，不利于生产率的提高，不利于经济的发展，自称"福利国家"的英国得了"英国病"，实施普遍福利政策的瑞典也得了"瑞典病"，最富有的福利国家美国，也为社会保障支出发生争议，使"福利国家"的社会保障陷入了危机境地。

20世纪60年代是现代社会保障制度发展的黄金时期，20世纪70年代后，因发达资本主义国家经济发展进入"滞胀"时期，社会保障制度也陷入困境。从20世纪80年代初起，现代社会保障制度进入改革调整时期。

一、社会保障制度调整的原因

1. 效率与公平：两难抉择

在市场经济中，从长期来看，公平与效率是统一的，没有持续的效率提高就没有公平的物质基础，没有公平的增长也不可能有效率的提高。但是在短期，由于效率的提高与公平的增长并不同步，所以两者产生矛盾，因而社会保障必须寻求在公平与效率之间达成妥协。要将公平与效率统一起来不是一件很容易的事，在注重公平时影响了效率，或者在强调效率时又忽视了公平。20世纪80年代前资本主义发达国家的社会保障侧重于公平而忽视效率，其后果是显而易见的，国家财政负担日益严重，个人、企业发展和创新的动力不足，严重制约了经济的发展。"福利国家"面对高福利带来的种种弊端，不得不进行社会保障制度的改革与调整。

2. 社会保障与经济发展的相互作用

社会保障建立在一定的经济基础之上，它的发展和完善始终受经济状况的制约，同时，社会保障对经济增长和发展也起反作用。社会保障与经济发展的相互关系决定了两者应协调发展。社会保障制度的正常运行取决于经济的健康发展，经济的稳定增长为解决社会保障制度的种种危机提供了坚实的物质基础。20世纪70年代以来，资本主义发达国家面临严峻的社会保障危机的挑战，主要就是因为社会保障的快速发展超出了现有的经济所能承受的范围。这种不协调的发展在特定的环境下暴露出来，给经济增长和国家的宏观调控能力带来负面影响。因此，社会保障改革调整势在必行，其目标是寻求与社会经济协调发展的最佳社会保障制度。

3. 存在的问题

一是老龄化危机。人口问题与社会保障制度之间有着密切的联系，一个国家的人口状况，特别是人口总量和人口结构直接影响该国社会保障制度的正常运行。世界最先进入老年型国家的是法国，之后，其他欧洲国家也纷纷进入老年型国家的行列。老年人口绝对数量和相对比重的提高给发达国家带来一系列社会经济问题，这些问题对社会保障产生严重的负面影响：劳动适龄人口减少和老化；老年抚养率提高；国家和企业的负担越来越重，特别是国家的财政支出日益沉重。

二是失业危机。20世纪80年代以来，一些国家的失业人数居高不下，失业率均维持在两位数水平。失业危机对社会保障，特别是对失业保险造成了直接影响。一方面，失业人数的增加使享受失业保险的人数越来越多，需求增加；另一方面，失业人数剧增使纳税者越来越少，社会保障资金的供给越来越少，加重了政府和社会的负担。失业问题成为"福利国家"最棘手的难题之一。

三是财政危机。福利国家的危机集中表现在财政危机方面：源缩流小。首先，社会福利支付日趋庞大。人口老龄化，退休人员增多；医疗费用上涨；失业队伍剧增；失业津贴增加。这些导致社会保障支付的膨胀。其次，福利扩张快于经济增长。最后，庞大的社会保障支出，造成政府沉重的财政负担。

四是管理危机。由于社会保障机构庞大，管理不严谨，造成社会保障费用发挥效应低下。如英国，全国各地的福利事务机构就有500多个，工作人员达到8万人之多，仅管理费用一项就高达16亿英镑。

五是社会危机。福利国家较高的福利造成一种社会观念，即"不干或少干可照样生活"，容易使部分社会成员养成坐享国家恩赐的心理，这突出地表现在"贫困陷阱"和"失业陷阱"的问题上。

二、社会保障制度改革调整的途径

1. 通过对原有规章制度的修改，削减社会保障总支出

一是适当减少支付范围，缩小某些社会保障项目的覆盖面，即改"普遍性原则"为"选择性原则"，重点帮助低收入者。二是降低社会保障金的发放标准，降低支付水平。三是将享有津贴的资格条件严格化，以促进相关人员的劳动欲望，减少非正常失业人口。四是缩短失业津贴的有效期。五是压缩医疗开支。六是加强对享受福利者的经济调查，以确保资金发放给那些需要的人。

2. 加强管理，提高资源的使用率，减少不必要的浪费

一是改革管理模式。由于各项社会保险的发展背景不同，因此，它们在给付和负担等方面有很大的不同，这既不符合公平原则，也不利于统一管理。所以一些国家正努力实现社会保险的一元化，试图通过一元化来统一给付和负担，消除因保险种类庞杂而带来的负面影响。而另一些国家则试图下放权力，将统一管理改为分散管理。二是加强政府监管。诸如采取加强立法监管等积极措施来努力降低医疗费用开支等。三是社会保障组织管理社会化。所谓社会保障的社会化管理，就是相对国家单一管理与传统家庭保障模式而言的。在全社会内由社会保障专门机构负责筹集资金、支付保障津贴、实施对社会保障对象的管理。近年来，这一问题已经得到欧盟各成员国的重视。

3. 实行私营化，扩大福利提供领域的市场经济成分

政府采取积极措施鼓励私人机构参与社会保障的管理与运营，作为"福利国家"社会保障的一个补充。

在养老保险方面，政府提供各种优惠政策，鼓励社会及私人承担一部分老龄人口的赡养义务，从而减轻政府的财政负担。在医疗保险方面，各国积极发展私营医疗。在失业保险方面，失业保险基金的管理由政府逐步向民间或私营化转移，扩大私营保险基金的自营收入，允许基金投资的多维化。

4. 调整保障项目收支结构，注重个人和企业负担，减轻政府压力

20世纪90年代以来，社会保障的财政来源已发生了一些变化，福利国家正在试

图减轻雇主的资金负担，以便在更具有较高失业率和面临日益激烈的外部竞争情况下抑制高额的劳动成本，增强企业的国际竞争力。

除了采取以上各项开源节流措施外，各国政府更加注重社会保障质量的提高。如英国布莱尔政府提出的发展社会保障新思路，其重点将不再是增加社会津贴，而是增加社会服务，向社会提供更好的公共服务，如提供教育和保健等公共产品，采取措施进行职业培训等。

练习题

一、选择题

1. 我国的保险互助组织最早产生于（　　　　）。

A. 北京　　　　B. 上海　　　　C. 武汉　　　　D. 广东

2. 最早出现的社会保障模式是（　　　　）。

A. 投保资助型　B. 福利国家型　C. 国家保险型　D. 储蓄保险型

3. 1948 年正式宣布第一个建成福利国家的是（　　　　）。

A. 法国　　　　B. 德国　　　　C. 英国　　　　D. 瑞典

4. 具有"福利国家橱窗"之称的是（　　　　）。

A. 新加坡　　　B. 德国　　　　C. 英国　　　　D. 瑞典

5. 国家统筹的保险模式最早是在（　　　　）建立的。

A. 中国　　　　B. 苏联　　　　C. 英国　　　　D. 德国

6. 投保资助型的养老保险模式最典型的国家是（　　　　）。

A. 瑞典　　　　B. 新加坡　　　C. 美国　　　　D. 德国

7. 实行自我保障模式最典型的国家是（　　　　）。

A. 瑞典　　　　B. 新加坡　　　C. 英国　　　　D. 中国

二、思考题

1. 现代社会保障的产生和发展经过几个阶段？各阶段的主要标志是什么？

2. 世界各国不同的社会保障制度可概括为几种类型（模式）？各种类型的特点是什么？

3. 论述社会保障制度的模式及改革方向。

4. 试述各社会保障模式的特点，并介绍其代表国家。

5. 社会保障制度产生和发展分几个阶段？各阶段的主要标志是什么？

参考答案

一、1~5. BACDB　6. C　7. B

二、思考题

1. 现代社会保障的产生和发展的三个阶段和各阶段的主要标志

现代社会保障大体分为三个阶段，每阶段各有其主要标志：

（1）社会保障的萌芽阶段。以19世纪初英国新《济贫法》的建立和德国工人互助组织的广泛发展为标志。

（2）社会保障的建立阶段。以19世纪后期德国颁布的《社会保险法》和20世纪30年代美国颁布的《社会保障法》为标志。

（3）社会保障的全面发展阶段。以第二次世界大战后英国福利国家和多种类型（模式）社会保障的形成为标志。

2. 世界各国不同的社会保障制度的类型和特点

世界各国不同的社会保障制度的基本类型有四种，其特点各异：

（1）社会保险型。特点是以劳动者为主体、责任分担、权利与义务相结合、互助共济。

（2）福利国家型。特点是普遍覆盖，待遇较高，费用主要由政府承担。

（3）强制储蓄型。特点是自我缴费建立个人账户积累基金，无互济性，保障项目单一——只是养老保险。

（4）国家保险型。特点是以生产资料公有制为经济保证，以国家扣留和企业提取形成双层保障基金支付保障费用，个人不交费，工会在决策与管理中起重大作用。

3. 论述社会保障制度的模式及改革方向

20世纪40~70年代初，世界上出现了四种基本社会保障模式：

（1）"投保资助"型社会保障模式。

（2）"福利国家"型社会保障模式。

（3）"国家保险"型社会保险模式。

（4）"储蓄保险"型社会保障模式。

改革方向：当前以及今后一段时间，社会保障模式的改革方向主要是向国家、用人单位、个人三方面负担的部分积累型发展，以应对老龄社会的到来。此外，无论何种保障模式，其发展趋势是保障范围扩大、保险水平提高、由自愿保险转为强制参保等。

4. 论述各社会保障模式的特点和其代表性国家

（1）投保资助型。投保资助型的特点是缴费人包括国家、劳动者和雇主，享受人以劳动者为主。主要以美国、德国、日本为代表。

（2）全民福利型。全民福利型的特点是缴费人主要是国家，享受人包括全体居民。主要代表国家为英国、瑞典。

（3）国家统筹型。国家统筹型的特点是缴费人只包括国家和企业，享受人包括全体工人及其家庭。主要代表国家为苏联和计划经济体制下的中国。

（4）强制储蓄型。强制储蓄型的特点是缴费人包括雇主和雇员，享受人必须是会员。主要代表国家是新加坡。

5. 社会保障制度产生和发展的阶段和标志

社会保障制度产生和发展的阶段和标志主要有以下几点：

（1）社会保障制度的建立。标志是俾斯麦政府颁布的一系列法令：1883年颁布了《疾病社会保险法》，1884年颁布了《工伤事故保险法》，1889年颁布了《老年和残疾社会保险法》。

（2）社会保障的发展。标志是1935年罗斯福政府通过美国历史上第一部《社会保障法》，其包括老年社会保险、失业社会保险、贫穷老人补助、未成年人补助等。形成了由国家财政出资的济贫和个人缴费的互助和自保相结合的社会保障体系。

第三章 社会保障模式

📖📖 学习目的

1. 了解社会保障制度的基本类型。
2. 了解不同社会保障制度模式的特征。

📖📖 重　　点

社会保障制度的基本类型。

📖📖 难　　点

各种制度模式的比较。

　　由于影响因素的复杂性和各国具体国情的差异，决定了社会保障制度不可能像经济体制一样全球只有一种模式。至今为止，世界上还没有能够得到各国公认的最为合理的社会保障制度。一个国家的社会保障制度，也不可能完全输入照搬另一个国家的经验，即使是经济体制乃至政治、社会制度等相同的国家，其社会保障制度也可能存在着巨大的差异。比如，美国与英国，它们的经济体制、政治制度以及在许多国际事务方面的主张如出一辙，但两者的社会保障制度差异却是很大的，美国是以社会保险为主的就业保障国家，而英国却是世界上最早宣布建立普遍性福利制度的国家。所以说，在不同的国家，存在着社会保障制度共同规律制约下的不同社会保障模式。迄今为止，世界上一共形成了四种社会保障制度模式，分别是福利国家型保障模式、社会保险型保障模式、强制储蓄型保障模式以及现在已经成为历史的国家保险型保障模式。当然，现在有一个发展趋势，即各个国家的社会保障模式不再单一，而是走向混合型，称为混合型保障模式。

第一节　投保资助型社会保障模式

"投保资助型"是最早出现的社会保障模式，因此也被称为传统型社会保障模式，包括德国、美国、日本在内的很多发达资本主义国家都采用这种模式。这种模式的特点是对不同的社会成员选用不同的保险标准，以劳动者为核心建立社会保险制度；强调劳动者个人在社会保险方面的责任，社会保险费用由国家、雇主和劳动者三方负担，以劳动者和雇主的社会保险缴费为主，国家财政给予适当支付，即个人和雇主投保，国家资助；劳动者享受社会保险的权利与缴费的义务相联系，享有的社会保险待遇水平与缴费多少及个人收入情况相联系；社会保险缴费中只记录个人缴费情况，不建立以给付为目的的个人账户，社会保险基金在受保成员间调剂使用，充分体现互助互济、共担风险的原则；社会保险基金的筹集以现收现付为主；社会保险制度中的长期项目以代际转移方式运行，即长期项目当期所需资金主要由在职职工和雇主分摊缴纳。

这种模式重视社会保险的权利与义务的密切关系，强化自我保障意识，在一定程度上体现了效率原则；同时，保险基金在成员间统筹使用，符合大数法则原理，也体现了保险互助互济的宗旨。但采取现收现付方式筹集基金，费率受人口年龄结构与就业比例影响大，在人口老龄化、就业比例下降时，会因费率过高而难以承受，因此，人口年龄结构不平衡、迅速老龄化的国家或地区必须对不断上升的费率有所准备。

第二节　福利国家型社会保障模式

福利型社会保障模式是以全民性和普遍性的原则为核心，全体居民和公民不论其有无收入和是否就业，都可享有国家制定的各项福利保障政策。以英国、瑞典等国实行的福利型社会保障模式为例，其贯彻"普遍性"原则，范围包括"从摇篮到坟墓"的各种生活需要，按统一标准缴费、给付，由于全民都享有受保障的权利，因此，这种模式下的社会保障资金来源于国家的税收。

福利国家型保障模式的代表是英国、瑞典，英国是福利国家的"鼻祖"，瑞典被称为福利国家的"橱窗"。英国的福利型保障制度建成于20世纪40年代末，其理论蓝图是由贝弗里奇等完成的，贝弗里奇也因此被称为"福利国家之父"。福利国家的理论基础是福利经济学，其最大特色就是以公民权利为核心，确立普遍性和全面性原则，它以为直接的责任主体，以为全体国民提供全面保障为基本内容。对福利国家的评价，我们在肯定它历史功绩的同时，也应该充分地、清醒地认识这种模式是影响经济增长与国际竞争力，并带来某些负面社会影响的一个重要原因。随着公共福利支出的不断增长，国家负担越来越重，其为了保证社会保障的运行，必然要增加税收，导致税负过重，使市场效率低下。虽然说现在福利国家都在进行改革，但是西欧与北欧的这一根本格局并未改变。

福利型社会保障制度是在经济较发达、整个社会物质生活水平大幅度提高的基础上实施的一种比较全面的保障模式，又称为福利国家型社会保障模式，其目标是"对于每个公民由生到死的一切生活及风险，诸如疾病、老年、生育、死亡、灾害及鳏寡孤独、残疾人都给予安全保障。"该模式的主要特征：①社会保障政策是福利国家的一项主要政策，依法实施，并设有多层次的社会保障法院监督执行。②保障对象是全体社会成员，强调福利的普遍性、人道主义和人权观念。③福利支出基本上由企业和政府负担，个人不缴纳或低标准缴纳社会保障费。④保障标准较高，保障项目齐全，一般包括"从摇篮到坟墓"的一切保障。⑤社会保障的目的主要是维持社会成员一定标准的生活质量，加强个人安全感，是为了预防和消灭贫困。该模式来源于福利国家的政策，起源于英国，其后在北欧流行，以瑞典为典型。这种类型国家的社会福利均具有普遍适用性和统一标准性。公民只享有社会福利的权利，政府只负有提供社会福利的权利。

第三节　国家保险型社会保障模式

国家保险型社会保障模式又称为国家统包型，以"国家统包"为核心，由政府对福利进行直接分配，社会保障事务由国家统一办理，其费用由国家和企业负担，职工个人不必缴纳。国家保险型保障模式以苏联、东欧各国为代表，最早始于苏联。

国家保险型社会保障模式的特点：①通过宪法将社会保障确定为国家制度，公民所享有的保障权利是由生产资料公有制保证的，并通过社会经济政策的实施取得。②社会保障支出由政府和企业承担，其资金来源由全社会的公共资金无偿提供，由于国家已事先作了社会保障费的预留和扣除，个人不再另缴。③保障的对象是全体公民，宪法规定，每一个有劳动能力的人都必须积极参加社会劳动，对无劳动能力的一切社会成员提供物质保障。④工会参与社会保障事业的决策和管理。

国家保险型保障模式的宗旨是最充分地满足无劳动能力者的需要、保护劳动者的健康并维持其工作能力。

但是，这种模式过分强调公平，使国家财政负担过重；企业承担的费用部分也导致其负担过重，使企业竞争力下降，劳动力缺乏合理流动，职工个人也缺乏自我保障意识。

国家保险型保障模式是由一些社会主义国家创造的，它始于苏联，并被其他社会主义国家所仿效。这种模式的基本特点是社会保障事务完全由国家（或通过国营企业等）包办，个人不缴纳任何保险费，在保障目标上是以追求社会公平为主，在保障范围上主要以城市居民为对象，有些国家也包含乡村居民。国家保险型制度作为社会主义国家普遍采取的保障模式，曾经造福亿万人民，但因这种保险模式超越了国家的承受力，经过半个多世纪的实践，逐渐随着苏联的解体与东欧国家的剧变而被摒弃。即使是仍然坚持社会主义的中国，也从 20 世纪 80 年代开始改革，并代之以能够适应市场经济体制的社会化社会保障制度。因此，国家保险型保障模式作为现代社会保障制度的伟大实践正在成为历史，或者正经历着深刻的改革。

第四节　自我保障型（"强制储蓄"型）社会保障模式

"强制储蓄"型社会保障模式，又称为自我保障型社会保障模式，是以自助为主，以促进经济发展为目标的保障模式，其基本特征为除公共福利和文化设施由政府提供资助外，保障费用由雇员和雇主负担。该模式主要在新加坡、马来西亚、印度尼西亚等国实行，并在新加坡收到较好的效果，受到很多国家的瞩目。这类保险的目的在于以充分实现自我保障为原则，即雇员和雇主投保多少，加上一定的利息，最后将本息一并支付给雇员，政府不做任何财政补贴。

一、自我保障型社会保障模式的代表国家

自我保障型社会保障模式的代表国家：新加坡、智利。

新加坡社会保障制度建立的历程。由于新加坡之前是个殖民地国家，其建立的社会保障主要是殖民者意志的体现，如新加坡选择社会保障制度模式的决定权就在当时的英国殖民者手中。第二次世界大战后，英国殖民者在新加坡首创公共援助计划，主要是赔偿或补偿战争中的受害者；其后公共援助计划逐步扩大到结核病患者及其家庭成员和判刑入狱者的家庭成员，但是绝大多数社会成员仍然没有任何保障，这与其宗主国英国当时已经建成福利国家形成了鲜明的对照。然而，人们的保障需求越来越强烈，所以英殖民政府就任命了一个调查委员会去了解新加坡的工资劳动者对退休保障的愿望。该委员会调查后提出了两种方案：一个是养老金计划（就是雇主、雇员、政府三方付费形成养老基金来保障人们的退休生活）；另一个是公积金计划，就是强制

储蓄养老计划，费用由雇主和雇员各分担 50%，政府建立公积金局负责管理和运营，其待遇是受保者退休后能够获得一笔公积金用于养老。该调查委员会倾向于选择三方付费的养老金方案，可英殖民政府却选择了第二种，因为他们的目的就是不增加政府的财政负担。

新加坡的公积金制度是一种完全积累形态的保障模式，存钱供自己将来养老，缺乏社会保险的互助互济性。这在世界社会保障史上无疑是一个创举。最初，公积金制度的实施范围仅限于雇员（不包括临时工及独立劳动者），后来才逐步扩大到其他劳动者；公积金制度保障的内容开始完全局限于受保者将来的养老，后经逐步扩展，在公积金计划的基础上实施了公共住房计划、教育计划、医疗保障计划等，形成了以公积金制度为主体，其他保障性措施为辅助的综合性社会保障体系。

为什么说新加坡的公积金制度属于强制储蓄型呢？因为新加坡的每个受保者在中央公积金局均有三个账户：第一个是可以用来购买保险、住房的普通账户，第二个是不能随便支用且只能用作养老的特别账户，第三个是专门用于医疗住院的保健账户。

虽然后来新加坡通过民族解放而获得独立，但是仍然打上了殖民地时期的深深烙印。在新加坡之后，强制储蓄模式出现了两个变种，即智利模式和中国香港模式。虽然这两个变种和新加坡不完全一样，但本质上都属于强制储蓄型，政府不直接承担经济责任。智利与新加坡不同的地方是雇主不缴费，但是必须按规定提高工人的工资水平，并且是由私人机构管理养老基金的运营，而不是由政府的公积金局来管理；中国香港和新加坡一样是雇主和雇员共同缴费，但是公积金管理也不是由中央公积金局集中管理，而是和智利一样由私人机构管理。

二、自我保障型社会保障制度模式的特点

自我保障型社会保障模式的特点：①以雇员和雇主自己为责任主体，通过立法强制雇主与雇员参加公积金制度，并按规定缴纳公积金。②政府只充当一般监督者，而由官方性质的中央公积金局负责管理。③采取完全积累模式，即雇主与雇员缴纳的公积金全部存入受保人的个人账户，逐年积累，到受保人退休时再给付并用于养老等方面的开支。④无互济性，即受保人之间、雇主之间、政府与国民之间缺乏社会保险所具有的互济性，每个劳动者均有自己的公积金账户，账户里由雇主和个人所缴纳储存的资金仅用于本人。而实行现收现付制的社会保险模式实现了劳动者阶层之内的在业者与失业者、患病者与健康者、年轻者与年老者等之间的互济。⑤与资本市场有机结合。因为公积金属于完全积累型，从开始储存到领取养老金的时间差是非常大的，往往长达几十年。我们知道，货币是存在一定的通货膨胀的，如果不对基金进行投资运营就不能保证其保值、增值。投资是在什么市场进行的？资本市场，所以，公积金制度必须在资本市场上进行投资运行，以实现基金的保值、增值。

三、个人储蓄与强制储蓄

1. 个人储蓄与强制储蓄的异同点

个人储蓄与强制储蓄的区别是个人储蓄是自愿的，储蓄多少无限制，取款时间和用途自由，是完全的个人存款。强制储蓄是强制的，必须按规定的额度储蓄，必须按照规定的时间以及用途取款，雇主和个人共同储蓄。

个人储蓄与强制储蓄的相同点是存到个人账户中，所有权归自己。

所以两种方式同属于储蓄类。

2. 对强制储蓄模式的简要评述

作为一种独特的制度安排，新加坡的社会保障制度的最大特色就是政府并不承担或尽可能不直接承担社会保障责任，而是由雇主与国民分担。新加坡之所以能够采取这种制度并维持至今，与它是城市国家、经济发达以及华人社会传统的家庭保障理念有关。首先，新加坡比较小，属于城市国家：国家是一个城市，一个城市就是一个国家。正因为这个国家比较小，易于管理，经济又比较发达，且发展水平相对一致，所以为公积金制度的实施提供了主要条件。像我国，幅员辽阔、经济发展水平相对落后，且不平衡，所以要想建立统一的公积金制度几乎是不可能的。其次，新加坡早期属于移民国家，大部分人来自华人，所以它具有华人传统的家庭养老观念。如新加坡曾经立法，子女必须对父母尽相应的义务，否则将受到法律的制裁，这与西方国家有很大的不同，但这也恰恰为新加坡推行其独特的社会保障制度奠定了稳定且可靠的社会基础。当然，新加坡建成这样的强制储蓄型保障模式还有殖民地政府害怕承担责任的因素在内。这一点从中国香港等地区在殖民地时期均没有建立健全的社会保障制度中也可以找到答案，而殖民地宗主国英国却在20世纪40年代末到50年代初就建成了福利国家。虽然新加坡、中国香港等地区的经济制度与英国并没有太大的不同，但是社会保障制度却有天壤之别，这也从一个侧面表明了殖民地政府的自私性。

新加坡独特的社会保障制度的贡献突出地表现在两个方面：一是在减轻政府责任的同时强化了雇主与雇员的责任与协作，在这种条件下，仍然实现了稳定社会、增进国民健康的社会保障基本目标。二是增强了政府的宏观调控能力，促进了经济发展。因为公积金制度的推行，政府积累了庞大的基金，该基金由中央公积金局统一运营。如在1983年中央公积金局累计公积金余额是200亿新元（1新元约为5元人民币），1986年超过了260亿新元，1989年达到370亿新元，到1990年，公积金存款余额相当于新加坡GDP的5%和国民总储蓄的11%，这笔巨额资金无疑为增强政府的宏观调控能力提供了经济保证。比如，政府用这笔巨大的资金允许受保者贷款购买住房，从而实现了政府"居者有其屋"的政策计划，这样既促进了房地产业的高速发展，也极大地改善了国民的居住条件。

新加坡公积金制度最大的不足和缺陷在于其缺乏互济功能，如果不是新加坡属于城市小国，且经济发展水平高（"亚洲四小龙"之一。"亚洲四小龙"指韩国、新加坡、中国香港和中国台湾。这几个国家和地区之前只是以农业和轻工业为主，在 20 世纪 60~70 年代经济飞速成长，像龙一样突飞猛进，因而成名），如果不是新加坡还保留着华人的家庭保障传统，该制度能否保持至今可能还是一个疑问。这一点可以从部分东南亚国家在采取公积金制度后又放弃的曲折历程中得到证实。因此，在评价公积金制度时离不开新加坡特有的国情，半个世纪的实践已经证明，以公积金制度为核心的社会保障体系是符合新加坡国情的选择。

公积金制度是否属于一种社会保障制度还存在着不同的看法，它至少因缺乏互济性，而不能看作是一种社会保险制度，可以说属于一种"自我保障"模式，但它又有雇主供款的份额和政府强制的特色，对受保障者而言，既具备了福利性与强制性，又事实上体现了保障国民基本生活的效果。因此，在绝大多数社会保障研究者的文献中，新加坡的公积金制度是作为一种特殊模式来阐述的。

在新加坡之后，强制储蓄型保障模式又出现了两个变种，即智利模式和中国香港模式。

中国香港地区建立的也是强制性公积金制度，但它与智利模式相比，差别在于由雇主与雇员分担缴费之责；与新加坡模式相比，则不是采取中央公积金制度，而是采取了智利模式的私人机构管理方式；同时，强制性公积金制度仅仅是中国香港地区社会保障体系中的一个组成部分，它还有着健全的综合援助网络和发达的社会服务事业。因此，严格而论，智利模式与中国香港地区模式只是养老保险制度采用了强制性储蓄加投资型保障方式，而整个社会保障体系还不能算是这种模式。

智利模式的特点在于：①雇主、雇员共同缴费或只有雇员缴费。根据国家立法，由雇主和雇员双方按规定及工资的一定比例缴纳保险费，政府不提供资助，所缴资金存入雇员账户之下。②权利与义务高度对称。由雇主与雇员按一定比例共同缴纳资金完全用于雇员养老、医疗、住房等开支，且开支与其前所缴金额多少有关。③政府提供的财政转移支付较少。除非由政府和私人管理的保险基金公司出现亏损，政府才支付最低额度的投资收益担保。④保障水平基本上取决于社会保险基金的实际投资收益率。⑤社会保险基金运营有公营和私营两种模式。

第五节 社会保障模式的发展方向

世界各国的社会保障制度都在不断地吸取他国的经验教训，并进行改革，使混合型保障模式成为一种潮流。

总的来说，投保资助型、福利国家型和强制储蓄型三种模式分别具有不同的特点与内涵。

首先，从社会保障责任来看，这三种模式无论采取哪种，政府总是承担最后兜底的责任，当社保资金收不抵支时，政府作为最后责任人要负责到底。但是，在不同的模式中，政府所承担的责任大小不同。按照政府承担的责任由小到大进行排序依次为强制储蓄型、社会保险型模式、福利国家型模式。

其次，从权利与义务的关系来看，在这三种模式中，强制储蓄型模式完全强调个人权利与义务的对等，个人享有保障的多少完全取决于个人和用人单位缴费的多少。投保资助型模式也强调权利与义务的对应，但对应程度弱于强制储蓄型。福利国家型模式的保障具有普遍性，几乎不强调权利与义务的统一性，社会成员只要被制度覆盖就能够享有一份保障，而且制度内个体间的保障差异不大，享有的保障与个人贡献关联也不大。

再次，从社会保障给付水平的高低来看，福利国家型模式给社会成员提供的保障给付水平较高，而且成员之间的差异不大。该模式提供保障的目的不仅是缓解和预防贫困，更多的是提高全体人民的生活质量。社会保险型模式的保障给付水平高低与个人和企业的缴费有很大的关系，各国所提供的保障水平高低不等。上述两种模式的给付方式一般采取既定给付制（Defined Contribution，DC）。而强制储蓄型模式的给付方式采取既定供款制（Defined Benefit，DB），保障给付水平完全取决于个人账户的积累。

最后，从财务制度采取的形式来看，强制储蓄型模式的社保基金筹集方式采用完全基金积累制（Funded Plan），由供款和投资收益的积累决定给付水平。这种筹资方式，能够形成庞大的基金积累，缴费率相对比较稳定。投保资助型和福利国家型两种模式在筹集资金时一般采取现收现付制度，由当年的支出需求决定缴费率，基金没有盈余，难以应对人口的变动与突发事件。

国外筹资模式大体上可分为现收现付式、部分积累式、完全积累式和社会统筹式。从筹措资金的方法看，基本上也可归结为四种：个人和企业缴纳社会保障基金，个人和企业缴纳社会保障税，国家、企业和个人缴纳社会保险税，个人强制性储蓄缴纳社会保障金。国外的这四种社会保障模式同中有异，异中有同，各有优缺点，采用哪一种保障模式要根据本国的经济水平、经济体制以及政治、文化和历史传统选定。这对目前我国的社会保障制度的改革具有一定的借鉴意义。比如，我们可以参考法国、瑞典的个人、企业、国家三方筹资的社会统筹式和新加坡的个人强制储蓄筹集资金以及德国、日本的个人缴纳社会保障金的方式构建我国科学、合理的社会保障筹资模式。借鉴国外四种筹资模式，对照本国国情，我国应该使社会保障资金来源社会化，使社会统筹和个人账户相结合，实行国家、企业和个人多渠道筹措、分项使用的筹资模式。我国近期和中期目标应该是建立以社会保险型为主，以社会救助和社会福利为辅，个人、企业和政府共担费用的混合型社会保障模式。

如果不是以社会保障制度主体内容为依据，而是从社会保障制度的整体出发，那么，许多国家选择的或正在改革中的社会保障制度其实是福利保障与保险保障乃至储蓄保障并存、现收现付与部分积累乃至完全积累并存的混合型保障模式。各国的社会保障制度改革进程亦表明了相互吸收对方的经验教训已经成为"时尚"，这可能使混合型保障模式成为一种世界潮流。

 练习题

一、选择题

1. 社会保障的目的是保障（　　　）

A. 生活幸福　　B. 人民富裕　　C. 社会安定　　D. 生活水平

2. 社会保障的对象在总体上具有（　　　）

A. 差异性　　B. 区域性　　C. 普遍性　　D. 特殊性

3. 下列要素不属于享受社会救助的为（　　　）

A. 无劳动生产能力　　　　　　B. 无劳动意愿

C. 无经济来源　　　　　　　　D. 生活上无依靠

4. 社会保险的实施对象是（　　　）

A. 社会上相对贫困的群体

B. 社会劳动者（一般是挣工资的劳动者）

C. 包括社会劳动者在内的全体社会成员

D. 社会上一部分备受尊重而又有光荣身份的群体

二、思考题

1. 世界各国不同的社会保障制度可概括为几种类型（模式）？各种类型的特点是什么？

2. 论述社会保障制度的模式及改革方向。

3. 试述各社会保障模式的特点，并介绍其代表国家。

4. 试述新加坡中央公积金制度的积极作用和存在的问题。

参考答案

一、1. C　2. C　3. B　4. B

二、思考题

1. 世界各国不同的社会保障制度的类型和特点

世界各国不同的社会保障制度的基本类型有四种，其特点各异。

（1）社会保险型。特点是以劳动者为主体、责任分担、权利与义务相结合、互助共济。

（2）福利国家型。特点是普遍覆盖，待遇较高，费用主要由政府承担。

（3）强制储蓄型。特点是自我缴费建立个人账户积累基金，无互济性，保障项目单一——只有养老保险。

（4）国家保险型。特点是以生产资料公有制为经济保证，以国家扣留和企业提取形成双层保障基金支付费用，个人不缴费，工会在决策与管理中起重大作用。

2. 论述社会保障制度的模式及改革方向

20世纪40~70年代初，世界上出现了四种基本社会保障模式：①"投保资助"型社会保障模式。②"福利国家"型社会保障模式。③"国家保险"型社会保险模式。④"储蓄保险"型社会保障模式。

改革方向：当前以及今后一段时间，社会保障模式主要采取由国家、用人单位、个人三方面负担、部分积累型模式，以应对老龄社会的到来；无论在何种保障模式下，今后的发展趋势为扩大保障范围、提高保险水平、由自愿保险转为强制参保等。

3. 论述各社会保障模式的特点和代表国家

（1）投保资助型：缴费人包括国家、劳动者和雇主，享受人以劳动者为主。主要以美国、德国、日本为代表。

（2）全民福利型：缴费人主要是国家，享受人包括全体居民。主要代表国家为英国、瑞典。

（3）国家统筹型：缴费人只包括国家和企业，享受人包括全体工人及其家庭。主要代表国家为苏联和计划体制下的中国。

（4）强制储蓄型：缴费人包括雇主和雇员，享受人必须是会员。主要代表国家是新加坡。

4. 论述新加坡中央公积金制度的积极作用和存在的问题

（1）新加坡中央公积金制度的积极作用。

一是该制度使新加坡不增加政府财政负担而人民有了养老、疾病、住房、子女教

育等方面的切实保障。

二是中央公积金制度实际上是一种强制性的长期储蓄，公积金除了用于支付会员利息和正常提款外，积存部分大都用于投资，其促进了经济发展，确保了累积基金的增值。

三是这种公积金制度本质上强调个人积累，是家庭自助互济模式，这有利于激发劳动者的积极性，使其不会产生"惰性"。

（2）新加坡中央公积金制度的不足。

一是社会成员之间没有互济特征，与社会保障本质特性的社会性和互济性不相吻合。

二是保障水平参差不一，特别是对年轻雇员和低薪雇员的生活保障水平较低。

三是过度的储蓄，降低了人们的当期消费，限制了国内有效社会需求的满足。

四是过高的缴费比率降低了新加坡人储蓄的可能性，也使老年时的退休金来源单一，不利于形成多层次的社会保险体系。同时高额投保费增加了企业产品的成本，削弱了产品的国际市场竞争力。

第四章　社会保障管理

　　📖📖学习目的

　　通过本章的学习，掌握社会保障管理的概念、社会保障的主体和内容，了解社会保障管理的方式方法。掌握目前主要的社会保障管理体制类型，并明确选择的主要原因。了解中西方社会保障管理的差别和中国社会保障管理中存在的问题，并明确中国社会保障管理的发展方向。

　　📖📖重　　点

　　1. 社会保障管理的概念。
　　2. 社会保障管理的主体和内容。
　　3. 社会保障管理的方式。
　　4. 中国社会保障的发展方向。

　　📖📖难　　点

　　1. 社会保障管理体制的类型及选择的原因。
　　2. 我国社会保障管理体制及其改革。

　　所谓管理就是为达到某种目标原则而对集体活动进行协调的过程。具体地讲，就是由一人或多人协调他人的活动，以达到任何个人单独行动无法达到的目标。管理的内容包括中心工作，这是管理人的工作，其通过协调组织中其他人的活动而达到一定的目标。管理工作必须关心他人的活动，即他人的工作。"管理人"所遵循的是"满意"原则，寻找或选择令人满意的方案。本章主要介绍社会保障管理的相关概念，并对中外社会保障管理体制展开对比分析。

第一节　社会保障管理概述

一、社会保障管理的概念及特点

社会保障管理是指为了保证社会保障事业的发展和各项政策的实施，而建立的组织机构，其需要配备具有一定素质的人员，通过相应的机构和程序，采取一定的方式，对各种社会保障事务进行计划、组织、协调、控制和监督。社会保障管理是社会保障法制的延伸和强化，其基本任务是保证现行社会保障的法律、法规、政策的贯彻落实。社会保障管理的含义决定了其具有以下两个方面的特点：

1. 负债性

对一国政府而言，社会保障是政府对国民保障权益的一种承诺，社会保障基金随时要支付，如因管理不善造成资金浪费、投资失败、资金无法收回等，都会严重损害社会保障对象的经济利益。

2. 广泛性

社会保障对象多，活动影响范围大，几乎涵盖所有的国家，与每一个家庭生活都息息相关，一旦保障制度不完善，不能实施，势必影响社会安定，引起动乱，甚至波及其他国家。

故此，社会保障更需严密、科学管理。

二、社会保障管理主体——管理机构

1. 社会保障管理机构的类型

社会保障管理机构负责对社会保障计划、法律法规的制定、贯彻、执行和监督，是为保证整个社会保障制度正常运行而设立的部门。社会保障管理机构是社会保障制度中的管理主体，它的设置是否得当，运行是否顺利关系整个社会保障制度的目标能否顺利完成。

按照不同标准，社会保障管理机构可以分为不同类型。

（1）按照管理机构的权限来划分。社会保障管理机构按照权限划分为以下几种类型：

1）高层管理机构。高层管理机构是中央一级管理层次，负责参与社会保障的全面立法，对其各项活动进行规划、领导，保证社会保障基金的全国性统筹和调剂使用，并对实施效果进行监督控制。

2）中层管理机构。中层管理机构是省级政府的社会保障主管部门，负责贯彻社会保障的法律政策，制定地方性实施细则和补充规定，对地区范围内的社会保障基金进行调剂，并将社会保障法律在实施中存在的问题向高层管理机构进行反馈。

3）基层管理机构。基层管理机构是地（市）、县（市）级地方社会保障部门，负责社会保障基金的筹集、给付，提供社会保障事务的信息、咨询，接受高层、中层管理机构下达的任务，实施日常社会保障工作，是社会保障制度的具体实施机构。

中国社会保障管理机构层级设置如表4-1所示。

表4-1　中国社会保障管理机构层级设置

管理机构层次	机　　构
高层管理机构	劳动与社会保障部
中层管理机构	省、自治区、直辖市的社会保障厅局、民政厅局
基层管理机构	地级市、县、区社会保障局、民政局

（2）按照管理机构的职能和业务范围来划分。社会保障管理机构按照职能和业务范围划分为以下几种类型：

1）行政主管机构。行政主管机构是管理社会保障事务的政府部门，主要职责是与相关部门一起编制社会保障的发展计划，制定法律法规，并对社会保障管理机构进行监督。

我国行政主管机构按纵向划分为三个层次：第一是高层行政机构，包括人力资源与社会保障部、民政部等中央级的行政机构；第二是中层行政机构，包括各省、自治区、直辖市人民政府设立的劳动和社会保障厅、民政厅；第三是基层行政机构，包括省辖地级市、区、县人民政府设立的劳动和社会保障局、民政局。

2）具体业务实施机构。具体业务实施机构可由政府主管机构的下属事业部门或者独立的法人单位来担任，是公共事业部门的一种，主要职责是落实各项社会保障计划、法律法规以及具体负责社会保障基金的收缴、核算、支付等工作。

3）基金运营机构。社会保障的基金运营机构一般是具有独立法人地位的金融部门。在行政层次上，基金运营机构与具体业务实施机构属同一层次，因此在理论和实践中各国政府有的将其合二为一。社会保障基金管理机构一般由国家、单位、受保人三方面组成，其主要职能是实现社会保障基金的保值增值。在市场经济条件下，基金运营机构要在政府主管机构和具体业务实施机构的监督下有效运营。一般来说，这一层次的社会保障管理机构可以由私营基金管理公司担任。

4）监督机构。社会保障监督是指由国家行政管理部门、独立的公共事业部门和相关利益集团对社会保障的其他管理机构的相关行为进行的评审、鉴定。对违反规定、有损大众利益的行为予以纠正，以保证最多数人的合法利益最大化。这类管理机构一般由政府领导下的社会保障监视会或具有独立法人资格的监督机构担任，主要职责是监督上述三大机构的运行情况，以保证社会保障的计划、法律法规顺利执行，保证社会保障基金的正常运行并实现保值增值。

我国的社会保障监督机构分为三大类：社会保障行政监督机构、社会保障审计监督机构以及社会保障社会监督机构。社会保障行政监督机构包括政府劳动与社会保障部门、税务部门、财政部门、银行等；社会保障审计监督机构包括国家审计机关、社会保险经办机构的内部审计组织等；社会保障社会监督机构涵盖社会保险基金监督委员会等法人机构。在三类社会保障监督机构中，社会保障行政监督机构、社会保障审计监督机构是政府有关部门代表国家实施的监督，社会保障社会监督机构则代表社会保障的参与者与受益者进行监督。

2. 社会保障机构的设置

在各国的实践中，由于受政治体制、经济条件及历史因素的影响，社会保障管理机构的设置存在差别。一般来说，社会保障管理机构的设置大致可以分为以下几个类型：①仅设置中央政府主管部门。②中央政府主管部门统管，下设地方政府管理部门。③设置政府部门和半自治或非政府自治组织共同管理。

三、社会保障管理的内容

1. 社会保障的政策法规管理

社会保障管理的第一个环节是制定相应的法律，拟定基本法规。这些法律、法规对社会保障的实施范围与对象、享受保障的基本条件、资金来源、待遇支付标准与方式、管理办法、社会保障中有关方面（国家、单位、个人）的责任、权利、义务等做出规定。

社会保障的行政管理包括三个方面：

（1）制订计划。拟定社会保障发展规划和计划，统筹协调社会保障政策，处理地区和人群之间的利益和矛盾。

（2）制定法律标准。制定社会保障法律、法规和政策，具体规定社会保障的实施范围和对象、享受保障的基本条件、资金的来源、基金管理和投资办法、待遇支付标准和对象以及社会保障各主体的权利、义务等。

（3）贯彻、执行和监督。贯彻、组织和实施各项社会保障的法律法规，并负责监督、检查。

2. 社会保障基金的管理

社会保障基金的管理包括基金的筹集、运营、支付三个方面的内容。社会保障基金的来源一般由国家、单位、个人按一定比例缴纳的社会保障费用以及由私人和社会团体捐助的资金等；运营社会保障基金，即妥善地保管，安全可靠地运用，使其保值增值；支付社会保障待遇，即对享受者支付养老保险金、医疗补助、工伤保险金、失业期间社会保险补助、各种救济金、困难补助金等。

3. 社会保障对象的管理

社会保障的对象是退休者、鳏寡孤独者、失业者、生活困难者、伤残者等。对社会保障对象的管理包括向他们提供物质保障、日常生活和健康服务、参与社会活动和就业方面的机会以及精神和心理慰藉等，其管理工作是在社区化、社会化的前提下，通过政府组织和引导，依靠工会、各种社团、慈善协会以及家庭等社会力量来完成，为社会保障的享受对象提供一系列必要的服务。

4. 社会保障机构管理

社会保障机构的管理包括建立、完善和改进社会保障的工作机制，确定机构的体制、职责、权限、分工，对机构的工作进行监督、评价，受理社会保障方面的申诉，并对其进行调解和仲裁；建立和完善社会保障信息化、社会化服务体系；培养、考核、任免社会保障管理干部。

四、社会保障管理的原则

1. 依法管理原则

社会保障管理具有强制性和法制化特征。参加社会保障体系，依法缴纳有关费用是参保人的基本义务；而享受社会保障有关待遇是参保人的基本权利。社会保障管理体制用法律形式保护受保人的利益。实行依法管理包括两个方面的内容：一是依法设置管理机构和管理岗位；二是依法运行，有关法律、法规对相关机构及岗位的职责范围有具体规定，管理机构只能在职责范围内行使权力，不能越权行事。依法管理原则既约束了管理机构的行为，也确保了社会保障管理的权威性。

2. 集中管理与分类管理相结合原则

一方面，社会保障是政府的社会化事业，政府是社会保障制度的最终责任承担者，所以应当由政府机构对社会保障事务实行统一集中管理；另一方面，集中统一管理使社会保障的规划、方法和协调权利相对集中，有利于统筹规划，整体协调，促进社会整体发展。但是，由于社会保障项目比较多，不同项目的属性、作用及操作方法差异很大，因此，有必要根据其具体特点实行分类管理、分级管理、分项目管理。从各国社会保障管理的实践来看，都是在集中管理和分类管理相结合原则的基础上，采用不同程度的集权管理模式。

3. 效率原则

社会保障管理的效率原则首先要求政事分开，即将社会保障的行政管理、业务经办、基金运营和监督几个环节分开，实现立法、执法和监督相分离，通过各环节之间相互协调、相互约束提高管理效率。在实践中，明确管理机构的职责、保证政令畅通、降低管理成本是衡量管理效率的基本标志。

4. 与社会经济整体协调一致原则

社会保障管理体制虽然是一个独立运行的系统，但它仍是社会经济大系统中的一个组成部分，与其他社会经济活动有着不可分割的联系，从而在运行中要与其他子系统保持协调一致。

第二节 社会保障管理体制

社会保障管理体制是国家为实施社会保障事业而规定的各类管理机构、管理对象以及管理制度和管理方式方法的总和。这些内容在本章第一节中均已详细介绍。本节只介绍社会保障管理体制的类型及其选择的因素。

社会保障管理体制是社会保障制度的组织保证措施，通过明确不同管理机构的职责和权限来贯彻和执行社会保障制度，实现社会保障机制的有效运转。一个统一协调、高效运行的社会保障管理体制可以保证国家的相关政策顺利实施，增强其作为社会"安全网"的作用。

一、社会保障管理体制的类型

世界各国的社会保障管理体制因其政治、经济、文化传统、历史背景不同，而有较大差异，归结起来有三种类型。

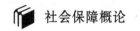

1. 集中管理式

集中管理式一般指将医疗保险、失业保险、养老保险以及其他社会保障项目全部放在一个管理体系内，建立一套统一的管理机构，集中对各项目的资金进行统一管理。在实行集中管理模式的国家里，一般从中央到地方都设立专门的社会保障管理机构，配备专职的工作人员，进行纵向垂直一体化管理，其显著特征：一是社会保障决策权集中在中央，地方各级政府的社会保障机构统一服从中央；二是社会保障预算编制和执行权集中在中央，建立全国范围统一的社会保障预算体制；三是地方政府在纵向上要服从中央政府的指令，由中央政府决定其社会保障收支规模与基本结构。实行这种管理体制最典型的例子就是新加坡的中央公积金制度。新加坡的中央公积金制度是一个综合性的社会保障计划，具有住房保障、医疗保险、退休保险、支付教育费用等多种功能，其中央政府通过中央公积金局直接管理和控制，规定公积金的投资方向和存款利率，是一种政府强制性储蓄积累模式。当然，新加坡的中央公积金制度之所以取得成功，其严格的法律规章制度和高效而又廉洁的公务员制度功不可没。

集中管理的社会保障体制的优势有以下几个方面：第一，有利于社会保障的统一规划、统一实施；第二，有利于社会保障各项目、运行的各环节之间的协调和资金的集中管理，并能提高资金的使用效率；第三，有利于社会保障管理机构精兵简政，减少机构的重复设立，降低全社会的管理成本；第四，有利于社会及其他部门对社会保障基金进行管理和监督。

当然，集中管理的社会保障体制也有它的局限性：第一，这种管理体制以国家行政管理为主，其行政干预较多，容易引起效率低下和寻租行为；第二，这种管理体制对于人口较多、面积较大的地区，存在各部门之间协调配合不力的问题；第三，决策和管理层次过多，容易出现基层管理人员工作积极性不高的现象。

2. 分散管理式

分散管理式的社会保障管理体制是指不同的社会保障项目由不同的政府部门管理，各自建立一套执行机构、资金运营机构以及监督机构，各社会保障项目之间相互独立的管理模式。在这种管理体制下，中央行政主管机构主要进行社会保障方面的宏观调控和规划；地方社会保障机构有一定的自主权，在部分国家里甚至还拥有社会保障方面的地方立法权。分散管理的主要特征：一是各级政府和社会保障部门职责明确，事权相对独立；二是各级社会保障部门拥有独立的预算；三是地方的社会保障管理机构可以在权限范围内自主决策。这一类型的社会保障管理体制最成功的是德国。德国社会保障机构的设置实行地区与行业管理相结合的方式。政府不直接管理社会保障，只设立专门的机构（联邦劳动和社会事务部）对其进行监督。

分散管理式的社会保障管理体制的优势有以下几个方面：一是各管理机构自主活

动的空间较大，能更好地适应社会保障发展的需要；二是有利于明确各自的权责，从而提供好的激励约束机制，调动各层次工作管理人员的热情，提高效率和质量；三是有利于各级社会保障管理机构根据各地区、各项目的特点制定相适宜的法规和管理细则，适应社会生活的需要。

但是，这种管理模式也有它明显的局限性：一是各地区、各部门的利益和关系较难协调，不利于全国范围的统筹规划；二是各地区、各项目之间的情况较为复杂，容易发生职能重复、机构重置的情况；三是管理机构设置较多，管理成本过高，寻租和地方主义较容易发生。

3. 集散结合式

集散结合式的社会保障管理体制包括两方面的内容：一是在宏观上实行统一集中管理，即在社会保障事业发展的规划、立法和监督方面采取集中式管理；在微观上实行分散管理，即对有关社会保障事务的经办、基金营运等方面的工作采取分散式管理。二是根据各个社会保障项目的不同，对其共性较强的部分实行集中统一管理；对特殊性较强的实行相关部门分散管理。集散结合管理的主要特征：根据宏观决策和微观执行的不同，再参考各个社会保障项目的不同，把集中统一管理和分散管理两者有机地联系起来。采取这种管理体制典型的国家为日本和美国。日本的养老保险和医疗保险由原生省负责，失业保险由劳动局负责。各部门分别管理各自的社会保险项目。美国的失业保险由劳动部门管理，而老年保险、住院保险则由社会保险署实行统一管理。

集散结合式的社会保障管理体制的优势有以下几个方面：一是它既可以体现社会保障社会化、一体化、规模化的发展要求，又能兼顾个别项目的特殊要求；二是有利于调动各方面利益主体的工作积极性，提高工作效率；三是相对于集中管理模式可以节约管理成本。当然，这种模式的实施需要较为苛刻的内部和外部条件，如健全的市场经济、资本市场和法制体制。

总体来看，这种管理模式兼顾了集中管理式的优点，而在一定程度上避免了两者的缺点。当然，一国采取何种类型的社会保障管理体制受多方面的因素制约。但是，无论选取何种社会保障管理体制，都要兼顾公平与效率原则，保证经济有序发展和社会公平稳定。

二、一国社会保障管理体制类型选择的主要影响因素

一国究竟采取何种类型的社会保障管理体制不仅与本国的社会保障需要相关，还与国家政治体制、经济发展程度等多个因素相关。以下是影响社会保障管理体制类型的主要因素。

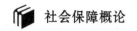

1. 国家政治体制

单一制国家多采取集中管理式的社会保障体制，而联邦制国家多采取分散管理式的社会保障体制。

2. 经济发展水平和市场化程度

一国的经济发展水平越高，其社会保障管理也就越规范，监督机制也就越完善，这样，采取分散管理式的社会保障体制也就更有效率；相反，发展中国家经济发展还处于起步阶段，要避免因制度不健全而出现漏洞百出的现象就必须采取强有力的集中管理式的社会保障体制。同样，经济的市场化程度越高，资本市场和市场法制程度也越高，这样社会保障基金的运行风险较低，故常常采用分散管理式的社会保障体制；反之，经济市场化程度不高的国家则往往采用集中管理式的社会保障体制。

3. 社会保障的财务制度

社会保障的财务制度安排必须遵循收支平衡的原则，从各国的理论和实践看，不同的收支平衡理论（横向平衡、纵向平衡）促成了现收现付制和基金积累制两种主要财务制度。现收现付财务制度是指由在职人员通过各种缴费方式支付退休人员的社会保障管理体制。完全积累制的社会保障财务制度是指通过强制储蓄达到单位和个人缴费的目的，故往往采取分散管理式的社会保障体制。

4. 社会保障的价值目标

如果价值目标倾向于社会公平，采取集中管理式的社会保障体制的可能性就较大一些；如果价值目标倾向于经济效率和发展速度，则大多会采用分散管理式的保障体制。

第三节 我国社会保障管理体制改革

一、中华人民共和国成立后社会保障管理体制的演变历程

1. 工会管理阶段（1951～1969 年）

1949 年 10 月 1 日，中华人民共和国成立，当时的中央政府政务院劳动部、内务部分管社会保障事业，其中劳动部负责管理企业社会保障工作，内务部负责管理机关事业单位的社会保障工作以及社会优抚、社会救济等方面的工作。

1951 年 2 月 26 日，政务院发布《中华人民共和国劳动保险条例》规定，中华全国总工会为全国企业劳动保险事业的最高领导机关，接替了之前劳动部的企业劳动保障方面的职责，而劳动部则成为全国企业劳动保障事业的最高监督机构。1954 年，中华全国总工会完全接替了劳动部原来的工作，全权负责企业的社会保障事务。这种状况一直持续到 1969 年，我们称为工会管理阶段。

2. 企业自管阶段（1969～1988 年）

1969 年，内务部被撤销，民政工作移交财务部、国务院政工组、卫生部、公安部四部联合管理。1978 年，我国设立民政部，负责原来内务部的社会救济、社会福利、社会优抚等方面的民政工作。1982 年，国家组建劳动人事部，重新开始管理企业社会保障工作。1984 年，中国人民保险公司开始办集体所有制企业的养老保险。

3. 多部门管理阶段（1988～1997 年）

1988 年，全国七届人大一次会议通过了政府机构改革方案，撤销了原劳动人事部，成立了劳动部和人事部，分别管理企业和机关事业单位的社会保障事务。民政部依然负责管理原来的社会救济、社会优抚、社会福利等民政工作。这样，就形成了一个"三驾马车"的基本格局，也构成了社会保障多部门管理的雏形。之后，卫生部、财政部管理机关事业单位的公费医疗，中国人民保险公司负责管理集体所有制企业的养老保险，铁道、邮电、水利、电力、中建总公司、煤炭、石油、交通、有色金属、民航、金融 11 个行业分别管理本行业的养老保险事业。"多龙治水""多头刮泥"的社会保险管理体制就此形成。

二、1977 年以前中国社会保障管理体制存在的缺陷

1. 多头管理，缺乏统一的管理机构

管理机构分散是造成社会保障管理中存在许多问题和矛盾的最大根源。例如，社会保险的管理涉及劳动、人事、卫生、民政、财政、计生、银行、商业保险、审计、教育、司法、工会、妇联等许多部门。

城镇职工养老保险和失业保险由劳动部门负责，而部分集体所有制企业职工养老保险由人寿保险公司负责，这其中就存在职能交叉的现象。这种多头管理的模式直接造成了机构重叠、成本过高、效率低下等弊端。

2. 政事不分，管理机制缺乏有效性和科学性

分管部门按险种实行立法、监督、经办"一条龙"的管理方式，这难以建立有效

的监督制约机制，极易造成滥用保险资金、挪用公款等违法乱纪的现象，并且弱化了各自的管理责任，什么都管却不对其中任何一个部分负责。这种状况的一大现实危害就是难以提高基金营运效率，且不能实现其保值增值，致使基金的整体运营无法保证。

3. 政监不分，缺乏有效的监督制衡机制

社会保障的决策、经办、监督由同一部门负责，如主管社会保障的行政部门既负责制定政策和制度，又负责操作经办，缺乏有效的监督机制。这极易造成社会保险基金被挪用、挤占、多提管理费等各类流失现象，腐败问题大量产生也不足为奇。如送给企业当"启动资金"，或用于当地重点项目建设，搞"市政开发"，有的甚至直接借给某些个人办企业、社团，而被借走的资金大多有借无还。

4. 法制建设不完善

立法滞后，立法程序缺乏客观性和公正性。我国虽然曾经制定了不少社会保障方面的单项法规、法条，但社会保障制度建立、发展近 50 年，连一部完整而同一的《社会保障法》或是《社会保险法》都未出台。在实践中，只能依靠各部门自行制定的法规、条例，这导致各地区法规的标准差异极大，甚至区域间相互矛盾，并且都拟定有利于本部门、本地区利益的法律、条例。另外，在社会保障基金管理方面，坚持"社会统筹"，忽视对个人账户的建设，致使社会统筹和个人账户相结合的养老保险新机制无法建立。总之，由于法制不健全，尤其是立法滞后，严重阻碍了我国社会保障事业的发展。

5. 企业和国家背上了沉重的社会保险费用开支的包袱

我国自 20 世纪 50 年代初期到 20 世纪 90 年代初期的 40 年间，享受劳动保险制度的人数大约增加了 18 倍，国有企业的劳动保险费用开支以每年 14.5% 的增长率递增，而反观同时期的国民经济增长水平，GDP 年增长为 8.8%，国民收入年增长为 6.8%，国民经济的增长速度低于劳动保障费用开支。国有大中型企业老职工较多，负担沉重。政府不得不利用减税、固定资产加速折旧等各种经济政策和法律手段给予国有大中型企业一些变相补贴，其结果导致国有大中型企业失去了参与竞争的积极性，使整个经济运行呈低效率状态。

三、1998 年至今我国的社会保障管理体制简述及评价

1. 20 世纪 90 年代对原有社会保障管理体制的改革与探索

为了克服原有社会保障管理体制的不完善，20 世纪 90 年代以来，我国各地在建

立统一的社会保障管理体制方面，进行了积极而有意义的探索。至1997年底，浙江省、广东省、安徽省、海南省、吉林省、湖南省、甘肃省、江西省、西藏自治区、四川省、黑龙江省11个省（自治区），上海市、天津市、重庆市3个直辖市，以及青岛市统一了各自的社会保障管理机构。另外100多个副省级及地、县级城市也统一了社会保障管理机构。但这一期间设立的社会保障管理机构名称叫法不一，有的名为社会保障行政或事业管理局，多数称为社会保障委员会或社会保障监督委员会（基金监事会）。

对于此次的改革与探索，从积极的角度来看，各地结合本地的客观实际和工作需要，在不违背当时的法律、法规的基础上大胆革新，小心求证，积累了宝贵的经验，为全国社会保障管理体制的改革创造了有利的条件。从另一个角度考虑，此次探索也有许多不规范之处，甚至有很多"浑水摸鱼"的投机现象出现。首先，机构名称五花八门，各地的社会保障管理机构有十几种，委、局、处等名称各式各样；其次，各社会保障机构的职责、职权不统一，责、权的划分也不是很明确，有的是统筹或领导机构，有的是协调机构，有的是执行机构；最后，还有部分地区借此机会"另立山头"，随意扩编机构，干预其本不应该涉及的事务，造成了整个体系的混乱，个别集团和个体则从中得利。

2.1998年至今我国的社会保障管理机构简介

对于我国在社会保障管理方面存在的种种弊端，根据《中共中央关于制定国民经济和社会发展的第九个五年计划的建议》的指示，于1998年3月，在九届全国人大一次会议上通过了我国社会保障管理机构改革的新方案。此方案是我国自改革开放以后在社会保障管理体制方面作出的大规模的政府机构改革决定。首先，在原国家劳动部的基础上，组建了国家劳动与社会保障部，建立了统一的社会保障行政机构，将原由劳动部管理的城镇职工社会保险，人事部管理的机关事业单位社会保险，民政部管理的农村社会保险，卫生部管理的公费医疗，相对集中地交由人力资源与社会保障部管理；其次，为了配合相应的职责和管理职能，国家劳动与社会保障部内设了养老保险司、失业保险司、医疗保险司、农村社会保险司和社会保险基金监督司五个相关职能司局，分别负责有关保障项目的工作；最后，社会救济、社会福利、优抚安置等社会保障项目仍由民政部负责管理。2008年3月，随着大部制改革进程的启动，劳动和社会保障部同原人事部合并为人力资源与社会保障部。

3.1998年至今我国的社会保障管理体制评述

（1）1998年至今我国现行的社会保障管理体制取得的成就。

首先，我国现行的社会保障管理体制是在渐进式改革中的一个必经阶段，其具有承前启后的重要意义。

从理论上讲，集中化、统一化是社会保障管理体制发展的一大趋势，但如果强行执行"全盘统一",不符合我国各地生产力水平存在巨大差异的基本国情,甚至可能出现俄罗斯"休克疗法"后"崩盘"的不利局面。况且,我国在一些社会保障项目的管理上还是比较成功的,全盘否定也不切合实际。

其次,在社会保障管理体制的内容方面做出了重大改进。在管理方式上,形成了政府直接管理的局面,打破了以往混乱无序的管理体制;在管理机构设置方面,逐步确立了人力资源与社会保障部、民政部两个主要的行政主管部门,打破了以往机构并立、无人统筹的混乱格局;在管理内容方面,虽然在社会保障基金和对象管理方面改进不大,但加强了社会保障的行政管理力度,落实了责任主体。

(2)1998年至今我国现行社会保障管理体系存在的问题。第一,政出多门,相互掣肘的情况依然存在。由于没有打破所有制和地区界限,虽然由人力资源与社会保障部、民政部两个主要部门统筹管理社会保障事务,但仍有不同地区和不同部门分管的项目存在交叉和相互矛盾的情况。例如,人事部门负责机关、事业单位的养老保险同劳动、民政部门就存在交叉矛盾。机关事业单位合同工的养老保险应归劳动部门负责;城镇企业干部、科技人员的养老保险又归人事部门负责;农村社会养老保险归民政部门管理,而农村的干部养老保险又归人事部门管理。几个部门分管的人员范围交叉矛盾,混乱不堪。

第二,社会化程度低。由于各部门(企业部门与事业部门,各不同企业部门之间)实行社会保障的制度、政策、标准不统一,致使同一级别的工作人员之间待遇差异悬殊,企业间的负担也轻重不一。由于待遇迥异,妨碍了人才、劳动力在不同部门、行业间的合理流动,固化了人员的地区、行业和部门所有,不利于产业结构的调整和调动人才的积极性。另外,由于未能充分调动社会的参与,致使单个部门完全负担全部风险,这大大降低了社会保障作为人民生存的基本底线的功能。

第三,社会保障基金整体使用效益差,体系运作困难。由于社会保障资金筹集渠道不规范,基金周转又"画地为牢",所以难以找到优质的投资项目,导致基金运营效率低。近年来,失业职工逐步增多,再加上人口逐步进入老龄化阶段,致使社会保障基金更加紧张,整个社会保障基金收支存在较大缺口。

第四,社会保障管理体制法制建设不完善,立法严重滞后。首先,立法方面的起色不大,没有从整体上进行规划,缺乏一部社会保障基本法,尤其是关于农村社会保障方面的立法几乎是空白,另外,社会救济、社会福利的许多问题也无法可依;其次,立法层次过低,通过全国人民代表大会的立法较少,各部门的行政法规较多,迄今为止,经过全国或各级人大通过的与社会保障相关的法律仅有几部;再次,立法的统一性也不够,各地区立法差异过大,以城镇职工养老保险为例,国务院给出了两个差异较大的试点方案:一部分地区实施了方案一,另一部分地区选择了方案二,大部门地区综合两种方案形成了方案三,方案之间差异很大;最后,社会保障的立法体制不规范,各立法主体之间权限划分不明确,权责不清,致使立法主体多元化、层次无序化、部门利益法律化的现象严重。

第五，多家分管，自成系统，造成机构重叠，浪费了大量的人力、物力和财力。分管社会保障的各个部门都设立了专门的管理机构、专业人员队伍、专门的经办机构。民政部在全国各地区推行农民养老保险试点时，设立层层机构，扩充编制，意在建立一套自成一体的农民养老保险体系；人事部门也在拟建自己的经办机构体系。多一套机构，多一套人马，就要多一笔经费开支，在经济上造成了极大的浪费。另外，由于社会保障管理机构的重叠增加了企业为职工办理社会保险时的工作量和工作难度。为了办好职工社会保险，企业要跑不同的部门，办理不同的手续，向不同的管理部门按照不同的规定、标准缴纳不同的保险费，加大了企业的事务性负担，造成了许多企业不愿意参加社会保险统筹，致使保险费率大幅度滑坡。

第四节　国外社会保障管理体制及其对我国的启示

一、国外社会保障管理体系简介

1. 国外社会保障管理方式

（1）国外社会保障管理方式。国外社会保障管理方式的主要特征是政府直接设立专门的管理机构进行具体管理，其中又可以分为两类。

一是集中统一管理方式。英国、加拿大、波兰、马来西亚属于这种类型。如英国，社会保障部是全国社会保障的最高行政主管部门，各地设立社会保障局，县市设立社会保障处。

二是分散管理方式。日本、美国、澳大利亚属于这种类型。如日本，中央政府设立原生省管理全国养老、遗属、残疾、医疗等社会保障项目，劳动部负责失业、工伤等社会保障项目。

政府直接管理方式有利于体现政府的意图和满足社会公平原则，但管理成本过高，不符合经济学的"成本—效益"原则，另外，服务质量和工作效率难以保证。

（2）半官方自治管理方式。德国、法国、意大利、瑞士、瑞典、土耳其属于自治管理方式，如在法国，卫生和社会保障部负责社会保障的监督和颁布法律，全国疾病保险基金会、全国养老保险基金会、全国就业组织理事会、全国家庭补贴基金会及其分支机构分别负责全国的疾病保险、养老保险、就业补贴和家庭补贴。这种管理方式克服了政府直接管理的一些弊端，但对国家的法制要求较为严格，在体现社会公平和政府意图方面也差强人意。

（3）商业保险管理方式。新加坡、印度、印度尼西亚等国家采取商业保险管理方式。如在新加坡，实行社会保障中央公积金制度，社会保障项目包括养老保险、残疾保险、死亡保险、医疗保险以及住房和教育计划等。

这种管理方式政府的责任最少，管理简便，效率更高，但要求国家高度法制化和市场化，而且，参保人要承担基金运营的巨大风险。

2. 国外社会保障管理机构设置

根据国际劳工局的统计资料显示，在其统计的 115 个国家中，89 个国家由一个政府部门主管社会保障事务；26 个国家由多个政府部门管理社会保障事务，实行多头管理。89 个由一个政府部门主管社会保障事务的国家分为五类：第一类是由劳动（劳工、就业）和社会保障部主管，其中包括德国、意大利、西班牙、土耳其（含中国在内）等 50 个国家；第二类是由劳工（劳动）部主管，包括印度、印度尼西亚、新加坡等 19 个国家；第三类是由社会保障部主管，包括澳大利亚、英国、瑞典等 15 个国家；第四类是由卫生和社会保障部主管，包括玻利维亚、芬兰、冰岛 3 个国家；第五类是由财政部主管，包括科威特、瓦努阿图 2 个国家。26 个社会保障事务由多个政府部门管理的国家，包括比利时、巴西、加拿大、丹麦、法国、日本、荷兰、韩国、新西兰、俄罗斯、南非、埃及、美国、泰国等。

3. 国外社会保障基金营运管理机构简介

据有关资料介绍，对 131 个国家和地区分类，有 92 个国家和地区的社会保障基金由社会保险基金会、协会、公司或社会保障银行等公共机构管理，有 37 个国家和地区由政府部门直接管理，有 2 个国家由工会管理，另有新加坡、马来西亚等由公积金局集中管理，智利则开创了由私营的养老金管理公司管理的新模式。

上述几种营运管理模式的优劣：第一，政府直接管理模式弊端很多，其负担沉重，公共积累金没有保障。如美国的社会保险基金在 1993 年底账面上有 3693 亿美元余额，但实际上空无一文，全部被用于减少政府的财政赤字和支付国债本息了。第二，由经办机构统筹社会保险基金模式虽然充实了民主决策和社会监督机制，但这些公共机构缺少活力，效率低下，官僚和腐败盛行，一些欧洲国家即是如此。第三，公积金局法定机构模式的工作效率和服务质量优于前两者，但基金投资渠道窄，投资回报低，而且不能进入资本市场，大部分只能用于购买国债。20 世纪 80 年代新加坡基金年投资回报率仅为 3%。第四，私营金融机构市场化营运管理模式充满活力，资金回报率高。例如，智利扣除通货膨胀率后，1981～1998 年社会保障基金的年平均回报率达到 14%。

二、国外社会保障管理体制对我国的启示

通过对国外社会保障管理体制的简介，我们可以得出以下启示：

1. 我国的社会保障管理方式宜长期实行政府直接管理

从世界范围看，具有浓厚集权传统的国家政府大多采取政府直接管理社会保障的方式；具有民主化传统的成熟市场经济国家多采取半官方自治管理方式；小型的、处于大规模经济体制变革阶段的、正在走向工业化的国家多采取商业保险管理方式。就我国国情（历史和经济发展阶段）而言，社会保障长期采取政府直接管理方式是上上之选，尤其是在我国这种人口多、经济发展程度较低、贫富差距过大的国家里，其"崩盘"的危害会被无限放大，可能性也会大大提高。因此，需要国家或政府发挥主导作用。

2. 坚持依法管理，建立健全社会保障法律监督系统

世界各国的现代社会保障制度都是以立法为基础建立起来的，有较完善的社会保障管理法律体系和相关制度，立法、司法、执法制度体系都很完备。我国要加快社会保障的法制建设，加强法规的制定和完善工作，加速社会保障基金管理的立法，为社会保障管理提供法律上的保证。要努力构建社会监督系统，设立由缴费人、工会、受益人和专家学者组成的社会监督机构，监督社会保障服务质量和基金运营状况。

3. 坚持由单一政府部门主管社会保障事务

各国不同的行政"传统"、政治、经济、文化等各方面国情决定了社会保障管理机构可以采取由一个政府部门主管的"政出一门"的模式，也可以采取多个政府部门管理的"政出多门"的模式。但是，大多数国家实行"政出一门"的管理模式，且效果不错。我国1998年以前的社会保障管理体制是"政出多门"，造成了管理效率低下、管理成本高昂的问题，因此，我国在经济体制转轨的过程中，实行单一型的社会保障行政主管管理模式是符合我国国情和发展趋势的。

4. 坚持政府主导，适当地引入市场化、商业化规则

官僚主义和效率低下主要表现在机构臃肿、队伍庞大、服务质量不高和存在腐败等方面。这既是社会保障管理体制的问题，又是社会保障制度设计的问题。为了解决这些问题，各国正尝试在社会保障管理中适当地引入市场化、商业化机制。如在智利，政府将养老保险交给私人机构管理。我国目前的市场化、法制化程度不高，适当地引入市场化、商业化规则有利于社会保障管理体制健康地发展。

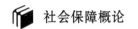

5. 建立相对独立的社会保险基金经办机构

我国的社会保障管理部门集行政管理、基金经办职能于一体，缺乏科学的职能分工和监督制约机制，管理和经营效率较低。应按照政事分开原则，建立相对独立的、非营利性的社会保障基金经办机构来管理社会保障基金的征收、给付，个人账户的登记管理，基金的营运管理和保值增值。各类保险基金要分别建账，专户专储，专款专用，统一核算。

第五节　我国社会保障管理体制的改革与展望

一、深化我国社会保障管理体制改革的基本原则

1. 统一性原则

国家社会保障管理机构、社会保障政策、社会保障基金的财务会计准则必须统一，杜绝政出多门、多头争办、条块分割的现象。要建立统一、独立的社会保障管理机构领导整个社会保障管理事务，执行社会保障管理职能。

2. 集权与分权相结合的原则

鉴于我国的历史和现实，还有整个社会保障项目的系统性要求，要建立统一的社会保障管理机构进行整体上的统筹规划和协调，就要实行集权化管理。但是，各地区具体情况不同，各社会保障项目之间性质、操作方式的差异也很大，所以，又不能过分地集权，要适当地分级、分项目管理。因此，要求我们坚持集权与分权相结合的原则，一方面，具有较多共性的社会保障项目要集中起来统一管理；另一方面，各部门要充分发挥优势，调动其积极性，注意相互协调一致，相互制约，提高整体的管理效率。

3. 管理法制化原则

社会保障管理的法制化为其具体操作提供了法律依据。社会保障是一个复杂的社会经济系统工程，各种保障项目的性质、范围、标准、费用来源、实施原则、保障对象、管理方式都不尽相同，需要分项立法和监督。社会保障管理是法制化的管理，一切要依法办事，社会保障管理机构也必须依法设置、依法行政。

4. 政事分开原则

政事分开就是将社会保障的行政管理、业务经办、基金营运和社会监督几个环节分开，形成各个环节之间的相互协调、相互约束和监督。政府主管部门主要是管政策、制度、标准、原则、监督，不直接干预资金的收缴和运营。社会保障基金由公共机构依法经办，独立营运，受政府主管部门和社会监督部门监督。为了避免基金被挪用与浪费应将其纳入财政预算，社会保障经办机构的管理经费由财政部门逐年核定，并充分发挥审计、监督部门的作用，加强行政监督检查。

5. 效益原则

在坚持政事分开原则的基础上，社会保障主管部门和资金运营部门相分离，充分调动两者的积极性，建立高效的社会保障管理网络。坚持政事分开，使有关部门实现分工和专业化，各司其职，减少摩擦，提高效益。社会保障基金运营部门在进行基金运营时，要注意充分利用资本市场实现基金的保值增值，提高运营效益。

6. 社会化管理原则

社会化管理就是要摆脱企业自我管理社会保障事务的重负，由当地社会保障机构进行统一管理，提供统一服务。社会化管理一方面可以减轻企业的社会事务负担，使其在参与市场竞争时可以轻装上阵，建立现代企业制度；另一方面也可以充分发挥家庭和社区在提供社会保障服务方面的作用，实现由企业保障向社会保障的转化，降低社会保障的管理成本，提高服务质量，扩大社会保障的覆盖面，扩充其资金来源。

二、我国社会保障管理体制的改革思路

1. 加强社会保障管理体制建设，推行一体化的保障体制

加强社会保障管理体制建设，总体上讲，就是要推行一体化的保障体制。一是要统一对象。把国有企事业单位、党政机关、群众团体、集体所有制企业、三资企业、私营企业的职工以及个体工商户、农民工和农民纳入统一的社会保障体制，逐步建立覆盖全社会成员、全体劳动者、一体化的社会保障体制。二是要统一标准。统一不同所有制企业的基金征缴基数，统一缴费比例，统一不同所有制企业之间的待遇标准。三是要统一社保资金的筹集和支付方式。社会保障基金的筹集应面向社会，由国家统一规定缴纳标准、缴纳对象和缴纳方法，并指定机构统一强制执行，以实行社会保障基金筹措的社会统筹。社会保障的享受对象、支付标准及其登记、给付方式等也应由国家或政府根据一定时期的社会因素加以确定，并在一定范围内统一实施。四是要统

一个人社会保险账户。将养老保险、医疗保险以及住房公积金合并成一个小账户，总账户下面分设三者的户头。条件成熟后，可允许三个户头的资金在一定范围内、一定程度上调剂使用。五是要统一社会保障积累资金的保值增值运作及监督管理。把所有的社会保障积累资金都集中在一起，统一进行保值增值运营。同时，对所有的社保资金使用及保值增值运营实行统一监督。六是要统一社会保障服务。社会保障服务应主要由社会提供，而不是由企业和单位提供。为此，要加快建立和健全退休管理机构和就业服务机构，积极开展多种形式的管理服务活动，逐步形成社会化管理服务网络。要积极推广统筹退休金等形式的社会化发放办法，采取社会保险管理机构直接组织集中发放、直接信汇、委托银行代发等。要积极推广失业保险管理服务，由社会保险业务管理机构把失业保险的生活保险与就业服务密切结合起来，组织多种形式的专业培训，促使失业人员尽快重新就业。要积极推广多种形式的跟踪服务，做好信访工作等。

2. 关于社会保障管理机构的设计

要在坚持政事分离、社保操作机构和资金运营机构分离的原则下，建立精干、高效的社会保障管理网络，包括社会保障的立法机构、行政主管机构、业务经办机构、基金营运机构和监督机构等，具体设计内容有如下几方面：

（1）立法机构。立法主要是全国人民代表大会或其常务委员会，其主要职能是负责制定和颁布社会保障基本法、大法。国务院负责制定和颁布有关社会保障改革与发展的体制性决定。

（2）行政管理机构。社会保障的行政管理机构承担政府职责。在中央政府的层次上，成立国家人力资源与社会保障部作为集中、统一管理全国社会保障事业的决策性、权威性机构，其职责范围涉及社会保险、社会救济、社会福利和优抚安置等。国家人力资源与社会保障部的主要职能是规划和指导城乡社会保障事业的发展，规划建立多层次的社会保障体系；拟订社会保障年度中期和长期发展计划；制定社会保障项目的有关政策、法规、条例，起草有关法律；对社会保障进行宏观管理；协调地区之间社会保障的利益和矛盾；实施行政执法和监督；负责社会保障的宣传、教育、培训、信息、技术、人事及干部等有关事务。

各级地方政府相应成立统一的社会保障行政主管机构，其职责：一是贯彻实施社会保障有关法律法规，执行上级机关的决策和指示；二是负责本级行政区内社会保障的规划、计划、法规、宏观管理、执法、监督等事务。这样，整个社会保障行政管理机构分为国家、省、地（市）、县（市）四个层次。国家为社会保障部，省以下为社会保障局。下级行政机构受同级政府和上级行政机构的双重领导。

（3）业务经办机构。社会保障的业务经办机构负责基金的具体业务，其是在行政部门主管下的、与主管部门相对独立的、具有公共事业单位性质的部门，执行社会保障基金的征缴、日常财务管理、拨付及发放、信息咨询等社会化服务功能。社会保障业务经办机构是负责机构，具体工作可以由业务经办机构通过法律契约形式委托其他机构或部门办理。例如，委托税务部门代为缴纳社会保障费，委托银行代为发放社会保障待遇等。业务经办机构设国家和省两级，地（市）级机构为省级机构的分支机构，地（市）级以下为派出机构，根据需要可设到乡（镇）一级的基层。业务经办机构直属同级社会保障行政管理机构，但又保持相对独立。行政上受同级社会保障行政管理机构和上级业务经办机构的双重领导。

按照职能相近原则，分别成立养老保险、医疗保险、住房公积金、生育保险四者统一的业务经办机构以及工伤保险、失业保险两者统一的业务经办机构。前者负责投保人加入养老保险、医疗保险、住房公积金、生育保险的资格认证、注册、档案记录、个人账户管理和咨询、养老金发放标准认定及通知、医疗费用的审查、生育保险费用的审查以及住房公积金购房用款申请等方面的工作；后者则负责失业保险、工伤保险方面的执行工作。

（4）基金营运机构。设立基金营运机构有两种办法：一是选择已有的金融机构；二是专门成立不隶属政府行政主管部门，并且独立于基金经办机构的基金营运机构。基金营运机构是企业化的金融法人，按照市场化原则投资营运基金，并负责统一的基金征集、支付及保值增值工作。

建立社会保障基金管理中心。社会保障基金管理中心是在社会保障委员会直接领导下负责编制预算决算及其运营的机构。所有的社会保障资金由统一的机构负责征集，再按各保险项目分别设置账户，内部实行分别管理。社会保障资金的具体发放可委托银行操作，而发放标准、发放对象则由社会保障操作机构确定。同时，社会保障基金管理中心还要负起社会保障资金保值增值的职责，根据社会保障资金投资政策具体负责运营。无论是社会保障资金的筹集、支付，还是保值增值运作都要接受社会保障监督机构的监督。

（5）监督机构。社会保障的监督机构负责对社会保障法规、政策的执行和基金的收支、营运和管理进行监督。根据我国国情，国家设立社会保障监督委员会，省级社会保障监督委员会是其分支机构，委员由政府代表、参保单位代表、工会代表、参保职工代表、社保专家等组成，办公室设在同级人大。按这种办法设置监督机构成本最低，也便于实际开展工作。但是，真正完善的监督，不能依赖一个监督委员会就完成其使命，而应该有一整套严密的体系。健全的社会保障监督体系及其运行机制至少包括以下几个环节：第一，在人民代表大会内部设立专门委员会。第二，监察、审计、工会、新闻等部门应依法行使自己的监督权，加强对社会保障行政管理部门和基金管理中心的监督。第三，充分发挥公民、企业等民间组织的社会监督作用。

（6）各个社会保障管理机构之间的分工与协调。新的社会保障管理体系的建立，一定要政事分离，职责分工明确，以便协作配合。政府主管部门不负责经营，只负责方针政策的制定和监督检查工作；各部门之间必须明确职责，减少甚至消除相互扯皮现象，加快社会保障体制改革的步伐。同时，在政事分离、合理分工的基础上，加强部门间的协作，这将有利于工作的相互支持和配合。要明确部门间的管理职责和管理权限。在职责划分方面，由社会保障主管部门负责各项政策、标准的制定和监督执行；社会保险经办机构负责个人账户管理、统筹基金的核算调度等；财政部门管理社会统筹资金财政专户，筹集并拨付对社会保障的预算补助资金，并对社会保障基金进行财务监督；国家社会保障基金管理中心负责资金的筹集、管理、运营，并根据财政部、人力资源与社会保障部、民政部的要求拨付对困难地区的补助资金。

3. 关于社会保障的管理方式

我国未来社会保障的管理方式是由政府直接管理，以集权为主、集权和分权相结合。集权主要体现在社会保障法律、法规、政策、规划、协调和监督等方面；分权主要体现在实施、执行、经办、营运等方面。

集权与分权相结合的社会保障管理方式是把实行积累筹资的、在管理上具有较多共性的养老保险、医疗保险、住房公积金、生育保险集中起来实行集中化管理；而把与促进就业、预防工伤密切相关的交与劳动部门管理。其优势体现在两个方面：一是既体现了社会保障社会化、规范化、一体化的要求，又兼顾了个别保障项目的特殊性要求；二是节约了管理成本，提高了管理效率。

第六节　社会保障监督体系

一、社会保障监督体系的概念和作用

社会保障监督体系是指为社会保障制度有效完成和正常运作而建立的监督管理制度，包括社会保障监督机构和监控机制。建立和健全社会保障监控机制，在维护社会成员的社会保障权益，及时纠正管理与运行中出现的问题，保证社会保障可持续发展等方面具有重要意义。首先，社会成员的社会保障权益需要监督机制加以维护；其次，社会保障在实施过程中出现的问题需要监督机制及时纠察；最后，社会保障实行中存在着许多不确定性，需要监督机制的观察和预警。

二、社会保障监督机构

社会保障监督机构是依法成立并在法律范围内对社会保障的管理和实施行使监督

职能的组织。不同类型的国家由不同性质的机构负责社会保障的监督工作。

一般来说，社会保障监督机构包括行政监督机构、专门监督机构、司法监督机构以及社会监督机构四种类型，分别承担不同监督职能工作。

1. 行政监督机构

行政监督是指政府有关职能部门根据其管理职能，代表国家对社会保障制度的运行进行的监督。执行行政监督的机构都是政府的职能部门，将监督社会保障事务纳入自己的工作范畴，并按照本部门的工作程序、工作手段行使监督权。

中国的行政监督机构：①各级人民代表大会。②劳动和社会保障部门。③民政部门。④财政部门。⑤审计部门。审计部门与社会保障机构不存在直接关系，通过其审计工作监督社会保障机构是否遵守了社会保障法律制度。⑥监察部门。⑦金融管理部门。⑧其他部门。

2. 专门监督机构

专门监督机构是由官民结合或民间成立的监督机构，反映非官方的意见。

3. 司法监督机构

行政监督机构和专门监督机构能够纠正社会保障在运行过程中的失误，但对一些争议、违法行为的处理缺乏权威性，这就需要由司法部门出面解决。司法部门利用法律赋予的权力对社会保障事务实行司法监督。

4. 社会监督机构

社会监督是指非官方的、非专门的社会保障监督系统之外的其他方面的监督，是群众性、社会性、非强制性的监督。社会监督机构是非官方的社会组织，主要包括以下几种：①工会组织。②企业及劳动者团体。③社会舆论组织，包括电视、报刊、广播等各种大众化的社会传媒。

三、社会保障监控机制

社会保障监控机制包括日常监督和预警监督。日常监督是指对社会保障事务的日常运行进行监督；预警监督属于中长期趋势监督，指通过预测来防止社会保障危机的出现。社会保障的监控必须坚持日常监督和预警监督相结合的原则，以保证社会保障制度长期顺利运行。

练习题

一、不定项选择题

1. 社会保障的对象在总体上具有 (   )。

A. 差异性   B. 区域性   C. 普遍性   D. 特殊性

2. 社会保障管理体制是 (   )。

A. 社会保障管理措施和管理目标的总和

B. 社会保障管理制度和管理方法的总和

C. 社会保障管理制度和管理目标的总和

D. 社会保障管理措施和管理方法的总和

3. 社会保障管理机构的类型占绝大多数的为 (   )。

A. 一个政府机构统管

B. 一个或若干个政府机构和一个或若干个非政府机构共同组织管理

C. 政府机构、地方当局和非政府组织分工管理

D. 完全由非政府组织管理

4. 国家保障型社会保障制度的宗旨是 (   )。

A. 保障全体劳动者生活福利

B. 保障老弱病残的弱势群体

C. 保护劳动者的健康并维持其工作能力

D. 维持社会稳定，健全社会福利

5. 社会保障组织机构包括 (   )。

A. 社会保障监督组织

B. 审计部门

C. 社会保障行政管理机构

D. 社会保障基金经办机构

二、简答题

1. 社会保障管理的主要内容有哪些？

2. 当前我国社会保障管理存在的主要问题是什么？

3. 社会保障管理的原则有哪些？

4. 国外社会保障管理体制对我国有哪些启示？

参考答案

一、1. C　2. B　3. B　4. C　5. ACD

二、简答题

1. 社会保障管理的主要内容

社会保障管理是由国家或政府制定和实施的有关社会保障的法律、政策以及实现社会保障任务目标的行政工作过程。根据社会保障的历史情况和目前世界各国社会保障的状况，社会保障管理有以下主要内容：一是社会保障政策法规管理，二是社会保障资金管理，三是社会保障对象管理，四是社会保障机构管理。

2. 当前我国社会保障管理存在的主要问题

我国社会保障管理存在的主要问题：一是缺乏有效的法律管理和监督机制；二是统筹层次偏低，集中管理优势未能充分发挥；三是资金管理规范化程度不够，资金运作缺乏长期预警机制。

3. 社会保障管理的原则

社会保障管理的原则有依法管理原则，集中管理与分类管理相结合原则，效率原则，与社会经济整体协调一致原则。

4. 国外社会保障管理体制对我国的启示

国外社会保障管理体制对我国有以下几点启示：

（1）我国在社会保障管理方式方面宜长期实行政府直接管理方式。

（2）坚持依法管理，建立健全社会保障法律监督系统。

（3）坚持单一政府部门主管社会保障事务，避免出现政出多门的情况。

（4）在坚持政府主导的同时，适当地引入市场化、商业化规则。

（5）建立相对独立的社会保险基金经办机构。

第五章 社会保障基金

📖 **学习目的**

1. 掌握社会保障基金的特点及作用。
2. 掌握社会保障基金的筹集原则及影响因素。
3. 重点掌握社会保障基金的筹集模式。

📖 **重 点**

社会保障基金的投资方向与途径。

📖 **难 点**

社会保障基金的投资运营。

第一节 社会保障基金概述

社会保障基金是国家依法筹集并用于保障国民基本生活和增进国民福利的专项资金，是社会保障制度的物质基础。社会保障基金的总量反映着社会保障的水平，并与总体的收入分配和社会经济发生联系；分类的社会保障基金是各种具体的社会保障制度运行的实质性内容，是评价社会保障体系与功能结构的客观标志。

一、基金的分类

以基金的用途或功能为依据，可以将其划分为养老保险基金、医疗保险基金、救灾基金等；以基金来源为依据，可以划分为财政性社会保障基金、社会保险基金和社会福利基金等；以基金的存储与运转为依据，可以划分为积累性基金与非积累性基金。

二、社会保障基金的特点

1. 强制性

社会保障基金是国家通过立法强制筹集的，并严格按照法律的规定管理和使用。雇主和雇员必须按时、按法定费率缴纳社会保障费，任何企业和个人都不能违反、逃避缴纳社会保障费的责任。社会保障基金直接关系劳动者的切身利益，在管理和运营中要严格按照有关法律法规运行。基金管理机构对社会保障基金的投资运营、投资组合、投资比例应该依据法律确定。

2. 专项性

社会保障基金是用来保障劳动者因疾病、失业、年老、工伤等原因，造成暂时或永久失去收入时，保障其基本生活的特定用途的资金，是老百姓的"保命钱"，是专项资金，专款专用，任何机构或者个人都不能挤占、挪用。社会保障基金在管理上按险种分别建账，分账核算，专款专用。

3. 互济性

大数法则是保险行业的理论基础，因此互济性是保险的一个基本特征，社会保障也不例外。对社会保障的各个项目，每个参加者发生风险的概率不同，但在筹集基金时是按统一标准进行，这样就会出现每个人享受的社会保障待遇不等同于其对社会保障基金的贡献。虽然有些人收益大于贡献，有些人的贡献大于收益，但在总体上，两者是平衡的。基金互济调节使用，以保证该制度的运行。

4. 储存性

为了抵御风险，社会保障基金必须要有储备，做到未雨绸缪。根据精算原理，计算出抵御风险应准备的资金，事先缴纳积累。社会保障基金一般分为基金制和现收现付制。基金制又称为积累制，是为了应付那些发生概率很高的风险，如年老风险。随着生活质量和医疗水平的提高，绝大多数劳动者在年老丧失劳动能力时，还有很长一段处于没有收入而又需要消费的时期，为保证其基本生活就必须事先积累，因此，养老保险基金一般采用基金制。基金制的养老保险可以通过投资运营实现保值增值，这样既能减轻缴费压力又能满足退休金的需要，应付人口老龄化的压力。现收现付制主要应付发生概率较小的风险，如工伤保险，这种风险可以预测，并且随着科学进步和防范措施的完备，风险发生的概率是可以降低的，这类基金采取"以支定收、略有结余"的政策。现收现付制的基金并非没有积累，只是结余额较小，只应付短期发生的风险。

第二节　社会保险基金

社会保险基金是为保障社会劳动者在丧失劳动力或失去劳动机会时的基本生活需要，是在国家立法或国家政策规定下，通过向劳动者及其所在单位征收社会保险费，或由国家财政直接拨款而集中起来的一种基金。

社会保险基金一般由养老保险基金、医疗保险基金、失业保险基金、工伤保险基金和其他社会保险项目的基金构成，通过雇员与雇主共同缴纳社会保险费的方式构成法定社会保险基金的基本形式。目前，社会保险基金大多仍通过雇主与雇员缴费，国家在税收、利率和财政上资助的三方负担原则来筹集，并主要通过货币支付方式提供各类险种的社会保险金。

一、社会保险基金的特点

1. 法律强制性

只有强制征集社会保险基金，才能获得稳定可靠的经济来源，实现国家的社会与政策目标。国家作为社会全体成员的代言人，有责任保障每个劳动者的基本生存权利，而且劳动者也是社会财富的创造者，社会财富是国家乃至全社会赖以生存和发展的物质条件，所以，国家应采取强制手段保障劳动者的基本生活。

因此，社会保险基金的筹集、管理和使用都具有法律强制性的特征。而商业性保险基金、金融性信托基金则是在自愿的基础上依据商业契约而建立的，其基金管理及规则要相对宽松些。

2. 基本保障性

社会保险基金所提供的经济补偿水平只能以一定时期劳动者的基本生活需求为基

准，既不保证被保险人原有生活水平不变，更不会满足其全面生活需求。就其内涵而言，社会保险要保证劳动者在失去工资收入时，能够维持基本生计。在具体补偿水平上，各个国家的社会保险不尽相同，社会保险险种的补偿水平也不相同。

社会保险基金的基本保障性意味着国家承认对丧失劳动能力和失去劳动机会的劳动者的基本生活保障是社会的责任，因此，需要借助整个社会力量来保障劳动者的基本生活，但在解决社会风险所引起的生活困难方面，并不排除个人的责任。

3. 特定对象性（工薪劳动者）

社会保险的保障对象是工薪劳动者，而不是所有社会成员。社会成员中还包括没有任何收入、靠他人抚养的人，如残疾人、儿童等弱势群体，他们的生活保障问题主要依靠社会救助和社会福利部门。劳动者有劳动收入，只有在发生意外失去劳动收入时才需要接受补偿。因此，他们在有劳动收入时有义务分担社会保险费用。

4. 统筹互济性

社会保险通过国民收入的分配和再分配形成专门的消费基金，由国家统一调剂使用，是社会劳动者共同承担社会风险。

5. 储存性和增值性

社会保险基金的储存性意味着资金最终是要返还给劳动者的，因而资金不能移作他用，保险的经办机构只能利用时间差和数量差使之增值，使劳动者因基金增值而得益，从而进一步体现社会保险的福利性。

社会保险基金的增值性指的是被保险人领取的保险金有可能高于其所缴纳的保险费，其差额除了企业（雇主）缴纳和政府资助外，还需要保险基金的营运收入来补充。在这一点上，社会保险基金同商业保险基金相似。社会保险具有较强的统筹互济因素，个人享受的权利与承担的义务并不严格对应。

二、社会保险基金的来源

世界各国社会保险基金的来源并不完全相同，大体上有两种渠道：主渠道和辅助渠道。主渠道指的是基金主要来自国家、个人和企业，辅助渠道主要指的是来自运营增值、社会捐献和滞纳金等。

社会保险基金主要来源于个人缴费、企业缴费、政府资助或补贴、基金的投资受益四种方式。国际劳工组织制定的《社会保障最低标准公约》规定了社会保障基金来源的几个基本原则：一是个人缴费不能超过总体费用的一半，二是个人出资额不能使个人因此遭受更大的经济困难，三是要结合本国的经济状况。

一般而言，社会保险费负担比例因项目不同，在不同国家三方所负担的比例也有所不同。从总体上讲，劳动者大于或等于政府的负担；用人单位大于劳动者和政府的负担；政府负担着最后的支付责任。具体而言，社会保险费的分担比例由下列因素决定：第一，社会保险项目的性质；第二，国家的社会保险政策；第三，劳动者、用人单位和政府三方各自负担社会保险费的能力，即缴费三方收入情况也是确定负担比例的重要方面；第四，国家在一定时期的经济政策也不同程度地影响三方负担的比例。表5-1列出了发达国家社会保险基金出资的结构。

表5-1 发达国家社会保险基金出资的结构 单位:%

国别 \ 缴费率	个人	企业	国别 \ 缴费率	个人	企业
奥地利	17.20	25.30	卢森堡	15.09	13.00
比利时	13.07	27.44	荷兰	38.93	10.75
加拿大	5.70	8.40	新西兰	30.80	1.85
芬兰	7.45	22.00	挪威	7.80	14.20
法国	18.27	34.31	葡萄牙	11.00	26.75
德国	16.55	17.99	西班牙	6.30	32.00
希腊	11.95	23.90	瑞典	3.95	30.96
冰岛	4.00	15.57	瑞士	6.40	7.74
爱尔兰	7.75	12.20	土耳其	14.00	19.50
意大利	9.34	47.62	英国	12.00	10.20
日本	12.24	14.38	美国	7.65	13.35

资料来源：*Social Security Programs Throughout the World*-1995 U. S. Social Security Administration, 1996.

国家对社会保险基金的支持可以有两种表现方式：一是政策上间接资助，二是财政上向保险基金直接供款。政策上的资助主要通过税收和利率政策。税收政策上的资助表现为社会保险费按税前收入提取，其结果是免除了劳动者和企业收入中的一部分所得税，这样从国家财政角度就失去一部分收入，这部分收入以间接的方式进入了社会保险基金。利率政策上的资助表现为国家对社会保险基金的储蓄利率规定高于一般储蓄，而这高出的部分则由国家财政支出。

第三节　社会保险基金的筹集与支付

一、社会保险基金的筹集方式

世界各国的社会保险基金筹集方式主要有以下几种，如表 5-2 所示。

表 5-2　社会保险基金的筹集方式

类型	筹集对象
三方担型	雇主、雇员、政府三方共同负担
双方担型	雇主、雇员双方负担
	雇员、政府双方负担
	雇主、政府双方负担
单方担型	或雇主，或雇员，或政府单方负担

二、社会保险基金的筹集模式

社会保险基金的筹集模式大体上有三种：现收现付制、完全积累制、部分积累制。

1. 现收现付制

现收现付（Pay As You Go，PAYG）筹集模式是指用正在工作的一代人的缴费支付已经退休的一代人社会保险费用的制度安排，通过以支定收，使社会保险收入与支出在年度内大体平衡。现收现付制运行的基本原理是在长期稳定的人口结构下，由制度内生产性劳动人口负担老年劳动人口的退休养老费用，而现有劳动人口的退休费用，则由下一代劳动人口负担。现收现付制的优点主要体现在以下几点：费率调整灵活，易于操作；有助于实施保险金随物价或收入波动而进行指数调节的机制；通过收入调节与再分配，在一定程度上有助于体现社会保险的共济性与福利性。

但是现收现付制也存在以下缺点：①现收现付模式不留积累，随着人口老龄化进程的加速，养老金负担将越来越沉重。②没有长期规划，预测时间短，稳定性较差，需要经常调整保险费的收取率。③现收现付的筹集模式实际是代际转嫁，即由在职职工负担已退休职工的养老费用，容易产生代际之间的矛盾。

2. 完全积累制

完全积累制（Fully-funded）是将当年的社会保险缴费完全用于社会保险基金积累，并全部计入个人账户，在达到一定条件后（如退休）再从个人账户中支取社会保险待遇。正在工作的职工为自己退休储备社会保险费的制度安排是一种以长期（个人整个生命期）纵向平衡为原则确定的资金运行模式。基金完全积累筹资模式的优点体现在以下几点：①通过预提积累保险基金，有利于实现人口老龄化背景下对劳动者的经济保障。②强调劳动者的自我保障意识，激励机制强，透明度高。③有利于增加储蓄和资金积累，促进资本市场的发展，进而对经济发展具有重要推动作用。

但基金完全积累制的缺点也是明显的：对于长期性社会保险计划，积累的保险基金容易受通货膨胀的影响；社会保险基金容易受政府行为干预，如将基金用于弥补财政赤字；互济性差。

3. 部分积累制

基金部分积累是一种介于现收现付制和完全积累制两者之间的混合模式。基金部分积累制有几种形式：一是在原有现收现付制的基础上，提高社会保险缴费比例，除支付当年的保险金外，还可以进行适度规模的积累，用于若干年后的保险金支付；二是在引入个人账户的基金积累机制的基础上，保留部分社会统筹互助调剂的机制；三是在多层次社会保险模式中，第一层次基本保险采用现收现付模式，第二层次、第三层次保险采用基金完全积累制，在多层次框架内实施部分积累模式。

基金部分积累模式吸收了前两种模式的长处，将激励机制与统筹互济有机地结合起来，有利于克服单纯采用一种模式的弊端。该模式能有效应对人口老龄化对社会保障财务机制的严峻挑战；缺点在于新旧模式的平稳过渡有较大难度，运行过程比较复杂；社会保险基金的缴费率和收益率不易确定；承担社会保障的转制成本大；管理难度大、管理成本比较高。

三种社会保险基金的筹集模式比较如表5-3所示。

表5-3 三种筹集模式的比较

比较 模式	特点	优点	缺点
现收现付制	短期平衡 费率由低到高 体现代际转移	收支关系简单 管理方便 无资金贬值风险	费率波动大 激化代际矛盾

续表

模式 ＼ 比较	特点	优点	缺点
完全积累制	长期平衡 费率稳定	能应付老龄化的冲击 劳动者权利义务关系紧密	固定费率难以应付变化 管理难度大
部分积累制	分阶段平衡 费率有弹性	既能满足一定时期的支出，又 有积累，保值增值压力不大	兼具有收现付和部分积累的缺点

三、基金筹资模式的影响因素

各国在选择自己的基金筹资模式的时候要考虑以下因素的影响：第一，不同社会保险项目的支出特点；第二，人口年龄结构的变化趋势；第三，社会保险基金运行的经济条件以及对社会经济发展的影响。

四、社会保险基金的支付

社会保险基金的支付是指社会保障机构依法按一定的标准和方式将基金支付给符合条件的成员的行为，以保障其基本的生活需求。

1. 社会保险基金的支付方式

社会保险基金按支付的形式划分，可分为货币支付、实物支付和服务支付。按支付的周期划分，可分为定期支付和一次性支付。按支付的标准划分，可分为固定金额制和固定比率制。另外，以工代赈是社会保障基金的其他给付方式。这种给付方式主要应用于扶贫开发和灾害救助，其是指让人们用劳动工作去换取福利，而不是直接发放实物或者货币。

2. 社会保险基金的支付模式

与社会保险基金的筹集模式相对，社会保险基金的支付模式可以分为三类：待遇确定型、缴费确定型和混合型。

（1）待遇确定型。待遇确定型，又称给付确定型，是指被保人的养老金待遇按事先约定的给付。

待遇确定型的特点包括遵循以支定收原则，统一管理基金，基金主办方承担投资风险。因此，待遇确定型的给付制度有利于保障劳动者的基本生活、增强企业的凝聚力。但是待遇确定型的支付模式对基金主办方压力比较大，同时有碍劳动力流动。

（2）缴费确定型。缴费确定型是指投保者的缴费水平是确定的，退休后每月可领取的养老金数额不确定，主要取决于个人账户养老金总额，即缴费和投资收益的总和。

与待遇确定型的支付模式相比，缴费确定型具有遵循以收定支原则，设立个人账户缴费，参保人承担投资风险的特点。缴费确定型具有灵活性与便携性，对企业和国家的压力较小。但是，缴费确定型有待遇不确定的缺陷。

（3）混合型。混合型是指兼具给付确定型和缴费确定型两种特征的社保基金给付模式。自 20 世纪 90 年代以来，混合型社会保障计划逐渐兴起。混合型的社保基金给付模式种类繁多，常见的有现金余额计划、保底补偿计划、目标待遇计划和待遇混合计划。混合型计划的快速发展主要得益于其能扬长避短，同时满足计划主办方和参与人的需求。不同的混合型社保基金给付模式的优点有所不同，但其给付较为复杂，增加了监管难度。

第四节　社会保险基金的投资与运营

一、社会保险基金投资的含义

金融学将投资定义为单位或个人用其所持有的资金购买金融资产或实际资产，或取得这些资产的权利，以在一定时期内预期获得与风险成比例的适当收益和本金增值，或保持原有资金价值的一种资金运营行为。根据投资的定义，可以把社会保险基金投资理解为社会保险基金管理机构或受其委托的机构，用社会保险基金购买特定的（国家政策或法律许可的）金融资产或实际资产，以使社会保险机构能在一定时期获得适当预期收益的基金运营行为。社会保险基金通过投资运营获取收益，这些收益又转变成基金，从而使社会保险基金保值增值。

二、社会保险基金投资的原则

社会保险基金的投资及其效果关系社会保险制度能否正常运行，能否实现社会保险的政策目标。因此，社会保险基金的投资具有严格的投资规则。

1. 安全原则

社会保险基金投资的安全原则指保证所投资的本金及时、足额地收回，并取得预期的投资收益。对社会保险基金来说，投资安全往往被认为是第一位的原则，意味着其投资行为应当具有的特征：分散投资以降低风险；在投资组合中控制风险度较高的金融工具投资的比例。

2. 收益原则

社会保险基金投资的收益原则是指在符合安全原则的前提下，投资能获取适当的收益。应该说，这是社会保险基金投资的直接目的。社会保险基金投资只有满足这一原则要求，才能保值增值，进而达到增强基金实力，减轻国家、企业或劳动者个人负担的目的。这里有必要指出，社会保险基金投资经过一个周期后，收回资金大于投入本金并不意味着该投资取得了适当的收益，因为存在通货膨胀因素，收回资金在数量上大于本金并不等于真正实现了保值增值。这里有一个基金投资收益率与通货膨胀率的比较问题，只有当前者大于后者时，基金才能真正实现保值增值，否则，仅起到缓解基金贬值程度的作用。

3. 流动性原则

社会保险基金投资的流动性原则是指投资资产在不发生价值损失的条件下可以随时变现，以满足随时可能支付社会保险待遇的需要。如果社会保险基金因投资而固着于某项资产，无法脱手变现，不仅无法应付财务上随时支付的现金需要，也违背设立社会保险基金和提存积累金的宗旨。因此，在进行社会保险基金投资时，要细心研究、精确计算，确保投资资产与现金的适度比例和投资资产变现的灵活性。

4. 三者之间的关系

安全性、收益性、流动性这三项原则在实际投资时往往难以同时遵循。社会保险基金的投资收益与风险呈正相关，即预期收益越高，投资要冒的风险也越大。而投资资产的流动性与收益呈负相关，即越是流动性差的投资资产其收益率越高，相反流动性强的投资资产的收益率较低。因此，进行社会保险基金投资时，三项原则有一定的优先次序。社会保险基金的社会保障功能决定了其投资原则的排列顺序是安全性、收益性、流动性，即在保证基金安全的基础上提高基金的收益率，保证其流动性需要。

社会保险基金投资原则的优先次序的确定在很大程度上取决于社会保险基金的性质。社会保险基金是社会保险事业的物质基础，是在国民收入的初次分配及再分配过程中形成的用于社会保险事业的一种消费性的社会后备基金。在社会保险制度运行过程中，如果不能及时、足额地征集社会保险基金并合理、有效地使用，那么社会保险制度就难以贯彻落实，其保障作用就有可能落空。

与一般的投资比较，社会保险基金投资具有其特殊性。社会保险基金投资是为了获取收益，但与一般投资收益的用途不同，它不直接用于分配，而是再返回到基金中去，以增强基金的实力，减轻国家在社会保险方面的费用负担。社会保险基金投资要兼顾经济效益和社会效益，并以社会效益为前提，损坏社会公众利益的投资项目，即使其投资收益比较高，社会保险基金也不能予以投资。只有促进国民经济健康发展，或与社会发展、人民利益密切相关的投资项目，社会保险基金才能考虑进行投资。

安全性原则之所以放在首位，是因为社会保险基金担负着特殊的使命，关系几代人的经济保障利益，关系社会、政治、经济的稳定。如果投资风险较大，不但难以保证获得预期投资收益，而且容易危及社会保险的经济社会基础，影响社会公众对社会保险制度的信心。因此，对社会保险基金投资安全性的要求，要高于一般投资活动。

社会保险基金对安全性的较高要求并不是说投资不能有任何风险。既然是投资就要冒风险，即投资的不确定性，具体表现为投资本金收回的不确定性和预期收益实现与否的不确定性。所谓社会保险基金的安全投资应当根据基金性质和收益需要预先确定一种合适的风险与收益标准，在进行投资时，严格以此标准为依据，既不要为追求过高的收益而冒很大的风险，也不能为了安全不顾收益。因为，一旦连投资本金也无法收回时，就要影响社会保险基金正常的支付需要，从而影响被保险者的正常生活和社会安定；同样，社会保险基金投资达不到使之保值增值的目的，投资也是毫无意义的。

不同的投资对流动性的要求是不同的。例如，完全积累的养老金投资对流动性的要求相对较低，对于每个委托人而言，由于基金在到期（退休）前不能提取，因此，不具有流动性，可以投资于期限相匹配的长期投资工具以获得较高收益；在到期后，如果个人选择按月定期支取，那么仍会有一个相对稳定的余额可以投资于长期金融工具，对于基金公司所管理的整个基金而言，在保证支付的流动性需要的基础上，也会有一个相对稳定的余额可以进行长期投资。但必须看到，为应对财务上随时支付的现金需要，保证社会保险金的足额供给，保障社会稳定，社会保险基金投资必须具有一定变现能力，即具有一定流动性。

三、社会保险基金投资运营的意义

社会保险基金是社会保险权实现的基石。社会保险权的质和量的增长，有赖于社会保险基金的不断增长。单纯地依靠筹集方式积累社会保险基金有其局限性，因为随着经济增长和物价上涨，现有货币有贬值的趋势，社会保险基金所要保障的生命质量也应该随着社会生产力的进步而不断提高。因此，这种基金要保值和增值，而投资运营是保值和增值的基本途径。

社会保险基金是根据国家有关法律、法规和政策的规定，为实施社会保险制度而建立的专款专用的资金。社会保险基金是社会保障基金最重要、最基础的组成部分。社会保障基金一般按不同的项目分别建立，如社会保险基金、社会救济基金、社会福利基金等。目前，我国社会保险基金分为养老保险基金、失业保险基金、医疗保险基金、工伤保险基金和生育保险基金等，其中，养老保险基金数额最大，在整个社会保险制度中占有重要地位。

社会保险基金的保值就是通过一定的资金运营方式，保持基金总的购买力不降低；增值就是在保值的基础上，使其购买力增加。保值不是单纯地指货币资金数量的增加，社会保险基金筹集渠道增加、缴费人数增加、缴费比率提高都可能使基金总量增加，但这并不是保值。保值是指现有货币单位的收益率等于通货膨胀率，而增值则是现有货币单位的收益率大于通货膨胀率。任何货币，如果把它作为资本来对待，都有收益的要求，比如，存入银行或购买债券可以获得利息，进行投资可以获得利润。

社会保险基金可以分为现收现付型基金和积累型基金。现收现付型基金以支定收，用当年收取的社会保险费应付当年的社会保险支出。我国的工伤保险基金和失业保险基金就属于此种类型。现收现付型基金不存在保值增值问题。积累型基金是指参保职工在工作期间的缴费积累形成的相对长期稳定的储备基金。在我国的各项社会保险中，职工基本养老保险、职工基本医疗保险以及城乡居民社会养老保险中都有个人账户，属于部分积累型基金。由于积累型社会保险基金从征缴到支出存在较长的时间差（其中养老保险的缴费和待遇的给付相隔长达几十年），这部分基金在储备期间既面临不可预测的通货膨胀风险，也面临着因待遇调整与社会平均工资增长率挂钩而产生的经济增长风险。更重要的是，随着我国步入老龄化社会，养老金的支出将十分巨大。2016 年，我国 60 岁以上老年人口占全部人口的 13.26%。我国在进入老龄化高峰期后，养老金收支缺口会更大。因此，社会保险基金不仅要保值，更要增值，而保值和增值的基本途径就是投资运营。因此，社会保险基金的投资运营具有十分重要的作用。

四、社会保险基金投资的范围

社会保险基金投资的范围指的是社会保险基金可以投资什么类型的金融工具以及投资这些金融工具的资金所占其资金总额的比例。在世界范围内，社会保险基金的主要投资工具：一是债券，按发行主体可分为国家债券、地方债券、金融债券、公司债券和国际债券等；二是银行存款；三是股票和股权类证券；四是抵押贷款；五是不动产投资；六是投资基金；七是其他投资工具。

一般而言，债券类资产工具，尤其是国债风险较低，而股权类证券、直接项目投资风险较高。根据金融投资规律，风险越大，投资收益也应越高。通过世界主要发达国家社会保险基金的长期投资实践证明，债券的长期平均实际收益率在 6% 左右，而股票的长期实际收益率高达 14% 以上。所以成熟的市场经济国家，社会保险基金投资于股票和不动产等较高风险资产的比例越来越高，如英国、德国、日本、荷兰从 20 世纪 70 年代的 49%、4%、6%、11% 分别提高到 1996 年的 63%、18%、27%、20%。在大多数国家，股票投资一般要占到社会保险基金投资总额的 20%~30%。

另外，由于国际金融市场的形成和发展，货币的国际意志的扩张，各国社会保险基金为了保证资产的安全并获取更高的综合收益，自 20 世纪 90 年代起普遍增加了国际股票和债券等金融产品的投资比例，国际投资比例在过去的 20 年中平均提高了 10 个百分点以上。在早期，我国对社会保险基金的投资实行了严格限制。1993 年劳动部颁布的《企业职工养老保险基金管理规定》明确了基金保值、增值的方式：①购买国库券以及国家银行发行的债券。②委托国家银行、国家信托投资公司放款。各级社会保险管理机构不得经办放款业务，不得经商、办企业和购买各种股票，也不得为各类经济活动作经济担保。1997 年国务院颁布的《国务院关于建立统一的企业职工基本养老保险制度的决定》中规定，基本养老保险基金结余额，除预留相当于 2 个月的支付费用外，应全部购买国家债券和存入专户，严格禁止投入其他金融和经营性事业。

1999 年财政部、劳动和社会保障部颁布的《社会保险基金财务制度》规定："社会保险基金结余除根据财政和劳动保障部门商定的、最高不超过国家规定预留的支付费用外，全部用于购买国家发行的特种定向债券和其他种类的国家债券。任何地区、部门、单位和个人不得动用基金结余进行其他任何形式的直接或间接投资。"

全国社会保障基金成立后，其投资运营的成功为其后续发展提供了很好的经验范例，国家也由此对社会保险基金的投资运营政策进行了松动。2007 年由财政部、劳动和社会保障部颁布的《做实企业职工基本养老保险个人账户中央补助资金投资管理暂行办法》规定，将政府补助的职工基本养老保险做实个人账户的资金委托全国社会保障基金理事会进行投资运营。

随着我国资本市场的发展和制度的健全，社会保险基金进入资本市场的条件逐渐形成，我们应积极探索新的投资运营方式。基金的性质决定了其投资运营的基本路径。对基本养老保险基金和医疗保险基金的投资运营应更加注重安全性，需要谨慎投资。基本养老保险是国家根据法律法规的规定，强制建立和实施的一种社会保险制度。在这一制度下，用人单位和劳动者必须依法缴纳养老保险费，在劳动者达到国家规定的退休年龄或因其他原因而退出劳动岗位后，社会保险经办机构依法向其支付养老金待遇，从而保障其基本生活。这是退休劳动者的"活命钱"，必须严格坚持安全性和流动性的原则，严格按照规定的标准和方式审慎投资运营。同理，医疗保险基金的投资运营也是如此。全国社会保障基金的投资范围、投资比例和投资路径为我国基本养老保险和医疗保险基金的投资运营提供了很好的制度借鉴。

2001 年 12 月，经国务院批准，财政部、劳动和社会保障部颁布了《全国社会保障基金投资管理暂行办法》，明确了社保基金投资的基本原则、投资范围、投资比例、投资方式等，建立了社保基金的监督、报告和财务制度。全国社保基金投资运作的基本原则是在保证基金资产安全性、流动性的前提下，实现基金资产的增值，其投资范围限于银行存款、买卖国债和其他具有良好流动性的金融工具，包括上市流通的证券投资基金、股票、信用等级在投资级以上的企业债、金融债等有价证券。划入全国社保基金的货币资产的投资，按成本计算，应符合下列规定：①银行存款和国债投资的比例不得低于50%，其中银行存款的比例不得低于10%，在一家银行的存款不得高于全国社会保障基金银行存款的50%。②企业债、金融债投资的比例不得高于10%。③证券投资基金、股票投资的比例不得高于40%。其中，由全国社保基金理事会直接运作的全国社保基金的投资范围限于银行存款和在一级市场购买国债，其他投资需委托社保基金投资管理人管理和运作，并委托全国社保基金托管人托管。社保基金委托单个社保基金投资管理人进行管理的资产不得超过年度社保基金委托总资产的20%。

第五节　社会保险基金的监管

一、社会保险基金监管的含义

社会保险基金监管是指由国家授权的专门机构（行政监管机构、专职监管部门）为防范和化解风险，依据国家相关法规和政策，对参保单位、社会保险经办机构、基金运营机构管理的各分项社保基金、全国社保基金和企业年金基金以及社保基金的征缴、安全运营、基金保值增值等过程与结果进行监督、评审、认证和鉴定，以确保社保基金正常稳定运行，最大限度地保障被保险人的合法利益。

社会保险监管体系主要包括对社会保险基金运营机构的选定、制定相关的监督规则和政策、设计其运营的各项指标测量体系、实施现场监督与非现场监督，以确保社会保险基金长期稳定地运行和实现社会政策目标。

二、社会保险基金监管的基本原则

1. 法制性监管和政府行政性监管并立原则

法律赋予监督机构法律地位、权威和职责。监督机构必须依照法律法规独立行使行政监督权，不受其他部门和个人的干预，以确保监督的严肃性和强制性、权威性和有效性。我国社会保险基金自身的运行特点决定了必须依法对社会保险制度的全过程实施管理，政府监管部门应当严格遵循社会保险基金管理相关的法律、法规，对社会保险费的征缴、社会保险基金的给付、基金投资营运与管理实施法律监管。

2. 公正性原则

所谓公正性原则是指社会保险基金监管机构按照客观、公正、公开的原则履行其监管职能，以客观事实为依据，以相关的法律、法规为准绳，综合运用法律、经济和行政手段，对社会保险基金经办机构及有关部门的基金管理行为予以监管。

3. 独立性原则

所谓独立性原则是指监管机构依照法律独立行使行政监管权利，对所检查的管理运营活动及责任保持独立地位，有关检查人员不参与相关机构的管理运营活动，如有利害关系和亲属应予回避，不受其他机关、单位、社团和个人的干预。

4. 科学性原则

监管机构必须以先进的科学技术为手段，以强有力的行政监督体系为基础，运用先进的计算机技术，建立严密适度的监督法规体系和科学规范的监督指标体系，不断提高监管的质量和效率，推动基金监管工作迈向更高的层次和水平。

5. 安全性、谨慎性基金运营原则

安全性、谨慎性原则要求社会保险基金的监管必须以维护社会稳定为目标，这是首要原则；同时要求监管机构的监管要适度，管而不死，活而不乱。

三、社会保险基金监管的重要性和必要性

1. 是弥补市场经济失灵的需要

从理论上讲，社会保险基金的监管是弥补市场机制失灵的需要。市场经济不是完全可以依赖自身调节的完善机制，存在外部性。在信息不对称、报酬递增的情况下，市场机制就不是完全有效的，会发生市场失灵现象，这时就需要政府机制对其进行弥补。社会保障制度是一种公共产品，在社保基金管理和投资中存在委托代理关系，基金的委托方和代理方信息的不对称就可能导致道德风险和产生逆向选择的动力，而社会保障制度要求公平分配，这就要求由政府对社会保险基金的收支管理和投资运营进行监管，以弥补市场机制自身的不足。

2. 是保护劳动者合法权益的需要

社会保障基金不同于一般的投资基金，是政府通过强制手段筹集起来的专项基金，其作用是用来保障广大人民的基本生活需要，是老百姓的"保命钱"，属于社会公共后备基金，若出现管理缺陷或投资失败，公众利益将受到极大伤害，会冲击最终的责任主体——政府，也会对社会安全稳定造成威胁，因此，需要监管。由公众对社会保障基金的整个管理和投资过程进行监管显然是不可能的，只能由政府授权有关部门对其进行监管，以此来维护公众的集体利益。

3. 有利于社会保险基金的保值增值

规模巨大的社会保障基金需要进入资本市场投资运营以保值增值，但进入资本市场就要承担市场风险。投资风险包括非系统性风险（也称可分散风险）和系统性风险（也称市场风险），合适的投资组合将消除可分散风险，仅留下市场风险。如果由于监管不力，投资运营不规范，造成社会保障基金的投资失败，将会违背投资的初衷。因此，通过有效的监管，减少社保基金的投资风险是实现其保值增值的基本保证。

四、社会保险基金监管的理论依据

1. 公共经济学理论

在现实中，完全竞争的市场是不存在的，垄断的出现导致不完全竞争市场、垄断竞争市场乃至寡头垄断市场以及公共产品和外在性产品的存在；不完全的信息和不确定性的因素产生市场失灵，这就需要政府对市场进行干预，以纠正市场的失灵。与市场会出现失灵一样，政府也会出现失灵，即政府干预可能导致浪费或不恰当的收入再分配，从而降低经济效率，或加剧不公平状态。政府失灵的原因主要由以下因素导致的：

（1）信息有限性。有限的信息使政府干预的结果不可预测，难免会出现决策的失误，导致政府干预失败。

（2）控制能力有限。政府对私人市场反应控制能力有限。

（3）决策程序有限。决策程序的有限性使政府的决策受到既得利益集团的影响，而不能真实、综合地反映社会成员的社会偏好。

（4）官僚作风。官僚及利益集团的寻租行为，导致分配不公。

（5）决策的滞后性。决策的滞后性使政府计划难以快速跟踪不断变化的情况，而产生负面影响。

（6）成本高。政府干预成本过高。

通过对社会保险基金的有效运行，有利于维护社会的稳定局面，从而为经济的发展提供一个良好的外部环境，促进社会整体的协调进步。巨额的社会保险基金积累一旦实现集中管理将产生垄断，不利于资金运用效率的提高。因此，对社会保险基金进行监管是客观现实的需要。

2. 信息不对称理论

信息不对称理论认为，市场中买卖双方所拥有的信息常常是不对称的，此时，仅通过价格的调整难以达到有效的资源配置，所以，对于市场中信息不对称的状况必须进行各种调整，包括通过加强监管手段使不具备信息的一方能有效地"筛选"有信息的一方，以防范道德风险。社会保险基金的运行因信息不对称会导致道德风险、逆向选择、营运风险。

3. 社会公众利益说

社会保险基金监管就是要维护社会公众利益，其分散于社会的各个层面，要实现维护社会公众利益的职能只能由国家法律授权的机构行使。某一经办或经营机构不能够承担全部风险成本时，风险成本只能由整个社会保障体系以及社会来承担。因此，代表公众利益的国家有必要对基金实施监管。

4. 金融体系内在风险性理论

金融体系存在着内在的不稳定性，与此同时伴随着巨大的风险，并且具有较大的波及性。鉴于现代金融体系的脆弱性，为了控制金融风险，防范和克服金融危机，政府有关监管机构必须强化金融监管，增强金融主体行为的理性，降低金融资产价格的波动性，防范和减少金融体系风险的产生与积累，通过监管改变金融体系的内在脆弱性，增强金融体系的稳定性。

5. 委托代理理论

根据制度经济学的观点，所有权和经营权的分离使监管成为必要，委托代理理论为社会保险基金在金融市场的监管提供了依据。社会保险基金是一种信托资金，资金的所有者（职工）和基金的运营者之间存在着委托代理关系。政府向单位与职工征收一定比例的社会保险费，并允诺在将来某个时间给付保险金，同时将资金委托第三方进行运营，这样资金的运营就有了信托的性质。在运营社会保险基金的机构内部，由于存在着多重而且复杂的授权与分工，委托代理关系同样存在。相关金融机构之间形成的基金管理人、基金投资人、基金保管人三者之间也具有信托关系。

6. 边际经济理论

边际经济理论认为，对社会保险基金的监管符合边际收益递减规律。当某一产品生产的边际成本等于边际收益时，该产品的产量及收益达到最大化，实现均衡状态。这时如果再增加要素的投入，将会使总收益减少，从而造成浪费。社会保险基金监管将会使其运营增加安全度和盈利性，从而产生较大的社会综合收益。但监管本身需要较大的成本。因此，在构建社会保险基金监管的边际成本与边际社会收益相等时，社会保险基金监督体系就达到最优状态。

五、社会保险基金监管的目标任务

社会保险基金监管的主要目标之一是确保投资组合得以很好地分散，从各种投资机会中消除风险性和流动性很差的资产。我国今后社保基金投资监管的发展应首先明确建立健全基金监管制度和独立高效的基金监管体系，维护基金安全完整，实现保值增值，促进社会保障制度可持续发展，这一基本目标也是基金监管工作的宗旨。其次要强化监管手段，着力研究非现场监管指标体系和评估方法，进一步提高监管的工作质量。再次要改进监管方式，适应社会保险基金筹资渠道争夺、管理环节增加、运作风险加大的情况，逐步实现从事后监管为主向事前和事中监管为主的转变；从对社保机构监管向对社保基金监管的转变；从单一环节的监管向全部过程的监管转变。最后要健全监管体系，建立包括行政监督、专门监督、社会监督和内部监督相结合的、完善的社会保障基金监管体系。监管的目标和任务如表5-4所示。

表5-4　监管的目标和任务

序号	目标和任务
1	维护劳动者合法权益
2	建立健全社会保险基金的监管体系
3	确保社会保险基金的安全完整
4	使社会保险基金保值增值
5	维护社会稳定
6	建立社会保险基金收支的反欺诈机制

练习题

一、选择题

1. 社保基金投资的根本原则为（　　　　）。

　A. 流动性　　　B. 收益性　　　C. 安全性　　　D. 多元性

2. 社会保险基金的特点（　　　　）。

　A. 强制性　　　B. 补偿性　　　C. 储蓄性　　　D. 互济性

3. 社保基金的来源渠道（　　　　）。

　A. 企业缴纳　　　　　　　　B. 劳动者个人缴纳

　C. 国家财政基金　　　　　　D. 基金投资收益

4. 社会保险基金的投资方向有（　　　　）。

　A. 政府债券　　　B. 银行储蓄　　　C. 股票　　　D. 项目基金

5. 社保基金的投资原则（　　　　）。

　A. 安全性原则　　　　　　　B. 长期受益原则

　C. 多样化　　　　　　　　　D. 可流动性

6. 社保基金的特点（　　　　）。

　A. 强制性　　　B. 安全性　　　C. 储蓄性　　　D. 互济性

7. 社会保障基金的组成有（　　　　）。

　A. 社会保险基金　　　　　　B. 社会救济基金

　C. 社会福利基金　　　　　　D. 优抚安置基金

二、思考题

1. 社会保障基金可以分为几类？

2. 社会保障基金的主要来源有哪些？

3. 社会保障基金的投资原则是什么？

4. 社会保障基金的主要投资工具有哪些？

5. 社会保障基金的管理模式有几种类型？

参考答案

一、1. C　2. ACD　3. ABCD　4. ABCD　5 ACD　6. ABCD　7. ABCD

二、思考题

1. 社会保障基金分类

根据不同的标准，社会保障基金被分为不同种类。按基金运营管理方式分类，社会保障基金可分为财政拨款形成的社会保障基金、强制性征缴形成的社会保障基金和多元组合形成的社会保障基金。社会保障基金可分为社会救助基金、社会保险基金、社会福利基金、军人保障基金、全国社会保障基金。

2. 社会保障基金的主要来源

世界各国的社会保障基金的来源并不完全相同。多数国家的社会保障基金由政府、雇主和雇员三方分担。除此之外，社会组织、企业和个人赞助、社会福利有奖募捐和互助储金会等也是社会保障基金的来源渠道。

3. 社会保障基金的投资原则

社会保障基金的管理和运营在投资时往往把安全性原则放在首位，同时遵循收益性原则、分散投资原则并兼顾流动性原则，力求在保证基金投资安全的前提下达到收益最大化。

4. 社会保障基金的主要投资工具

从各国社会保障基金投资运营的实践情况来看，可供选择的投资工具包括金融投资和实业投资两类。金融投资工具包括储蓄存款、债券、公司股票、贷款、以资产为基础的证券和衍生证券等；实业投资的对象包括房地产、基础设施等不动产。

5. 社会保障基金管理模式的类型

社会保障基金的管理模式可以分为政府集中型和私营竞争型。政府集中型管理模式是指由政府或政府委托的公共管理部门负责社会保障基金的管理。大多数发达国家、中国、印度等均采用这种管理模式，其中以新加坡的中央公积金制度为典型代表。私营竞争型管理模式是指政府运用市场规则，由私营的基金管理机构管理社会保障基金，政府的职责在于监督。这种模式的典型代表是智利。

第六章　社会保障与社会问题

学习目的

1. 了解人口老龄化与社会保障之间的关系。
2. 劳动就业问题与社会保障之间的关系。
3. 贫困问题与社会保障。

重　　点

社会保障水平。

难　　点

社会保障水平的适度性问题。

第一节　社会保障水平

一、社会保障水平的概念、特点及意义

1. 社会保障水平及其指标

社会保障水平是指在一定时期内一个国家或地区的社会成员享受社会保障经济待遇的高低程度，也是衡量和体现社会保障效果的主要指标。一般而言，社会保障水平

越高，人们所享受的保障程度越高。

社会保障水平是通过一系列指标进行描述的，这些指标也是为了衡量社会保障水平而选取的变量。西方国家一般把社会保障总支出占国内生产总值（GDP）的比重作为衡量社会保障水平的主要指标。它集中反映了一个国家或地区的经济资源用于提高全体社会成员社会保障待遇水平的程度。而且，这一指标采用比例的形式，消除了统计口径不同可能带来的不可比性，有利于不同国家和地区以及不同时期之间进行横向和纵向比较。此外，在实际统计中，相应的数据也较易获得，因而被广泛用作社会保障水平的主要评价指标。当然，为了客观全面地评价一个国家或地区社会保障的实际水平，除了考虑社会保障总支出占国内生产总值的比重这一主要指标外，还要考虑其他指标，如人均社会保障待遇水平、社会保障覆盖率等。

2. 社会保障水平的制约因素及其特点

（1）经济规模与经济发展水平。一个国家或地区所能提供的经济资源总量并将其作为社会保障支出的最终来源，从根本上制约着社会保障水平的高低。而这个总量由该国或该地区的经济规模与经济发展水平决定。社会保障的实践表明，经济发展为社会保障制度的形成和完善提供了经济基础和社会基础，它制约着社会保障制度及其水平；反之，社会保障制度一旦产生，就具有自身的发展规律，也会影响经济规模与经济发展水平。

（2）政治、社会结构。一个国家或地区的政治结构在很大程度上对本国或本地区社会保障制度的发展及社会保障水平产生影响。例如，西方国家多党竞争的政治制度使各党派为了获得选民的支持而承诺较高的社会保障水平，这就不可避免地导致社会保障水平出现攀升的"登台阶"效应。社会结构对社会保障水平亦会产生影响。这可以从我国的社会保障制度得到验证。我国是典型的城乡二元社会结构，这造成了我国社会保障制度的分割和城乡社会保障水平的较大差异。

（3）制度年龄和人口结构。制度年龄指社会保障制度建立的时间长度。一般而言，制度年龄的长短与社会保障水平成正比关系，即制度年龄越长，社会保障水平越高；反之，社会保障水平就越低。另外，社会保障水平还与一个国家或地区的人口结构有着密切的关系。不同年龄的人群对社会保障的需求不同。相对而言，老年人对社会保障的需求较大，其养老保障支出占社会保障支出的很大一部分，所以伴随着全球人口老龄化浪潮的到来，社会保障水平将不可避免地被抬升。

（4）历史、人文等特殊因素。社会保障水平的高低还受本国或本地区独特的历史、人文等因素的影响。例如，因为瑞典长期选择一种独特的"混合主义"的经济政治模式，宣扬政府对社会生活的干预与责任，并且由于两次世界大战的创伤导致人们普遍追求一种稳定安全的保障制度与心理环境以及小国富足的特殊国情，使"福利橱窗"式的福利国家在瑞典成为现实。而美国是一个充分宣扬个性自由的国家，国民普遍认为，

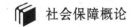

国家对社会保障的过多介入是对公民自由选择权利的侵犯，这是美国至今仍然没有建立如其他发达国家一样包罗万象的全国统一完整的社会保障体系的主要原因。

二、社会保障水平的特点

1. 动态性特征

一个国家或地区的社会保障水平并不是静态的、一成不变的，它会随着本国或本地区的社会经济发展、人口结构及社会保障制度本身的不断成熟和发展而发生动态变化。

2. 刚性特征

社会保障水平的刚性特征是指其缺乏弹性或者只具有单向度的弹性，具体表现为社会保障水平只能提高不能降低，社会保障规模只能扩大不能缩小，社会保障项目只能增加不能减少。一旦降低社会保障水平必然会引发相关利益人的不满，甚至引起社会动荡。例如，西方主要发达国家在20世纪70年代遭遇经济危机时也没有降低社会保障水平，这从正面验证了社会保障水平的刚性特征；俄罗斯的福利货币化改革正好从反面验证了这一特征。

3. 社会保障水平客观上存在一个"适度区域"

社会保障水平并不是越高越好，其水平过高或过低，都会给社会保障制度本身和社会经济的发展带来不良的影响。社会保障水平过高，会增加生产成本，进而削弱产品的市场竞争力，制约经济发展；社会保障水平过低，会增加社会的不安定因素，造成社会的动荡。社会保障水平客观上存在着一个适度区域，在这个区域范围之内，社会保障制度能够良性运转，并能够促进社会经济的协调发展。

三、研究社会保障水平的意义

社会保障水平是社会保障体系的关键要素之一，对于社会保障制度的建立、完善与运行有着十分重要的意义。通过对社会保障水平的研究可以探索社会保障制度与其外在环境要素之间规律性的东西，从而在建立健全社会保障制度中加以运用。具体地说，社会保障水平具有以下几点功能和意义：

1. 客观性

社会保障水平可以客观描述社会保障程度的高低，并进行国家间、地区间的比较，探索、总结和运用社会保障制度发展与运行的自身规律。

2. 可以设置子变量

通过增加和设置不同的控制变量，可分类计算一种社会保障制度内部各行业、各地区甚至各群体之间的社会保障水平子指标，进行综合的分析比较，并采取措施促使社会保障制度的结构合理化与内部优化。

3. 确定社会保障水平的范围

运用定性、定量分析相结合的方法，通过对社会保障制度自身运行与其经济、社会效应的分析，评价社会保障运行状况，并通过具体情况进行调整与控制，确定社会保障适度水平。

4. 可以建立社会保障预警机制

通过将社会保障适度水平与社会保障自身发展趋势、社会经济发展趋势相结合可以建立"社会保障警戒模型"，以构成社会保障预警系统的核心，用于预测社会保障的未来趋势，避免出现社会保障的财务危机，促进社会保障制度运行与社会经济发展的良性互动。

四、社会保障适度水平的测定

1. 社会保障水平"适度"的标准

社会保障水平既包含"量"的内容，又包含"质"的特征，是"质"与"量"的统一。社会保障水平的"量"指社会保障支出占国内生产总值的比重，它反映社会保障水平的高低程度；社会保障水平的"质"指它是否"适度"。

判断社会保障水平是否"适度"，需要考虑的因素有社会保障制度是否保证了公民具有一定的经济生活水平并能抵御不可抗拒的社会风险；社会保障支出是否与国民经济、社会发展水平相适应，是否与社会各方面的承受能力相适应；社会保障结构是否与国民经济产业布局相适应；社会保障水平是否有助于就业和统一的劳动市场的形成等。简而言之，社会保障水平"适度"的判断标准就是社会保障制度在保证公民一定的经济生活水平基础上，能否对国民经济发展起积极的推动作用，并能实现自身运行的周期平衡，维持社会保障制度的良性运转。

适度的社会保障水平主要有以下几点功能：

（1）保障功能。适度的社会保障水平能够满足和保障公民的基本生活需求，履行社会保障的基本功能，减少社会不安定因素，保持社会的稳定。

（2）促进发展功能。适度的社会保障水平能够促进国民经济的发展和社会进步，还能够使国家和用人单位的社会保障负担趋于合理，提高用人单位在市场上的竞争力。同时，适度的社会保障水平还能够激励劳动者的市场积极性，并能提高其素质，进而有助于市场效率的提高。

（3）稳定性功能。适度的社会保障水平对社会保障制度本身具有十分明显的作用。它避免了社会保障资源供给不足所造成的社会危机以及由于过高水平而引发的资源浪费，保证了社会保障制度的良性运转。

2. 社会保障适度水平的测定

社会保障适度水平的测定方法有多种，基本的方法包括实证分析和理论分析。实证分析的方法主要是基于历史资料评价社会保障水平。对经济稳定发展的影响或效应是判断社会保障水平适度与否的重要标准，而经济发展是多种因素交互作用的结果。根据对各历史阶段经济运行状况及影响因素的分析，可以相对分解出社会保障因素对经济运行的影响，进而判断其适度与否及适度的社会保障水平应该是多少。

社会保障水平是动态的，所以，其适度水平也将随着社会经济条件的变化而变动。较为准确地确定各国各时期的社会保障水平的适度区域需要用理论分析的方法。这种方法要求以社会、经济、人口理论为依据，提炼与社会保障水平相关程度较高而又有统计可能的变量，如 GDP 增长率、国民收入的增长率、人口结构变动、劳动就业数、工资规模等，借助经济学中的基本经济模型、函数，构建社会保障水平的数理测定模型。然后，根据各国特定时期的数据，推算社会保障水平的适度区域，并根据实际状况验证模型的可信度和有效性。

3. 社会保障预警系统

社会保障适度水平的一个重要应用是建立预警系统。社会保障预警是指社会保障预测、监督机构通过建立科学、灵敏的系统，基于对量化资料的分析，及时预测可能出现的社会保障潜在危机，以便国家能够及时采取有效的预防措施，避免社会保障财务危机的发生，维持社会保障制度的良性运转。

科学灵敏的社会保障预警系统包括设置合理的预警指标，建立迅捷的信息资料收集与传导机制，开展人口老龄化、失业规模、社会保障支出的中长期趋势预测，定期发布社会保障运行情况的有关信息等。设置预警指标是建立社会保障预警系统的最重要环节，其中社会保障水平是核心指标，除此之外还包括与社会保障水平直接相关的指标，如社会保障支出占国家财政总支出的比重、社会保障基金流量与存量的变动等，也包括宏观经济指标、人口结构变动指标等。

五、中国社会保障水平

1. 我国社会保障支出的统计口径

理论上，社会保障水平的测定要统计社会保障总支出，但在实践中却往往很复杂，其原因：一是各国社会保障结构差别很大，很难形成一个统一的口径；二是有些属于社会保障支出的项目客观上难以统计。

由于我国传统的社会保障实行分散化管理，缺乏规范的、权威的统计指标体系以及我国的社会保障体制尚处于转轨过程中，理论界和实务界对我国社会保障的目标体系模式还没有形成统一的认识，这使我国社会保障费用支出的统计口径尤其复杂，在确定时应该注意两个问题：一是与社会保障制度改革的趋势相吻合，反映不断变化的社会保障状况；二是与国际惯例接轨，尤其是进行中外比较时，需要注意可比性的问题。

我国社会保障费用支出的统计可以从两个途径进行：一是从社会保障体系中所包括的主要项目出发进行统计，将各个项目的分支相加计算总和而得出总费用支出；二是从社会保障费用支出的承担主体出发进行统计，确定每一个承担者所承受的支出在总支出中所占的比重，最终确定总支出。我国目前社会保障体系项目主要包括社会保险、社会福利、社会救助、社会优抚四个部分，它们又可分为具体的分项目，社会保障费用的支出统计需要把所有这些方面的支出全部进行统计（如表6-1所示）。

表6-1 中国社会保障支出的分项目

社会保险	社会救济	社会福利	社会优抚
养老保险	居民最低生活保障	公共医疗卫生支出	国家抚恤
医疗保险	传统的城乡贫困救济	社会福利事业支出	国家补助
失业保险	孤寡救济	社会福利企业支出	优抚事业
工伤保险	灾民救济	城乡社区服务	退休退役
生育保险	灾害补助	单位福利	军人安置
		社会津贴	军属优待

从社会保障支出的承担主体方面统计，我国社会保障支出费用的主要承担者有国家、用人单位和个人。由国家承担的社会保障包括社会救济、国家福利（国家主办的各种福利院、养老院等）、国家保险（即养老、职业、工伤、生育等保险）、优抚安置、国家补贴（根据有关政策发给一部分社会成员的各种福利性补贴，如生育补贴等）；由用人单位承担的社会保障有失业保障、养老保障、工伤保障、医疗保障、职

工福利、生育保障等；由个人负担的部分在我国比较普遍执行的有养老保险、失业保险、医疗保险等。但是这种统计方法有一定的难度，往往造成重复计算或统计不足，用人单位和个人的部分也不是当期的社会保障费用支出，所以我国目前主要从社会保障项目出发进行统计。

2. 我国在改革与发展中的社会保障水平

改革开放以来，我国社会保障制度进入恢复、发展、改革时期，总体水平不断提高，既反映了我国总体经济实力的增强和人民生活水平的提高，也反映了人们对社会保障在社会经济生活中的作用认识的深化。

20 世纪 90 年代初期，我国确立了建立社会主义市场经济体制的改革目标，社会保障体制改革也随之被提上了议事日程，改革政策、措施和一系列试点方案纷纷出台并实施。在这一阶段，全面准确地统计社会保障支出非常困难。在《中国劳动统计年鉴》（1998）中，对于 1991～1997 年我国社会保障水平的估算是根据当年的全国保险福利费用，即社会保障支出是由国有单位、城镇集体单位和其他单位的保险福利费支出汇总得出的。20 世纪 90 年代初以来，我国社会保障水平不断下降，直到 1997 年才开始出现反弹。一方面，这种下降是对过去国有单位职工享有明显脱离经济发展水平的保障程度的否定，有其合理性；另一方面，尽管我国在传统意义上的社会保障范围过窄，严重制约了国有企业改革的进一步深化，也不利于劳动力结构的调整，但在其保障程度下降的同时，却没有及时扩大范围和打破社会保障的所有制限制，因此，表现出来的总体保障水平下降现象有其不合理之处。

从 1998 年我国开始采用了新的统计口径，即以财政预算中的社会保障支出加上社会保险基金支出，并剔除其中重叠部分，所得到的总额作为社会保障总支出。由于我国社会保障事业发展的滞后，1998 年前后相当部分单位还是被传统的单位保障方式所覆盖，相对应的社会保障支出没有及时纳入新的统计口径之中。因此，表现在社会保障总支出上，1998 年的水平远不如 1997 年的水平高。但是，在 1998 年以后，我国深化了国有企业改革，加大了劳动力结构调整力度，加快了养老、医疗、失业和"低保"等社会保障体系的建设步伐，社会保障覆盖面迅速扩大，在此基础上，国家财政不断加大对社会保障投入力度，使社会保障总支出占 GDP 的比重快速上升，在 2001 年就达到了以全国保险福利费用总额估算的 1997 年的水平。在水平提高的同时，国家更加注重社会保障的社会属性，尽管在全国范围内实现统筹短期内难以实现，但与以前相比，很多单位参加了地方统筹，因此，社会保障水平在此基础上的上升从某种意义上说确实反映了社会保障能力的增强。

从 2002 年开始，我国社会保障支出水平出现了小幅度波动，其主要原因：一是在国家社会保障重大政策尚未出台的背景下，我国社会保障体制主要遵循 20 世纪 90 年代末的政策框架。在这一框架下，社会保障基金自求平衡机制有所健全，财政对社会保险基金缺口补助增长速度大大放缓，而财政支出和经济却保持了较高的增长。二是上述社会保障支出包括了财政补充全国社会保障基金的部分。2003年以来，财政补充全国社会保障基金的支出与2000~2002年相比下降较多。三是在目前发展机遇和矛盾多发并存的历史时期，我国提出并实施了科学发展观，改善民生，促进社会和谐发展已经成为党和政府工作的重中之重。因此，2005年以来我国社会保障水平又有了较为显著的上升。

第二节　人口问题与社会保障

一、人口老龄化与社会保障制度

目前，中国已经进入老龄化社会，老年人口快速上升。2005年底全国1%人口抽样显示，我国65岁以上人口达到10055万人，占总人口数的7.7%。按照老龄化评判标准，我国已成为人口老龄化国家。到2050年，中国的老龄人口总量将超过4亿人，老龄化水平将超过30%。形象地说，如今每10人中有1个老年人，而40年后，每10人中老年人数量可能会达到4个。

我国是在经济尚不发达情况下进入老龄社会的，这使建立伊始的社会保障体系难堪重负。到1998年底，60岁及以上的老年人口已经占总人口的9.7%左右。与其他已经成为老年型国家的人口老化历程相比，人口老龄化给我国所带来的社会保障方面的压力相对其他国家更加巨大。

1. 人口老龄化的影响

人口老龄化给社会保障带来的影响主要有以下几方面：

（1）老龄化必将引起赡养比上升、负担率高。老龄化带来赡养比率迅速提升，据了解，1987年赡养比为13.5%；2010年达到18.08%；2030年将为34.79%；2040年将为37.9%。老年人口迅速增加导致离退休费逐步攀升。1978年总费用为17.3亿元，1984年突破100亿元大关，1994年突破1000亿元大关，1998年突破2000亿元大关，2001年突破3000亿元大关。这使在业人员的负担变得沉重起来，导致社会保险费居高不下。

（2）人口老龄化使社会养老保险基金筹集模式发生转换。中国人口年龄结构的变化给现收现付制的养老保险体系带来了严重的挑战。在养老金自身无法平衡运行时，就不得不求助于公共财政。这时政府的公共财政就面临很大的压力，必须承担日益加重的养老金负担，公共财政终将不堪重负。我国现在采取的现收现付模式来筹集养老保险基金是因为费率比较稳定且比较低。世界银行的一项研究报告预测，如不改变现收现付制模式，中国养老金支出与工资总额的比例到 2030 年将上升到 48%，远远超过国际公认的 20%～25% 的警戒线，届时，将出现养老金支付危机。因为这种代际转移负担的基金筹集模式，把退休一代人的养老金负担压在了下一代职工的身上，必将影响下一代人的生产积极性，这将极大地制约经济发展，严重时甚至影响社会稳定。

（3）老龄化同样给医疗保险、失业保险带来巨大压力。人口老龄化对社会保障体系的压力是全面的，而不仅是养老保险，医疗保险、失业保险同样要经受巨大的压力。据国内外的有关资料显示，人均医疗费用和年龄密切相关，一般情况下，60 岁以上年龄组的医疗费用是 60 岁以下年龄组医疗费用的 3～5 倍。卫生部卫生统计信息中心关于《中国健康模式转轨和服务需求变化及其对经济社会的影响》报告提出，即便是按 1998 年的医疗实际费用支出计算，人口老龄化带来的医疗需求量负担到 2025 年将增加 47%，如果考虑各年龄组的医疗费用按 GDP 年增长率同比增长，我国医疗需求量费用到 2025 年将达到 6 万亿元以上，占当年 GDP 的 12% 左右。人口老龄化还直接带来劳动力市场供求关系的变化，从而影响失业保险。我国经济发展处在产业和技术结构调整的重要时期，其必然要求劳动力的产业和技术结构进行相应调整，而老年职工在这样的调整过程中处于不利地位。此外，人口年龄结构的变化对社会福利、社会救济以及优抚安置等社会保障项目都将产生不同程度的影响，终将对整体社会保障制度产生压力。此外，老龄化必将造成在业人员创新、革新和适应新技术的平均能力降低，从而使社会保险的筹资能力受到严重影响。

2. 解决方法

面对人口老龄化给社会保障体系带来的巨大压力，专家给出以下几点建议：

（1）适当延长退休年龄，严格控制提前退休。为了应付人口老龄化带来的养老金支付危机，大多数国家选择了提高退休年龄的做法，法定退休年龄已经由 60 岁左右计划逐渐延长到 65 岁或 67 岁。退休年龄的延长可以同时起到基金增收减支的功效，作用十分明显。据计算，目前我国每年大约有 300 万的人员退休，如果退休年龄每延长一年，养老保险金收入增加和支出减少合在一起会超过 200 亿元，占养老保险金总数的 6% 左右。但延长退休年龄又有负面效应，主要体现在解决就业问题方面。

提前退休，主要是通过病退、特殊工种、破产政策等方式来实现，1999～2002 年 4 年里提前退休的总人数为 163.8 万人。提前退休对养老保险基金支付的影响非常明显，将导致多支付养老金，减少缴费收入。这样一增一减，一个职工提前 5 年退休对基金存量的影响将达到 3 万元以上，如全国有 100 万名职工提前 5 年退休，对养老基金存量的影响将达到 340 亿元。

（2）适度降低替代水平。长期以来我国的养老保险替代率一直偏高，其平均替代率为当地平均工资的80%。在过去长时间内，由于工资的货币化程度较低，导致我国养老金的替代率比大多数的发达国家要高。但经过二十多年的改革，货币工资大幅增长，依然维持很高的替代率不可避免地会导致政府的承诺过多，使现有工作的一代人负担过重。现收现付的养老金旨在解决老年时可能产生的贫困问题，是一种维持生存的基本手段，如果希望在退休后维持比较高的生活水准，则必须求助于其他形式的储蓄，如商业人寿保险、银行存款、股票等。因此，从这一认识出发，可以考虑适当降低替代率。

（3）扩大养老保险的覆盖面，建立社会化的养老保险体系。吸收年龄构成相对年轻的非国有企业职工参加养老保险，欢迎有较强缴费能力的自由职业者等加入城镇职工基本养老保险体系，这样不仅扩大了养老保险的覆盖面，而且增加了养老保险基金的收入，这有利于在未来相当长一段时间内的养老保险基金的平衡，亦可以缓解人口老龄化对养老保险基金造成的压力，同时也为制度转轨提供宝贵的缓冲期。

（4）在家庭保障与全民最低生活保障制度相结合的基础上，发展多层次养老保险体系。尽管家庭养老功能在弱化，但家庭仍然是我国老年人经济供养、生活照料和精神慰藉的主要承担者，家庭应承担第一位养老保障责任。农村建立以缴费为核心的养老保险制度存在诸多困难，但是建立和完善最低生活保障制度则具有现实性和可操作性。在发展基本养老保险的同时，应采取税收优惠、提供补助等有效措施，鼓励参保人员参加其他保险，如企业年金、商业保险、个人储蓄。

（5）保持经济继续稳定和健康增长是解决养老问题的关键。无论是现收现付制，还是基金制都不过是退休一代采用不同的方式索取当前的产出。个人积累制无非是明确个人账户，将个人养老积累基金投资于资本市场，通过未来一代人的资本装备的提高来提升其劳动生产率，并从将来劳动生产率提高的收益中获得养老金的增长。在我国实行独生子女政策以后，养老金的增长主要取决于下一代人（即独生子女）将来劳动生产率的极大提高。而在现收现付制下，这种索取权表现为政府对退休一代的隐性债务，通过向当前工作的人征税，将一部分产出转移给退休一代。而且，从客观经济的视点来看，如果产出保持不变甚至下降，那么即使是基金制也无能为力。在这种情况下，产品市场将难以避免通货膨胀的后果，资本市场将难逃资产缩水的厄运，这样养老金的实际价值必然遭到贬值。所以，关键的问题仍是有效地提高劳动者的劳动生产率，从而提高产出。因此，提高个人账户的投资回报率是解决老龄化的关键问题。有学者估算，投资回报率每提高1个百分点，职工个人账户养老金支付可换算的替代率将提高8个百分点。采取积极的投资政策最终将可以较低的成本给职工带来较高的福利，这是个人账户养老保险制度的精髓。

二、流动人口的社会保障问题

1. 概念

流动人口一般指在一定时期内离开常住户口所在地，并在另一行政区域暂时居住的人口，尤其是以营利谋生为目的、自发在社会经济部门从事经济和业务活动的城市暂住人口。事实上，人们经常把在某个地方生活、工作、居住，但没有居住地正式户口的人纳入"流动人口"这一范畴①。

我国流动人口数量在 2012 年达到 2.361 亿人，相当于每 6 个人中有 1 个是流动人口。

人口流动方向主要是由农村流向城市，由经济欠发达地区流向经济发达地区，由中西部地区流向东部沿海地区。

在流动人口的主要构成中，农民工或称为"农村外出就业者"是我国流动人口的主流（占 70%以上）。他们在城市工作、生活、居住，从职业角度讲，他们是工人；从身份、户籍上讲，他们是农民，且绝大部分处于流动不定的状态。据统计，2003 年农民工数量已有 1.14 亿人，流动人口已达 1.4 亿人。我国流动人口的社会保障状况令人担忧，社会保障制度的严重滞后已成为影响人口流动和实现社会和谐发展的制约瓶颈。

2. 我国流动人口社会保障面临的突出问题

（1）医疗保障滞后、流动人口的身心健康状况呈恶化趋势。我国目前医疗保障体系的覆盖面十分有限，绝大多数流动人口没有医疗保障。有调查表明，在外出期间，有 36.4%的农民工生过病，他们生病后有 59.3%的人没有花钱看病而是依仗年轻、体质好硬挺过来；另外 40.7%的人不得不看病，且绝大部分是自费，用人单位为他们支付的费用不足花费的 1/12。这就带来了一系列的隐患甚至灾难，如流动人群因私人接生造成的大出血、感染、孕产妇和新生儿死亡的发生率明显高于其他人群，且新生儿计划免疫接种率普遍偏低，对政府的公共卫生服务如传染病监测、预防、健康教育等难以享受。流动人口在城市的居住及生活条件差，往往是传染性疾病的易感人群，当他们得了传染性疾病时，由于没有医疗保障得不到及时的医治，从而导致疾病的迅速扩散。在 2003 年的"非典"肆虐期间，发生大批流动人口返乡现象，甚至包括已查出有"非典"症状的人，这就是缺乏医疗保障导致的极端现象。

多数流动人口尤其是农民工受生活条件所限，不洁净的饮食使其成为肝病感染的高危人群。工作环境差、工作时间长是影响他们健康的主要原因。由于生活、工作压

---

① 陈岱孙. 中国经济百科全书（下）[M]. 北京：中国经济出版社，1991.

力大，社会地位低，文化生活匮乏，疲惫的身心无处释放，多数农民工焦虑、抑郁等心理疾病比较多见。此外，流动人口的受教育水平比较少，其文化程度较低，进入城市后，往往从事繁重的体力劳动，或技术含量低的流水作业，这些工作有很多是充满了危险和职业危害的，需要在上岗前进行培训，但现在大部分用工单位不重视甚至有意忽略和回避培训工作，使他们成为职业伤害和职业病的高发人群；偏重体力付出，而且多是超时、低报酬的脏、累、险、差、高温、高空、有毒有害的工种岗位，缺少必要的安全卫生保护。这些工作特点直接造成了他们的身体过度消耗和伤害。长期处于慢性疲劳状态，劳累的工作导致农民工易患心血管疾病和胆、肝、肾结石、高血压等疾病。

（2）我国社会保障体系对流动人口的覆盖率很低。经过十几年的改革，我国已初步形成了包括社会保险、社会福利、优抚安置、社会救助和住房保障等多层次的社会保障体系的框架。但现行社会保障制度基本上是以城镇人口为基础，对于流动人口的社会保障则处于初步探索阶段。绝大部分流动的劳动力没有养老、工伤、医疗、失业等基本社会保障。从社会保障的主体养老保险看，只有北京等几个城市实行了面向流动人口的社会养老保险；从各城市的制度推行情况看，制度没有得到普遍认可，存在参保率低、退保率高的现象。作为流动人口主体的农民工因流动性较强而成为社会保障的一大难题，舒迪等所作的《农民工正成为中国工人阶级的主要力量》调查显示，我国流动人口养老、失业、医疗、工伤和女职工生育保险的参保率分别只有 33.7%、10.3%、21.6%、31.8% 和 5.5%。而流动人口的企业补充保险、职工互助合作保险和商业保险的参保率就更低，分别只有 2.9%、3.1% 和 5.6%。如此低的各种社会保险的参保率，反映了流动人口的社会保障问题越来越严重，给当前和未来的流动人口的生活、社会稳定留下了较大的隐患。尽管我国已将城镇职工基本医疗保险参保对象扩大到了灵活就业人员，但仍然主要是城镇职工，对流动人口缺乏针对性，特别是社会保险的统筹层次过低还不能适应这一群体流动性强、就业方式多样、收入不稳定等特征。

（3）社会保障制度的缺失使流动人口的诸多权力无法得到保障。2004 年的中央一号文件第一次把农民工作为我国产业工人的重要组成部分来提出，这在我国工业化与现代化进程中是一项重大进步，但在农民工是不是城市居民这一问题上，现有的政策仍是不明确的、模糊的和回避的，其与流入地的居民相比，他们的教育水平、劳动技能、生活水平、保健意识等各方面都处于劣势地位。在现实中，农民工这一社会群体社会地位低下、得不到应有的尊重，无法获得公平待遇。他们作为城市中的弱势群体，所遇到的困难涉及就业、劳动权益、公共卫生、社区关系、居住权、文化生活等社会生活的各个层面。把农民工仅看作是一种劳动力，"经济上吸纳，社会上排斥"，将流动人口与城市的关系简化为纯粹的一次性劳务关系，与社会单位相联系的各种权利、责任等都被简化。各种肆意侮辱践踏农民工的基本人格和尊严的行为时有发生，导致其难以进入城市各类保障体系，合法权益得不到较好的保护，"强资本弱劳工"

现象严重的一些企业将侵犯农民工权益作为一种生存策略或盈利手段。近几年不断增长的流动人口工伤事件和理论学术界将流动人口视为社会弱势群体的事实反映了流动人口缺乏基本保障的现实和他们对社会保障的诉求。

（4）社会保障制度的不健全严重影响了流动人口子女的健康及受教育的权利。随着 20 世纪 90 年代以后出现的举家迁移现象，使流动儿童呈快速上升趋势。据不完全调研发现，流动儿童在健康保健方面与常住儿童的服务和待遇有一定差距。由于许多部门对流动人口的认识落后，使政策法规、管理和服务以及卫生保健滞后，导致流动人口的建卡率、产前检查率、住院分娩率及产后访视率均低于常住人口，流动儿童的健康状况存在一定的问题。流动少年儿童的义务教育也存在许多问题。大量流动儿童的涌入给流入地的基础教育工作增添了巨大的压力，虽然各地政府已出台相关政策取消借读费，实行平等收费，但在教育资源不足的城市，仍以捐资助学费等名目向学生收取费用，成为流动儿童进入公立学校的经济门槛。随着流动儿童初中入学和毕业人数的快速增长，他们的升学去向问题也越来越突出。部分地方的高考政策致使很多初中阶段的学生较早放弃了学业进入打工行列，导致流动少年儿童无法完成九年义务教育。

（5）社会保障体制不完善和执法力度不够。计划经济时代形成的城乡二元社会结构是城市流动人口社会保障权缺失的根本原因。根据穆怀中（1997）的研究，城市社会保障水平超出适度上限 6%~8%，而农村则低于适度下限 5%~6%，二者的差别是很大的。在经济体制改革过程中，社会保障的改革思路是以户籍为基础，于是造成了流动人口的社会保障不在城市而农村又无能力解决的困境。还有就是执法方面的原因。许多城市管理部门对流动人口采取了限制性措施，如以政府文件形式规定某些工作不能向流动人口开放。这些政策规定不同程度地损害了流动人口的合法权益，同时维护城市流动人口的法律、法规也得不到很好的贯彻执行，或是在具体操作时出现偏差。我国《失业保险条例》、《中华人民共和国劳动法》（以下简称《劳动法》）、《中华人民共和国合同法》等法律、法规对劳动者权益、劳动关系等方面做了明确规定，但许多单位并不执行，导致用人单位不参保或不给流动人口买社会保险、不与流动人口签订劳动合同、擅自延长工作时间、不提供职业安全防护措施、同工不同酬、甚至恶意克扣工资等现象的出现。而地方政府为保证经济的增长，对企业侵犯劳动者权益的违法行为没有采取真正的有效措施，结果损害了流动人口的合法权益，包括其社会保障权益。

（6）高度流动性是建立流动人口社会保障体系的最大操作障碍。流动性强、地区之间社会保障制度的差异使短期内难以建立统一、完善的流动人口社会保障体系。劳动和社会保障部在 2004 年明确要求各地劳动保障部门要把与用人单位形成劳动关系的农村进城务工人员纳入医疗保险范围。但调查发现，农民工具有很强的流动性特征，目前的医疗保障体制难以将其纳入统一的保障体系。具体存在的主要障碍：第一，户籍障碍。就每一个流动人口来讲，成为哪个城市的居民，是否长期定居在某一个城市还是一个未知数。第二，执法障碍。对不为农民工办理社会保险的用人单位，劳动保障部门缺乏强有力的手段加以纠正。第三，管理障碍。管理手段跟不上，网络体系不健全。第四，统筹障碍。社会保险基金没有实现更大范围内的区域统筹，与农民工跨省流动就业存在矛盾，加上城镇保险不能和农村保险实现有效对接，这在一定程度上影响了农民工参保。此外，医疗保险还有一个突出问题就是在异地就诊手续烦琐，非常不便。

（7）流动人口与用人单位参保意识较差。流动人口普遍较为年轻，他们一方面认为自己年轻无病，没有必要参加医疗保险；另一方面在社会保障费用由用工单位和个人共同负担的情况下，其不愿意缴纳参加医疗保险的费用。多数农民工面对社会保障都陷入了要"饭碗"还是要保障的困境。他们认为，要求加入保险而被老板解雇则损失更大；也有人觉得工作的流动性比较大，加入保险还不如每月增加100元的工资实惠。企业则认为农民工办医疗保险，意味着人力成本要增加8%左右，流动人口的低成本优势就打折扣了；许多用工单位不同程度地存在对流动人口的歧视，忽视他们的社会保障权益，故意违反国家政策，将他们长期排斥在社会保障之外。所以，有些地区灵活就业人员参加医疗保险的办法未覆盖流动人口，在当前企业用工还不规范的环境下，在用工企业或单位作为流动人口医保制度执行的关键一方，为降低用工成本会尽量逃避为流动人口缴纳医疗保险费的义务；即使政府有办法强制用人单位参保，但目前的政策还不足以吸引流动人口主动参保，在"饭碗"与保障的权衡取舍中，流动人口更多地选择"饭碗"而放弃了保障。

（8）流动人口收入水平低以及地方财力薄弱。总体上，我国流动人口的收入水平是偏低的。从许多用工企业了解到，农民工工资水平一般只有五六百元，他们作为社会的困难群体，收入水平低、经济条件有限。在以自我保障为主、政府财政支持为辅的世界性社会保障改革趋势下，保障制度的建设及保障能力均与参保人员的支付能力密切相关，收入水平也就成了我国流动人口社会保障制度建设滞后的重要原因。所以，在流动人口收入水平不高和地方财政困难的情况下，必然决定了目前无法建立城乡一体化、统筹层次较高的社会保障体系。

3. 建立流动人口社会保障体系的政策建议

（1）通过立法和强化执法力度保护流动人口的合法权益。现代社会保障作为一种以解除国民生存危机和保障其基本生活为本源职责的制度安排，应该使所有公民享有国家提供的义务教育、基本社会保障、基本医疗卫生保障等公共服务，流动人口和城镇常住人口应该是平等的。但现有的社会保障制度并没有完全覆盖流动人口。所以，通过健全法律法规建立有效的流动人口保障机制是"以人为本"精神和社会公正的最好体现。个别省市先后出台了一些地方性法规（上海出台的《流动人口卫生防疫管理暂行规定》等），对我国流动人口社会保障立法研究和实践具有借鉴意义。

流动人口社会保障的制度化、法制化，有助于其基本权益的保障。政府应加强用人单位的合同监管，督促用人单位严格按合同和国家法规履行出资办理医疗保险的义务。依法参加医疗保险是劳动合同中重要条款之一，是用工单位应尽的义务，也是农民工应该享受的权利之一。应逐步消除户籍管理制度仍存在的城市和农村户口的二元化管理模式，因为流动人口的社会保障体系构建与现有的户籍制度密切相关。对现行宪法进行修改，恢复关于公民享有迁徙自由的内容，削减户口的利益分配功能，还户籍的本来面目。努力实现公民迁徙自由，并配套进行农村的土地制度、城市的劳动就业制度、社会福利保障制度的改革，建立健全面向所有公民的、平等的劳动就业市场和社会保障体系。

（2）积极探索和建立适用于流动人口的社会保障体系。对于流动人口的社会保障关键是进一步完善相关政策，根据实际需要提高政策的可操作性。应该先解决流动人口在工伤和大病医疗方面的突出问题，然后研究其养老问题。

首先，确立强制性工伤保险制度并将受职业病危害的人员纳入工伤保险范围。2004 年劳动和社会保障部颁布了《关于农民工参加工伤保险有关问题的通知》明确了农民工同样享受由 2004 年 1 月 1 日开始施行的《工伤保险条例》的保障。凡是与用人单位建立劳动关系的农民工，用人单位必须及时为他们办理参加工伤保险的手续。其次，确立医疗保险制度。应充分考虑农民工所从事的行业特点和就业方式，分阶段制定出符合农民工利益的、特殊的社会保险政策，逐步解决农民工的基本医疗保障问题。农民工医疗保障具有特殊性，对于该低收入群体，完全依靠其自身的积累比较困难，需要有特殊的政策措施进行引导和激励。对在城市就业、生活的应以参加城镇医疗保险为宜，以保证他们与城镇职工享受平等的医疗保险权利；对收入低或自愿选择的，也可以灵活就业的方式选择低缴费、低待遇的办法，同时也为其回乡参加当地农村合作医疗提供方便。最后，建立流动人口大病医疗保障制度。大病往往会使人丧失基本的劳动能力，失去收入来源，因病返贫通常影响农村一个家庭的生存，应该为不稳定就业的农民工建立大病医疗保险，费用由用人单位和农民工双方负担，以此推进城乡协调的社会保险制度，实现农村社会保险与城镇职工社会保险制度的接轨和社会保险关系的接续。

逐步建立与流动性相适应的个人账户式养老保险制度。流动人口社会保险体系应该适合其特点，将他们缴纳的社会保险金以个人账户的形式存在。这些个人账户基金在必要时可以与城市居民社会保障体系的基金统筹使用，一旦个人需要流动时，个人账户应该跟随其一起流动，带到另外的城市，如果个人永久性地回到尚未建立社会保障体系的原籍地时，可以一次性地提取现金，我们可将其称为流动人口"个人账户"的边际做实制度。该制度可以解决因流动人口的高度流动性所带来的困难，并且从操作的角度来看，在实现养老保险更高层次统筹、建立一个全国性支撑网络的基础上，建立这样的流动人口的社会保障体系是可行的。

（3）通过建立完善长效融资机制保障流动人口的基本权利。从社会保障制度的产生与发展看，政府始终起着决定性作用，市场经济不发达的国家尤其如此。因为在这些国家，权力中心提供制度安排的能力和愿望是决定制度变迁的主导因素（卢现祥，2003）。我国财政收入占国民生产总值的比重、中央财政收入占全国财政收入的比重的提高及政府直接投资职能的逐步弱化，为政府履行公共财政职能、建立流动人口社会保障制度提供了财力基础。

首先，通过优化财政支出结构来强化流动人口公共卫生服务和医疗救助制度。逐步将流动人口纳入城市卫生服务的管理体系中，政府要重点投入公共卫生领域，对妇幼保健领域实施补偿机制，要在有限的资源中，尽可能为其提供更多的卫生服务和医疗保障。当前要重点解决的突出问题是提高流动人口的计划免疫接种率和扩大重点人群公共卫生服务的范围，提高住院分娩率和重点传染病的诊治率。

其次，设立流动人口社会保障基金，对流动人口的突发疾病和特困人口的危重疾病予以资助。建立流动人口大病贫困医疗救助制度，为贫困流动人口提供全面或部分医疗费用的补偿或减免，这对其患重点传染病的医疗救助特别重要，可防止其因经济困难不去就医而导致传染病的扩散。

最后，增加政府投入，并通过合理的用工制度保障流动人口及其子女受教育的权利。流动人口的素质将成为我国发展制造业基地、成为世界制造业中心的关键。如果他们的基本福利和社会保障得不到保证就很难将其培养为有更高追求、更符合现代化企业要求的产业工人。因此，完善流动人口的用工制度并加强监督管理，真正将《劳动法》落实并保障他们的受教育权利，包括其子女的受教育权。在当前教育资源有限、大部分地区无能力接受流动人口子女入学的情况下，政府必须采取有力措施，加大教育的投资，合理调配教育资源，保证流动人口子女的教育。流入地政府应当承担流动儿童接受义务教育的责任。对于财政负担较重的地区，采取省和中央财政分担的办法来解决。

（4）建立与完善流动人口社会保障制度需要注意的几个问题。首先，流动人口社会保障制度的定位要合理。基于我国二元经济结构和社会结构的现实和社会转型的需要，流动人口社会保障体系建设也应该具有过渡性，不可能一步到位。社会保障制度应该解决流动人口基本生活需要问题，通过为工业伤害者提供伤害补偿、失业者和老年人提供收入补偿、患病者提供医疗保险而达到保障其基本生活的目标。

其次，社会保障水平要适度。企业是社会保障资金来源的主体，其缴纳的社会保障费用直接影响企业的成本和产品竞争力，所以企业必须在控制成本、保持竞争优势与承担社会责任之间寻求平衡。根据日本经济学家武川正午2003年对社会福利费增加后日本企业可能采取的19种行动进行调查后发现，在社会保障费率适度、容易被企业接受时，不会对企业成本构成压力，如果社会保障项目包揽过多、社会保障费率过高，则势必造成企业成本过高，影响产品竞争力，甚至导致失业水平上升，这就违背了建立制度的初衷。对流动人口的社会保障既要提高其稳定性和素质，又不能将社会保障水平定位太高，以免降低流动人口对我国制造业和就业岗位的竞争力。

再次，建立流动人口的社会保障制度必须考虑其与城镇居民的不同特点和本身的具体情况采取分类措施。对养老保险，则可以先对包括农民工在内的流动人口进行适当分类，对达到规定居住年限及有相对固定住所或单位的，可以正式纳入当地的养老保险体系；对不符合上述条件的流动人口，则有必要根据制度多元化的原则来设计相关方案供其选择，并作为全国性政策出台。

最后，从现实和可操作性出发，探索和建立适合流动人口的社会保障体系。马斯洛在《人类动机》中提出的需求层次理论认为，人类对安全感的需求是建立在生理需求得到满足的基础上。尽管流动人口对社会保障的需求是一种最基本的安全需求，但不如对就业需求强烈，所以，社会保障制度的建立不能损害就业。根据流动人口流动性强、非正规就业者多，并处于相对弱势地位的特征，要对其社会保障工作分类分层推进，提高可操作性。对在城市有稳定收入和稳定居所的流动人口，应逐步接纳其进入城市的社会保障体系里。对流动人口社会保障的突破口应首先确立强制性工伤保险制度并将受职业病危害的人员纳入工伤保险范围，其次是将流动人口纳入医疗保险（重点是大病或疾病住院保障机制）范围，再次是对农民工的社会救助和社会福利，最后逐步建立养老保险和住房保障等项目。

三、人口政策与社会保障

毫无疑问，人口政策和社会保障制度都是为辅助特定的社会制度而诞生的，它们本身并不是一项核心政策，而是围绕某个或者多个目标而设定的。

但是，从当前来看，尚未出现人口政策服务于社会保障制度的情况，而社会保障制度却经常性地服务于人口政策，尽管这可能只是社会保障多重功效中的一个而已。所以，在人口政策与社会保障制度的关系中，人口政策处于较为主动的位置，而社会保障制度处于从属地位。社会保障制度伴随着我国的人口特征以及人口政策问题的变化而变化。因此，在对这两种关系的研究中，我们的主要视角应该集中在人口和人口政策方面。

1. 我国人口的变迁和存在的问题

制定人口政策的主要依据是人口特征的变化。人口作为人口政策调控的对象是我们分析的焦点。

改革开放之初，我国人口存在的突出问题是规模过大，有些地区人口密度过于集中，同时受落后的科技限制使这些地方已经无法承载过量的人口。庞大的人口总量成为中国转型发展中的重大挑战。

我国人口存在的另一大问题是过低的城镇化率。十年"文革"导致我国工业发展滞后，无法为城市居民提供充足的就业岗位从而导致劳动力过剩，其解决方案是知识青年上山下乡。在改革开放以后知识青年逐步返回城市，这加剧了当时就业岗位不足和城市资源紧缺的现象。

随着我国经济的迅速发展，到 21 世纪初，我国的人口状况已经出现了巨大的变化。

首先，从人口规模来看，总量过于庞大的问题已经得到了有效的控制。根据 2000 年第五次人口普查数据显示，我国人口总量为 11.8 亿人，如果按照计划生育政策实施之前的生育率计算，我国人口在当时将达到 13 亿人。生育率的迅速下降使国家实现了人口控制的目的。

其次，在人口结构方面，我国青壮年劳动力占总人口的比例在缓慢增长，而婴幼儿的比率迅速缩小，老龄人口规模扩大，人口老龄化的问题逐步凸显，以上海为代表的一线大城市已经率先步入老龄化社会。人口老龄化所带来的一系列问题已经开始引起了社会的重视。

再次，从人口的时空变迁来看，我国东部的人口增速逐步放缓，而西北部地区依然保持较为可观的增速。1935～2010 年的 75 年间，胡焕庸线东南—西北部人口比例已经发生了变化。胡焕庸线是一条以 45°划分的中国东南和西北地区的人口界限，在这条线的东南部集中了中国大部分人口，然而其所占国土面积却小于西北部；西北占据大半江山，却只有少量人口。据统计，胡焕庸线东南部在 1935～2010 年人口比例不断减少，其中 1935～1964 年人口比例下降最快，1964～2010 年人口比例逐渐下降。胡焕庸线西北部人口比例总体呈现增加的趋势，其中 1935～1964 年人口比例增长速度快于 1964～2010 年阶段。

但是，我们必须考虑中国户籍制度的特殊情况，仅从人口普查出发难以反映当前高度流动的人口特性，由于西北部大量流动人口进入东南部，所以很可能在实际情况中出现完全相反的情况，即胡焕庸线东南部人口更为集中。

最后，考察我国人口的城镇化率。2000 年我国人口的城镇化率为 36.2%，而当时的世界平均水平是在 50%左右，显然我国的城镇化水平是滞后的。如何迅速推动城镇化的发展，并且部署相关配套的政策和设施也是执政者所面临的一大难题。

到 2015 年，我国的总体人口状况依然维持既有的发展趋势，整体人口特征已经迈入了一个新阶段，我们要对这些重大转变做出及时准确的判断。

第一，人口红利即将消失，"刘易斯拐点"已经到来。根据联合国的预测，中国的劳动人口总量将在 2015 年开始下降，而超过 65 岁的老龄人口数量则将一直增加到 2030 年左右。这意味着中国的人口红利很快就要开始减少。根据联合国的标准，65 岁以上老龄人口占总人口比例超过 7%即意味着成为老龄社会。根据国家统计局的数据，中国在 2000 年刚好进入老龄社会。此后，老龄人口比例一路攀升，2009 年达到 8.5%。按照过去 10 年的增长速度，2015 年中国的老龄人口比重达到了 10%左右。除了劳动人口的绝对数下降外，其相对数也在下降。伴随农业税的免除以及农村医疗保险、养老保险的推广，加上城市生活成本的上升，农民外出务工的机会成本明显增加，这导致了连续多年的"民工荒"现象的出现。从总体上看，劳动力的供给增长速度低于劳动力的需求，工资成本正在上升，"刘易斯拐点"已经来临。来自中国社科院的一项研究表明，劳动力总量增长对经济增长的边际贡献正在递减，中国不可能长期依赖人口红利。

第二，城镇化水平迅速提高。2015 年我国城镇化率达到了 54%，证明其已经有半只脚迈入了城市化国家的行列，在发达国家这一比率达到了 70% 左右，这也说明，我国距离完全的城镇化率尚有不小的差距。基于我国巨大的人口基数，要实现 70% 的城市化目标，还需要有大批人口转移，而对这部分人口妥善安置需要有相应的政策措施，同时城镇化不可避免地导致农村土地的减少，如何对相关各方进行合理的利益分配也是亟待解决的问题。这将使社会保障制度在其中扮演更加积极的角色。

第三，我国已经出现了"未富先老"的局面。2014 年我国 60 岁以上人口已经占据总人口的 50%，65 岁以上人口占据 10%，而我国的人均 GDP 约为 7485 美元，尚未迈入中等发达国家的门槛，但老龄化率却已经世界领先。众所周知，老龄人的消费能力远不及年轻人，高老龄化率将导致社会有效消费能力不足，严重者会出现像日本一样的经济停滞现象。另外，老龄人口也对社会提出了进一步的赡养要求，这对当前社保制度尚不完善的中国来说无疑是重大的负担。如何破解这一难题将考验政府的智慧。

2. 我国人口政策的变革

在新中国成立之初，我国的人口政策出现过一段时间的反复。起初政府鼓励生育，反对节育，并且数次禁止相关的节育用品和避孕药物的生产。但是随后邓小平率先置疑卫生部采取的严格禁止节育的政策，并最终导致其取消了反对节育的措施，政府开始鼓励节育。在马寅初发表《新人口论》的初期得到了毛泽东的支持，然而不久毛泽东又公开反对该理论，并取消了节育措施。

1962 年，节育政策再度被提出，并且开始上升为国策，我国的人口政策在这一阶段逐步成型。1964 年，国务院成立计划生育委员会并开始着手推行两胎政策，提倡一对夫妻只生两胎。然而，这一政策在当时实施得并不理想，大部分家庭仍生育三四个子女，毛泽东曾向国外友人公开表示其对政策实施效果的不满。

1973 年，我国正式提出"晚稀少"的人口政策，提倡晚婚，并且鼓励只生两胎。然而，中国过高的生育率依然持续，直至 1975 年，毛泽东强调"人口不控制不行"时已经显示中国面临的严峻的人口问题。

1980 年，我国开始强制推行独生子女政策，至此才逐步实现了人口规模的控制，这一时期人口政策的主要目标就是控制人口规模，防止人口过度增长。同时，根据农村对劳动力的特殊需求，政策上区别对待，允许其在第一胎为女儿的情况下可生育第二胎。

1980 年之后的 30 年间，我国一直维持着严厉的人口政策，严格执行独生子女政策，中国的人口模式从高出生率和低死亡率转向出生率和死亡率双低。

2010 年以后，随着社会对老龄化问题的日益关切，独生子女政策开始逐渐松动，官方和民间多次召开研讨会，探讨人口政策问题。2014 年 1 月，浙江省首先启动单独二胎的政策，允许夫妻双方都是独生子女的家庭生育两个子女。2015 年，政府正式决定全面放开二胎政策。

独生子女政策的结束本身就是历史的必然，其实质上只是对我国人口规模进行调整的过渡性政策，本身不具有可延续性。另外，这项政策的终结旨在解决我国正在面临的老龄化问题。人口问题最终还要依赖人口政策来解决，二胎政策试图从根源上解决这一问题。

然而，我们必须意识到扭转老龄化的任务极其严峻，甚至可以说是史无前例的，因为迄今为止还没有任何一个国家成功实现老龄化的逆转，也就是说，一旦步入老龄化社会，就很难实现转型。

要解决老龄化就得解决少子化问题，而少子化问题背后暴露出来的是一系列社会问题。虽然人口政策能够从根源上治理这一问题，但是仅从政策上解决是远远不够的。当前有学者指出，中国的独生子女政策导致家长在子女教育方面投入巨大，进而使整个社会的教育经费水涨船高，教育逐渐成为奢侈品，并且引发了难以逆转的少子化趋势。因为家长难以负担两个子女的高昂教育经费，导致其最终依旧选择独生子女来缓解抚育压力。

由此我们可以发现，解决我国社会的老龄化问题必须依靠全面的社会治理措施，而社会保障制度也是其中的关键一环。

四、我国社会保障制度在解决人口问题上的作用

社会保障制度起源于 19 世纪后期的德国，它是家庭小型化以及宗族体系、封建体系逐步解体的产物。社会保障制度产生以前社会的救济和抚养问题主要由家族解决，老幼病残由家族或封建领主抚养。但是在工业化社会，类似的人身附庸迅速解体，个体独立存在于社会之中，缺乏抗风险能力，这就要求政府以及企事业单位积极承担社会保障的职责。

100 多年的社会保障发展经验证明，在低收入国家，社会保障体系只能保证人民的基本生存权利；而进入中等收入国家以后，社会保障制度开始逐步承担社会分配的职责，公平正义成为社会保障制度的主要诉求。

我国的社会保障制度发展充分印证了这一道理，从过去强调效率优先兼顾公平到现在强调公平正义，我国的社会保障制度伴随着国家逐步迈入中等发达国家水平，并且肩负着调整利益分配的作用日益凸显。

社会保障制度已经开始承接家庭抚养的职责，为广大家庭提供医疗保险和社会保险服务，减轻家庭医疗费用负担，特别是疾病多发的老人的医疗支出。国家也同时向城乡的老人发放养老金，保障老人养老的权益。

但是我们必须注意，这些养老措施力度不够强大，每月仅数百元的生活费对多数老人的养老来说只是杯水车薪，同时我国的社会保障制度缺乏地方灵活性，全国各地的养老保险标准差异并不大，这导致东部地区特别是一线城市的家庭养老负担加剧。

社会保障制度要进一步完善并且加强，这已经是各方达成的共识。我国需要借鉴西方或者日本的社会保障模式，逐步完善并且建立一套有特色的社会保障体系，充分顾及各地方情况，建设合理的社会保障体系。

第三节　贫困问题与社会保障

一、贫困的概念

贫困是指如果某个家庭或群体在基本生活资料支出方面低于确定的一个最低生活标准，就意味着处于贫困状态。贫困的类型从不同角度可以分为绝对贫困与相对贫困、狭义贫困与广义贫困、长期贫困与暂时贫困、农村贫困与城镇贫困、区域贫困与个体贫困等。

贫困线是指购买基本的生活必需品或维持最低限度生活需要的最低收入水平，处在这个水平之下就是绝对贫困。绝对贫困是指在特定的社会生产方式和生活条件下，个人或家庭依靠劳动所得或其他合法收入不能维持其基本的生存需要，也被称作生存贫困。相对贫困是指在同一时期内，由于不同地区、不同社会阶层、阶层内部不同成员之间的收入差别而产生的低于社会认定的某种水平的状况。这里包含了价值判断。

目前世界银行确定的绝对贫困线标准是每人每天的食品提供为 2150 千卡热量，食品支出占总支出的比例农村为 63%、城市为 61%；我国政府确定的农村绝对贫困线标准是每人每天的食品提供为 2100 千卡热量，食品支出占总支出的 60%。

二、中国的贫困现象

中国的贫困人口为 6000 万人左右，且大部分在农村。农村贫困往往和区域性贫困联系在一起。《国家八七扶贫攻坚计划》实施后，贫困人口逐步减少。在城镇，贫困问题主要表现为城镇居民的个体贫困，有"三无"人员、失业人员、因病致贫人员、贫困的老年人口四大类。城镇贫困的主要原因在于经济体制转型；新增就业岗位趋缓；社会保障制度改革滞后；城镇居民个人素质问题。而农村个体贫困的主要原因则在于自然因素的影响、农民生产资金匮乏、社会历史原因、贫困农民个人自身的原因、政策因素的影响。

贫困对经济产生很大的影响，包括贫困导致的资金运行间断和经济活动在低水平上的恶性循环；贫困还会产生一定的社会影响，包括贫困威胁社会稳定，贫困会导致人口增长的恶性循环。

第四节　劳动就业问题与社会保障

失业问题是我国面临的最严峻的挑战之一，在应对这个挑战的过程中，政府的战略选择经历了一个重要的转变。从最初实行的再就业工程，逐渐在世纪之交的几年中过渡到"再就业"和"失业社会保障"双管齐下的方针来应对严重的失业问题。因此，促进就业和健全社会保障体系是对我国经济发展和社会进步影响深远的两个重要目标，两者之间有着紧密的内在联系。

一、就业与社会保障的关系

目前我国正处在失业最高峰时期，从20世纪90年代中期至今，我国下岗失业的总人数一直有增无减，特别是随着并轨工作的逐步推进，城镇登记失业的人数急剧攀升，在应对这种现状时，有必要厘清就业和社会保障的根本关系，这对解决失业问题有着非常重要的意义。就业与社会保障分属不同的领域，就业主要属于经济发展的范畴。充分就业是各国宏观经济追求的目标，就业状况也是经济发展的重要指标之一，正如经济发展需要与社会发展相协调一样，促进就业也需要与社会保障发展相协调。在就业压力较大时，要积极扩大就业，并通过适度的社会保障来促进就业，社会保障改革与发展至少应以不妨碍就业为前提；而在就业压力相对较小、比较充分的情况下，则应该加快社会保障制度建设，根据经济发展状况扩大社会保障的范围、适当提高保障水平。

二、就业和社会保障的矛盾以及存在的问题

1. 市场体系机制不健全导致劳动力资源配置效率不高

劳动力资源配置效率不高主要体现在：一是市场机制作用的人群和领域有限。由

于计划经济体制等历史原因及其惯性作用，导致国有企业、事业单位、政府机关和垄断行业的用人市场化配置程度较低，市场调节就业的人群十分有限。劳动力市场配置的主要是一些低端初级人才、新增劳动力和农民工，经理市场、专业人才市场建设滞后。二是由于市场机制不健全导致其作用力度有限。劳动力市场因信息不对称，市场体制不能统一运行存在分割状态。作为劳动力市场价格的工资，不能完全体现劳动力价值和劳动供求关系；非公经济的社会保障等政策福利优势比公有制经济部门少，导致非公经济主体在市场竞争、吸引人才方面处于劣势。劳动合同形式主义成分较大，存在订立不公平合同、欺诈性合同与违反合同等现象。

2. 政府促进就业的制度不健全、政策不配套、运作效率不高、促进就业的配套政策滞后和不完善

促进特困人群就业的扶持性政策缺乏延续性。失业保险除保障失业人员的基本生活外，促进再就业的功能发挥不够。就业培训中引导性培训多、技能培训少，导致求职人员的知识技能与用工单位岗位需求差距大。技能培训是就业培训的重点，但培训时间短，大多为1~2个月，其培训的人员达不到用人单位的技能要求，导致求职者的技能和愿望与岗位的技能要求差距较大，供求双方都不满意，使用工不稳定。尤其是农村转移输出的培训人员，有的在输出不满两个月时就返乡，造成公共资源的浪费。

3. 失地、失业农民再就业和社会保障问题堪忧，失地农民养老保险政策出台滞后、不完善、遗留问题多

由于失地农民的养老保险政策滞后，在20世纪八九十年代失地的人员都没有社会养老保险，现在缴费难度较大，绝大多数无力参加基本养老保险。劳动年龄内失地农民的社会保障处境更加艰难，面临解决就业和社会保障的双重问题。他们除了要维持自身的生存外，还担负着赡养老人、抚养子女的家庭重任。

4. 政府投入社会保障和就业的财力、人力不足

虽然财政用于社会保障和就业的经费逐年增加，但仍然不足，地方财政负担较重。从财政用于社会保障和就业的支出比例可以看出，投入力度偏小。加拿大为39%，日本为37%，澳大利亚为35%；2005年我国只有11%左右，且这11%的投入基本用于城镇居民基本医疗保险；社会保障事业发展快与工作人员少和工作经费投入不足的矛盾突出。

5. 社会保障体系不健全

统筹城乡就业和社会保障的制度体系机制尚未健全，社会保险覆盖面小、保障水平低，城镇养老保险尚未实现全覆盖；农业人口基本养老保险制度尚未健全；进城务工人员基本未享受城镇养老、医疗等社会保障；被征地农民身份转换进入城镇后养老等未能得到有效保障。具体问题有以下几点：

（1）社会保障制度机制不健全，运作效率低。社会保障机制在全国各省市不统一、城乡不统筹、运作不规范、地区间难转接。社会保险项目更多的是由地方政府统筹，受地方经济社会发展水平、财政管理体制和财力制约。因此，带有很强的地域性、差异性、探索性、多变性和多样性特征，从而导致社会保险制度设置在不同地区、城乡和行业之间和不同经济单位之间不公平、不公正；社会保障机制运转也不规范、不统一、难转续，高成本、低效率。社会保险的统筹层次和缴费标准基数不同，重复要求和重复统计的成本高。五大保险中同一险种的统筹范围和缴费的工资基数存在省、市、区三级和多个标准，导致相同险种的缴费因统筹层次和人群身份不同而不同。计算社会保险缴费基数不统一，核定缴费难以在一个部门或窗口完成，不但增加工作成本和管理成本，也给前来办事的单位和群众带来不便。

（2）社会保障统筹层次和保障水平低。社会保障实行地方统筹和属地管理，使社会保障在区域内封闭运转，统筹层次低；社会保险缴费条件和比例在不同地区、不同人群之间不同，导致参加保险人员跨统筹地或身份难以转接，限制了流动就业人群参保和享受保险待遇的权利。例如，农村居民在城镇就业或流动就业后，保险无法相互转移，造成虽然购买了多个保险，但因达不到缴费年限而到退休年龄时仍然拿不到养老金，城乡社会保障差别明显。

（3）社会保障工作平台基础建设薄弱、服务体系网络不完善。由于社区服务站工作人员和经费投入不足，导致相当部分社区在办公场地、窗口设置、人员配备等方面存在缺陷。全国尚未建立统一、快捷的职业介绍信息网络，无法实现各公益职业介绍机构相互间的资源信息共享，从而未能充分发挥公共职业介绍在就业安置方面的重要作用。社会保障管理机制运作缺乏资源整合和配套机制。同属于社会保障局的医保系统、社保系统、就业系统各有一个管理网络，五大保险各执一端，社会保障系统内部的管理网络和政策不统一，缺乏内部资源整合和协调沟通机制。

三、就业和社会保障工作面临的形势

1. 就业压力剧增

受国际经济环境变化的严重影响，工业经济运行形势严峻。经济增长受阻，不仅对就业的拉动减少，而且，企业停产、关闭，这无疑会导致部分员工失业。

2. 劳动力结构失衡

从人才、失地农民、三次产业从业人员结构、所有制从业人员结构看，劳动力结构失衡严重。

失地农民在初中以下文盲、半文盲和小学文化的占了全部失地人口的46%，文化普遍偏低，技能单一。这反映了劳动者的文化和技能结构失衡。三次产业的价值结构与从业人员结构和所有制的价值结构与就业结构失衡。2005~2015年，从三次产业从业人员结构及其预测来看，第三产业从业人员大于第一产业、第二产业就业人数总和，呈增长趋势。

四、就业和社会保障工作的重点

1. 促进创业带动就业，建立健全有效的激励机制，最大限度地调动人才的创业积极性

推动城乡一体化人才开发工程，引导高校毕业生面向基层就业、创业和自谋职业；进一步加强和改进留学人员创业园区建设工作，为其回国工作提供发展空间。实施人才资助工程。政府对高新技术项目持有人的创业，可根据项目的高新技术含量、所处行业水平、投资额度大小给予一定的资金支持。

2. 帮扶重点人群就业

促进具有竞争优势的人群就业，帮扶和安置弱势人群就业，建立巩固就业、预防失业的制度和机制。

五、关于促进就业和解决社会保障制度的建议

根据就业市场化和多元化的要求，审慎地调整基本社保制度，改善管理。

1. 保障水平要适度

社会保障标准的确定，要同现阶段经济发展水平相适应，既要保证人民的基本生活需要，又要有利于促进就业和再就业。

2. 保障范围要不断扩大

目前，我国就业渠道、就业方式已发生了重大变化，要求政府必须不失时机地扩大基本社会保障的覆盖范围。

3. 管理服务要灵活

在管理服务上，一是其形式和方法要进一步改革完善，二是要为人员流动创造条件。

4. 要切实减轻公司负担

为满足不同群体的需求，减少基本保险制度的调整难度，应加快推进建立多层次的社会保障制度，加快立法，完善有关的政策法规，培育和完善资本市场，加强对基金的运作监管，以推动我国多层次社保体系建设。只有这样才能减少我国基本社保制度调整的阻碍，缓解基本保险制度的收支危机，采取切实措施，扩大对失业人员的社会保障的覆盖面。在体制方面，解决社会排斥的问题，妥善处理在新旧体制衔接中出现的问题，增加财政投入，保证下岗失业人员顺利进入社会保障体系，将有关并轨政策延伸到集体公司职工，消除由所有制身份造成的社会排斥。

1. 社会保障水平的制约因素有哪些？
2. 研究社会保障水平的意义何在？
3. 简述社会保障水平"不适度"的表现及其影响。
4. 论述如何测定和评价社会保障水平。
5. 社会保障水平适度性问题应从哪些方面把握？当前我国社会保障水平是否适度？

1. 社会保障水平的制约因素

一是经济规模与经济发展水平。以一国或地区所能提供的经济资源总量作为社会保障支出的最终来源，其规模必然从根本上制约着社会保障水平的高低。经济与社会保障的相互关系是十分复杂的，经济因素决定社会保障制度与水平；而社会保障制度一旦产生，就具有自身发展的规律，其发展也会反过来影响经济，二者是相互影响的关系。

二是政治、社会结构。政治因素对社会保障制度的发展及社会保障水平会产生影响。西方国家多党竞争的政治制度，使各党派为了争取选民的支持而承诺较高的社会保障水平，这不可避免地导致了社会保障水平攀升的"登台阶"效应。社会结构对社会保障也产生影响，如我国的城乡二元社会结构造成社会保障制度的分割和城乡社会保障水平的较大差异。

三是制度年龄和人口结构。制度年龄是指社会保障制度建立的时间长度。制度年龄越长，社会保障水平越高；反之，社会保障水平越低。社会保障水平与一国的人口结构有着密切的关系，伴随着全球人口老龄化浪潮的来临，社会保障水平将不可避免地抬升。

四是历史、人文等特殊因素。社会保障水平的高低受本国独特的历史、人文因素的影响。例如，美国是一个充分宣扬个性自由的国家，它的经济最大可能地按照自由市场经济的方向发展，人们普遍认为，国家对社会保障的过多介入是对公民自由选择权利的侵犯，因而，美国至今没有建立如其他发达国家一样包罗万象的完整的社会保障体系，这在表面上是与它强大的经济不相符的。

2. 研究社会保障水平的意义

通过对社会保障水平的研究可以探索社会保障制度与其外在环境要素之间的规律，在建立健全社会保障制度中加以运用。具体地说，社会保障水平具有下列几点功能和意义：

(1) 客观描述社会保障程度的高低，并进行国际、地区间的比较，探索、总结和运用社会保障制度发展与运行的自身规律。

(2) 通过增加设置不同的控制变量，可分类计算一种社会保障制度内部各行业、各地区甚至各群体之间的社会保障水平子指标，并进行综合的分析比较，促使社会保障制度的结构合理化与内部优化。

(3) 运用定性、定量分析相结合的方法，通过对社会保障制度自身运行与其经济、社会效益的分析，确定社会保障适度水平，评价社会保障运行状况，并根据具体情况进行调整与控制。

(4) 社会保障适度水平与自身和社会经济发展趋势相结合，可以建立"社会保障警戒模型"以构成预警系统的核心，用于预测社会保障的未来趋势，避免出现财务危机，促使社会保障制度的运行与社会、经济发展产生良性互动。

3. 社会保障水平"不适度"的表现及其影响

社会保障水平的"不适度"主要有两种情况：社会保障水平过低和社会保障水平超度。

社会保障水平过低反映社会保障程度不足，其必然的后果是不能很好地实现社会保障应有的功能，难以保障公民的基本生活，不利于社会的稳定与发展，而且客观上也抑制了消费需求的扩大，最终对社会运转的效率产生不良影响。许多发展中国家的实践证明，社会保障制度的缺位、残缺或低水平，对总体经济的发展造成了瓶颈制约，阻碍了国民经济的发展。

社会保障水平超度是指社会保障支出增长过快，超过了国民经济能承受的水平，从而超过了应有的适度水平。由于社会保障具有刚性增长的特征，其水平超度是较为普遍和容易发生的现象，西方发达国家在20世纪70年代后出现所谓的"福利危机"便深刻地说明了这一点。社会保障水平的超度会带来一系列负面影响，而且超度的程度越高，这种影响也越大。

社会保障水平的"不适度"还包括另一种情形，即社会保障水平的结构性不合理。比如，我国城乡之间、不同所有制职工之间、不同地区之间的社会保障水平存在着较大的差异，内部结构不尽合理。

4. 测定和评价社会保障水平的方法

社会保障适度水平的测定方法有多种，基本方法包括实证分析和理论分析。实证分析主要是基于历史资料对社会保障水平作出评价的方法。

对经济发展的影响或效应是判断社会保障水平适度与否的重要标准。经济发展是多种因素交互作用的结果。根据对各历史阶段经济运行状况及影响因素的分析，可以相对分解社会保障各因素对经济运行的影响，进而判断社会保障水平适度与否及适度的社会保障水平应该是多少。

5. 社会保障适度性的把握以及对我国社会保障水平是否适度的分析

社会保障政策既属于经济政策的范畴，也属于社会政策的范畴。对社会保障水平适度性的研究必须把两方面统一起来，才能得出较为客观的结论。一方面，从经济政策范畴来看，适度的社会保障水平有利于协调积累与消费的关系，社会产品的价值也因此得以顺利实现。另一方面，从社会政策的角度考虑，保障每个公民的最基本生活水平，对维护社会的稳定意义重大。然而，保障每个公民的最基本的生活水平也不是无米之炊，要以一定的经济发展水平为基础。

分析我国社会保障水平适度性问题也应从经济发展水平和社会政治稳定两方面展开。

首先，由于经济发展水平受众多因素影响，在国际比较中没有客观标准。从国家或政府主导社会保障发展看，经济发展水平对社会保障支出的影响在很大程度上通过财政收支来实现。2006 年，我国包括社会保险基金支出的社会保障支出占相应的财政支出的 20.17%，与发达国家通常 35% 以上的占比水平相比明显偏低。

其次，从社会政治稳定和收入分配角度看，国民越来越期望更为完善的社会保障体制和适中的社会保障水平发挥积极作用。改革以来，我国不同社会成员收入差距呈逐步拉大趋势，1978 年我国基尼系数为 0.317，2006 年则上升到 0.496。按照国际通用标准，基尼系数为 0.4～0.5 表示收入差距较大，0.5 以上表示收入差距悬殊。显然，我国目前的基尼系数水平不但超过了 0.4 的国际警戒线，而且已经很接近 0.5 的悬殊水平。近些年来，随着利益主体分化、利益差距扩大等多方面因素的影响，人民群众内部的利益矛盾日渐凸显，主要表现为经济利益矛盾突出、群体性事件不断增多、对抗程度增强、处置难度加大等。面临如此严峻的形势，作为实施收入再分配的主要工具的社会保障政策应该发挥更为积极的作用，以缩小贫富差距和维护社会政治稳定。

总体上看，整个经济社会是一个有机整体，社会保障水平的确定也只有以经济社会的协调发展为基准才具有现实意义。另外，对于目前我国社会保障水平适度与否的判断，除了从宏观上考察之外，还应该注意财政和企业的承受能力以及社会保障支出水平的城乡结构等方面是否合理。

第七章　养老保险

📖 学习目的

1. 掌握养老保险的概念、特征。
2. 了解养老保险的制度类型及养老保险基金的筹集模式。
3. 掌握养老保险的基本原则、实施方式。
4. 了解我国养老保险制度改革的方向。

📖 重　点

掌握养老保险的含义、基本原则与实施方式。

📖 难　点

能够运用所学知识对不同的养老保险制度作出评价，并对我国养老保险制度改革中出现的问题进行分析。

第一节　养老保险概述与保险模式

养老保险是社会保障制度重要的组成部分，是社会保险中最重要的五大险种之一，也是保障老年人基本生活的重要社会政策，在为退休人员提供经济保障方面发挥着重要作用。养老保险制度的建设与完善对维护国家的长治久安和经济的可持续发展必不可少，其也是世界各国普遍实行的一种社会保障制度，且数量已达 167 个国家和地区。经过 60 多年的发展，我国现在已经对城镇职工、城镇居民和农村居民建立了养老制度，实现了养老保险的全覆盖。随着全球人口老龄化形势的日益严峻，社会保险的财务危机越发明显，养老保险如何实现可持续发展成为各国深入研究的重要课题，且很多国家开始进行养老保险制度的改革，我国也在其中，这种改革是为了适应社会主义市场经济发展的需要。

一、养老保险概述

1. 养老保险的含义

养老保险是指劳动者因年老或病残丧失劳动能力退出劳动领域后，从国家和社会获得物质补偿和帮助的一种社会保险制度。

养老保险主要包含以下三层含义：

（1）养老保险是为达到法定退休年龄的劳动者提供基本生活保障的制度安排。养老保险是在法定范围内的人口退出社会劳动生活后才发生作用的。通常法定的退休年龄界限是衡量退出社会劳动生活的标准。

（2）养老保险的目的是为保障老年人的基本生活需求，是为其提供稳定可靠的生活来源。养老保险的"基本"定义十分重要，其只是保障退休养老的基本生活，而不是全部生活。

（3）养老保险是以社会保险的强制性为手段，强制缴费，强制参保，以达到保障老年劳动者基本生活的目的。

2. 养老保险制度的基本框架

养老保险制度主要由以下几方面构成：

（1）养老保险制度的法律文件。法律文件主要包括国家及主管部门颁布的待遇给付条件、待遇给付标准、基金统筹规定、养老保险管理机构的规定和各项具体措施等。

（2）享受养老保险待遇的资格条件。资格条件是发放养老金的依据，国际上一般包括年龄、工龄和缴费年限三方面，但具体到每个国家又有所不同。目前以年龄和投保年限为条件的国家占大多数。对未达到规定条件的，则没有领取保险待遇的资格或只享受减额保险待遇。

（3）养老保险基金的筹集模式与费率的规定。筹集模式与费率的规定主要包括基金筹集的模式选择、筹集的地域与对象范围、保险费的计提基数、费率（即计提比例）、基金的来源等。目前基金筹集的模式主要有现收现付、完全积累和部分积累三种方式。

（4）养老待遇的给付。养老待遇的给付主要包括待遇给付的项目、水平、标准及计算办法，退休金的计发途径以及退休金的调整等。而养老保险待遇给付范围的大小、项目的多少取决于国情、工业化和保险制度成熟程度等因素。

（5）养老保险运行管理机构的设置。管理机构主要包括行政管理机关、事务管理机构、基金运营机构、监察机构、岗位与人员配备以及权限划分等。养老保险运行管理的良好与否直接影响社会经济活动，关系退休人员的生活保障和整个社会的稳定。

3. 养老保险的特征

（1）强制性。养老保险是由国家立法强制实行，用人单位和个人必须参加的，在达到政府规定的养老条件时，可向社会保险管理部门领取养老金的保障项目。养老保险由中央政府直接管理，并在专门法律规定下强制实施。凡在国家立法实施范围内的人群，均视为法定的被保险人，必须参加，无选择的余地。凡符合养老金领取条件的人，有权向保险机构申请领取养老金。

（2）社会性。养老保险是社会保险中涉及范围最广、影响最大、享受人数最多且时间最长、支出费用巨大的保障项目。养老保险具有鲜明的社会性，涉及面广，享受人群普遍，而且制度运行周期长，费用支出庞大，因此，要设置专门机构实行专业化、社会化的统一规划与管理。养老保险的管理工作应该在专门机构的指导下，通过现代化、专业化、社会化等管理方式实现养老保障的便捷和高效运转。

（3）广泛性。养老保险的保障对象是所有劳动者，待遇的享受人群是最确定、最普遍的，因为人人都会变老，都需要养老。参加养老保险的人群一旦进入老年都可以按规定享受养老保险待遇。国家的相关机构必须筹集专项资金，专款专用，以保证养老金正常发放。养老保险费用的来源一般由国家统筹调剂以实现广泛的社会互济，在大多数国家，养老资金往往采用多方筹集，或是由用人单位、个人和国家三方负担，或是由用人单位和个人两方负担，以不断扩大养老资金来源渠道。

（4）适度性。养老保险的基本功能是保障劳动者在年老时的基本生活，这就决定了其保障水平要适度，既不能过低，也不能过高。一般来说，养老保险的整体水平要高于贫困救济线和失业保险金的水平，低于社会平均工资和个人在职时的收入水平。

（5）长期性。参加养老保险的人员一旦达到享受待遇的条件或取得资格就可以长期领取养老金，直至死亡，其待遇水平基本保持稳定，通常会根据经济发展状况进行动态调整。

养老保险的产生和发展逐步取代了传统家庭养老的部分功能。当养老保险保障程度较低时，家庭养老的作用更大一些；当养老保险保障程度较高时，家庭养老的作用就相应减弱。但养老保险并不能完全替代家庭养老。几乎所有国家的宪法或法律都规定了公民有赡养老人的义务。因此，养老保险与家庭养老是相互联系、相得益彰的统一体。

4. 养老保险的类型

养老保险根据保险范围、保险水平、保险方式可分为国家法定的基本养老保险、用人单位建立的补充养老保险、个人自愿参加的储蓄性养老保险等。建立和完善多层次的养老保险体系已成为一种国际趋势。目前世界上 160 多个国家和地区建立的养老保险制度按照其覆盖范围、保障水平和基金模式大致可以分为以下几种类型：

（1）传统型。以美国、德国、法国等发达市场经济国家为代表，贯彻选择性原则，强调待遇与工资收入及缴费（税）相关联。保险对象一般以工薪劳动者为主，养老保险费由雇主和雇员共同负担，其待遇水平适中，一般有利于低收入人群。

（2）福利型。以英国、澳大利亚、加拿大、日本等发达市场经济国家为代表，贯彻普惠制原则，基本养老保险覆盖全体国民，强调国民皆有年金，因此称为"福利型"或"普惠制"养老保险。在这一制度下，所有到达一定年龄的国民均可无条件地从政府领取一定数额的养老金。这种养老金与公民的身份、职业、在职时的工资水平、缴费（税）年限等无关，所需资金完全来源于政府税收。

（3）混合型。原来实行福利型养老保险的国家，目前大多已经或正在向混合型制度转轨，即福利型养老保险与收入关联型养老保险同时并存，共同构成第一支柱的基本养老保险体系。在日本，政府建立了国民年金和厚生年金；在英国称为附加养老金；在加拿大称为收入关联年金。这种收入关联型养老保险的待遇一般要高于普通年金的待遇，资金主要来源于雇主和雇员的缴费以及基金的投资收益。

（4）储蓄型。储蓄积累型养老保险制度在一批新兴市场经济国家实行，以新加坡、智利为代表，强调自我保障的原则，实行完全积累的基金模式，建立不同类型的个人养老保险账户，或公积金账户。养老保险费用由雇主和雇员共同分担，在参保人退休或遇有特殊需要时，将个人账户基金定期或一次性支付。这种养老保险制度有利于发挥个人的自我保障功能，体现多劳多得的原则，也能够保障劳动者退休后的基本生活。但是，这一制度也存在自身缺陷，无法充分发挥社会保障的互济互助功能，同时，也普遍面临着如何使基金保值增值的压力，尤其在出现持续通货膨胀和金融危机时将更加困难。一些欧洲国家，如瑞典、意大利、波兰、拉脱维亚、立陶宛等也在借鉴智利的实践，在基本养老保险中引进个人账户，但基金实行"空账"运转。由于运行管理中的问题，南美的阿根廷在实施了 20 多年的个人账户养老金制度模式后，于 2009 年 12 月重新回到政府管理的现收现付的老路上。

二、养老保险基金的筹集模式

养老保险基金的筹集模式决定养老保险制度的设计、运行和管理方式，主要有现收现付、完全积累和部分积累三种模式。选择一种合适的基金筹集模式需要考虑多方面因素的影响，如本国的经济发展水平、政府和个人应承担的责任比例、人口老龄化的程度以及资本市场的投资渠道等。

养老保险基金筹集主要有以下三种模式：

1. 现收现付模式

现收现付模式是通过以支定收使养老保险基金收入与支出在年度内大体平衡的筹资方式。现收现付主要在社会统筹的养老保险运行模式中采用。它运行的基本原理是在长期稳定的人口结构下，由制度内生产性劳动人口负担已经退出劳动力市场的老年人口的养老费用，而现有的生产性劳动力人口的养老费用则由下一代负担。维持这种机制运行的基本约束条件是长期相对稳定的人口年龄结构。现收现付模式实际上是收入分配在代际之间的横向平衡，是一种代际互济、社会互助、注重公平的模式，它要求每年筹集的费用和支出的保险金随着人口老龄化而相应地同步增长。该模式的实施需要拥有一个人口增长稳定、新增劳动力与退休人口相对平衡的大环境。在当今人口结构变化大、老龄化速度快的环境下，现收现付的基金筹集模式遇到了很大挑战，其实施难度很大。世界上出现了对现收现付模式进行改革的呼声和浪潮，在这场改革中，一些国家采取了从现收现付到部分积累、完全积累模式的过渡手段。

（1）现收现付模式的特点：①以支定收，无基金积累。现收现付模式实际上是通过代际间收入进行转移支付，即工作的一代供养退休的一代。通过收入调节与再分配实现养老保险的互助互济。②收支关系简单，不留基金积累，无资金贬值风险与资金保值增值的压力。

（2）现收现付模式的局限性。现收现付模式有以下局限性：①不能适应人口老龄化的趋势。在人口老龄化的背景下，生产性人口和老年人口的比例失调。为了维持制度的运行，在职劳动者的缴费将增多，导致其经济负担日益加重。②现收现付制存在着某些不利于经济发展的因素，如过高的缴费率将直接影响企业的竞争力，会对储蓄和劳动力市场供求关系产生不同程度的影响，也会不同程度地影响经济发展。

2. 完全积累模式

完全积累模式是通过预提积累的方式筹集保险基金，未来养老金的待遇水平与所积累的保险基金有直接的关系。具体来说，一方面，预提积累的缴费比例在估计一定的人口、经济发展状况及其他因素的基础上进行精算确定，积累的基金数额构成养老保险金给付的基础；另一方面，保险金给付数额最终取决于积累规模和投资收益。基金完全积累制强调的是劳动者个人不同生命周期的收入再分配，即将劳动者工作期间的部分收入转移到退休期间使用。利率水平、稳定的金融市场是基金完全积累制筹资模式运行的重要条件。完全积累模式实质上是本代人在生命周期内，对自己的收入进行跨时间的分配，在不同历史时期纵向分散养老风险，更强调个人自我保障。这种基金筹集模式需要拥有经济发展稳定、物价变动平稳的长期环境，以便采取措施使积累基金做到保值增值。该模式是在养老保险制度实施之初，或是劳动者就业初始就开始实行。此外，由于这种形式有较大规模的资金储备，而其通常被用于安全性较好的投资方向，所以一旦发生通货膨胀，严重的贬值现象将不可避免。

（1）完全积累模式的特点。完全积累模式有以下特点：①预提积累保险基金有利于实现在老龄化社会下老年人口的基本经济保障。②强调劳动者的自我保障，激励机制强，透明度高。③有利于增加储蓄和资金积累，促进资本市场的发展，进而对经济发展具有重要的推动作用。

（2）完全积累制筹资模式的局限性。完全积累模式有以下局限性：①对于长期的养老保险计划而言，积累的养老保险基金容易受通货膨胀的影响，如何实现基金的保值增值具有一定的难度。②养老保险基金容易受政府行为的干预，如将基金用于弥补财政赤字等。③基金在金融市场上的投资存在较大的风险性，若管理不善可能严重影响养老保险基金的支付能力。

3. 部分积累制模式

部分积累制是一种介于现收现付制和完全积累制之间的混合模式。部分积累制有几种形式，第一种是在原有的现收现付制的基础上，提高养老保险缴纳比例，除了支付当年的养老金外，还可以进行适度规模的积累，用于满足若干年后养老金增长的需求。第二种是在引入个人账户的基础上，保留部分社会统筹互助调剂的机制。第三种是在多层次的养老保险模式中，第一层次的基本保险采用现收现付制模式，第二层次、第三层次保险采用完全积累制模式，在多层次养老保险模式框架内实行部分积累。部分积累模式是将现收现付模式与完全积累模式有机结合而形成的一种养老保险基金。根据不同的保险建制原则，部分积累可以有两种解释：一种解释是将养老基金分为两部分：一部分为现收现付，用于目前退休者的最低养老保障，实现互济；另一部分存入个人账户，形成积累基金。另一种解释是在以支定收的同时，多收一些资金并积累起来，用以弥补老龄化高峰的收支缺口，最终还是要回到现收现付模式。部分积累模式可以比较好地将现收现付和完全积累式的优点集中在一起，保证基金收付的平衡，因此在1964年的国际社会保险专家会议上受到了推崇，被越来越多的国家所采用，特别是受到发展中国家的青睐。但这种模式需要对未来支出做合理预测，否则仍难以保证基金的收支平衡，同时也必须注意避免两者本身的不足，如积累部分的基金贬值等。作为一种混合模式，部分积累制具有一定的优势，它吸收了现收现付制和完全积累制两种模式的长处，将激励机制和统筹互济有机地结合起来，有利于避免单纯采用一种模式的弊端，尤其是能够有效地应对人口老龄化对养老保险财务机制的挑战，如果能妥善实施基金管理和投资运营还有助于促进经济的发展。但部分积累制运作方式的选择以及如何实现新旧模式的平稳过渡在实践中有一定的难度。

三、养老保险金的给付

养老保险金的给付指的是职能部门按照国家政策规定的条件、项目、标准等，运用一定的方式，为保障范围内的人员支付养老金的制度安排。养老保险金的给付是养老保险资金筹集的目的。

养老保险金给付的条件。确定被保障对象是否达到领取养老金的资格是养老金给付的前提条件。一般来说，需要满足的条件主要有政府规定的法定退休年龄、一定的缴费年限和相应的工龄。除此之外还包括一些与就业或缴费无关的条件，如被保险人必须是永久居民或在国内居住一定年限等。

1. 退休年龄

退休年龄是国家根据社会经济发展需要、人口预期寿命和劳动力就业等情况对劳动者退出劳动领域的年龄作出的规定。退休年龄通常是劳动者开始领取养老金的年龄。我国在20世纪50年代初期建立养老保险制度时将退休年龄定为男性60岁，女工人为50岁，女干部为55岁，这种规定一直延续至今。随着人口老龄化程度的加剧和养老保险支出的大幅攀升，提高退休年龄已经成为世界养老保险改革的一个重要内容。

2. 工龄条件

工龄也是发放养老保险金的重要条件之一。工龄是劳动者以工资收入作为其主要生活来源的劳动年限。各国对工龄的规定并不一致，短的为15年，长的有达40年之久的。只有达到一定的工作年限，才能获得养老保险金。采用工龄年限的国家主要有苏联、中国改革前的养老保险制度和东欧国家。

3. 缴费年限

作为领取养老金的一个资格条件，养老保障制度要求就业者缴费满一定年限后方可领取养老金。如果达不到缴费年限，通常的做法是将养老账户中的储存额一次性全部付给退休者。实行缴费确定模式不规定最低缴费年限，因为个人积累得多，则领取的养老金就多，积累得少，则领取的养老金也少。世界上绝大多数国家，如法国、德国等均采用最低缴费年限这种做法。例如，法国规定养老金的给付条件是年满60岁，缴费年限为37.5年，如果达不到37.5年，则减发养老金。《中华人民共和国社会保险法》（以下简称《保险法》）第16条规定，职工达到法定退休年龄，累计缴费满15年才可以按月领取基础养老金。

4. 居住年限

被保险人必须达到规定年龄并符合居住国规定的居住期限才能领取养老金。采用这种方法的国家主要有新西兰、加拿大、冰岛、瑞士、瑞典和丹麦等。例如，丹麦政府规定，享受国民年金的条件是 67 岁之前在丹麦连续居住 5 年的本国公民。加拿大政府规定，国民年金的享受条件是年满 65 岁，18 岁后在加拿大每居住一年，可领取养老金的 1/40。新西兰规定，居民年满 65 岁，并在最近的 20 年内居住在本国境内者才有权领取养老金。

第二节　养老保险的基本原则与实施方式

一、养老保险的基本原则

养老保险是社会保障制度中最重要的组成部分。在制定这一制度时必须遵循以下基本原则。

1. 免除被保险人劳动义务的原则

养老保险的对象是因为年老丧失劳动能力而退出社会劳动领域的人。对于这类被保险人，国家通过法律规定一方面免除他们的劳动义务，另一方面保证他们获得物质生活帮助的权利。根据这一原则，凡符合老年养老保险资格条件的被保险人，在达到法定退休年龄后，不论实际劳动能力如何，都可免除其社会劳动的义务而享受退休待遇。

2. 保障被保险人基本生活需要的原则

养老金是老年人生活的主要甚至是唯一的经济来源，养老保险必须要保证被保险人获得基本的生活保障，养老金的给付水平要适度，通常要考虑通货膨胀率和收入增长率两个因素。因此，要想切实保障老年人的基本经济生活，养老金就要根据通货膨胀率，或者收入增长率进行调整，抑或根据通货膨胀率和收入增长率的加权进行调整。只有这样，养老金的实际购买力才不会下降，不会影响退休人员的实际生活水平。在养老保险的基本方针中，首先应明确的就是要使养老金水平合理，能够满足一定时期老年人的基本生活开支需求。在确定养老金待遇时，既要考虑与原在职期间的工资收入有适当的差别，又要考虑与其在职期间的生活水平不能差距过大、下降过多。此外，由于养老金待遇是终身给付的形式，还要考虑如何抵消物价上涨的影响，保证实际养老金收入水平不致降低。

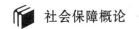

3. 分享社会经济发展成果原则

养老金的给付还应随着社会经济的发展而不断提高。这是因为社会生产的成果是一代代积累起来的，没有上一代劳动者的积累就没有现代社会的发展成果。随着社会经济的发展，人均消费水平不断提高，如果老年人的收入水平长期不动，即使考虑物价上涨的因素而给予一定的补贴，也会出现其生活水平相对下降的状况。退休人员在年轻时贡献了自己的力量，为社会创造了价值，因而现在社会的发展成果也包含了他们过去的劳动贡献，他们理所当然地应该享有其中一部分成果。

4. 权利与义务对等原则

养老金的给付还应与劳动者缴纳养老保险费的状况相联系，即养老金的给付与缴费数额、缴费时间长短相关。这一原则一方面能够增强劳动者的自我保障意识，另一方面又体现了"公平与效率"的统一性。通常享受养老保险权利者必须具备一定的资格条件，这也是社会保险权利与义务基本对等的原则要求。同时，在不同的国家，对于资格条件的规定也是不同的，一般可以分为劳动义务与贡献、投保期限等。如确定养老金享受条件和待遇水平时，必须以劳动者退休前为社会所做贡献的时间和大小为依据，而有所区别；获得老年社会保险的权利必须以参加社会保险并缴纳保险费为条件。一般来讲，缴纳保险费的时间越长，享受的养老保险待遇越高。

二、养老保险的实施方式

1. 我国基本养老保险基金的筹集办法

我国现阶段城镇职工、机关事业单位工作人员、城镇居民、农村居民等不同群体的基本养老保险基金分别实行不同的筹集与管理办法。

（1）我国城镇职工的基本养老保险基金的来源。城镇职工的基本养老基金的来源有三个：一是企业缴纳的基本养老保险费，二是个人缴纳的基本养老保险费，三是国家财政补贴。城镇职工基本养老保险基金由政府根据支付费用的实际需要和企业、职工的承受能力按照以支定收，略有结余，留有部分积累的原则统一筹集，具体的提取比例和积累率由省、自治区、直辖市人民政府经实际测算后确定，并报国务院备案。

（2）机关事业单位职工。机关事业单位职工的基本养老保险基金筹集来源目前是多渠道的，机关及全额拨款事业单位由国家财政统一拨付，现支现付；自收自支事业单位由自己筹集；部分拨款的事业单位大部分靠自己筹集。机关事业单位的基本养老保险基金筹集办法还有待进一步的改革。

（3）城镇居民。城镇居民养老保险基金筹资结构与新农保大体一致，没有集体

"补助"一项，但也鼓励社会经济组织为个人缴费提供资助。

（4）农村人口。我国农村社会养老保险采取了个人账户储备积累的模式，基金筹集由个人缴费、集体补助、国家补贴三个来源。

2. 国家对基本养老基金的支持

国家对保持养老保险基金的收支平衡起着重要的作用。一方面，国家对基本养老保险基金的支持体现在允许用人单位缴纳的养老保险费在税前列支；另一方面，当养老保险基金出现支付困难时，政府财政直接给予补贴。《保险法》规定，基本养老保险基金出现支付不足时，政府给予补贴。2007 年以后，各级财政补贴基本养老金缺口的资金超过了千亿元。《保险法》第 65 条规定，社会保险基金通过预算实现收支平衡。县级以上人民政府在社会保险基金出现支付不足时，给予补贴。为了使我国的公共财政预算制度不断完善，国务院决定从 2010 年开始首先将城镇的养老、医疗、失业、工伤、生育五项社会保险基金统一编制预算。

3. 实施基本养老保险基金的财政专户管理

基本养老保险基金财政专户管理，即对社会保险基金实行"收支两条线"。社会保险基金的征缴收入及各级政府的补助资金全部存在社会保障基金财政专户。在社会保险项目支出时，由社会保险经办机构提出支付计划，经财政部门审核后，将所需资金由财政专户划拨到社会保险经办部门开设的社会保险基金专户，由社会保险经办机构组织发放。

实施基本养老保险基金的财政专户管理是国家加强对社会保障基金严格管理的重要措施之一。1995 年，《国务院关于深化企业职工养老保险制度改革的通知》中规定，要实行社会保险行政管理与基金管理分开，执行机构与监督机构分设的管理体制，管理社会保险基金一律由社会保险经办机构负责。1998 年，财政部、劳动部、中国人民银行、国家税务总局联合出台《企业职工基本养老保险基金实行收支两条线管理暂行规定》进一步明确提出，国家要建立社会保障预算制度，基本养老保险基金纳入单独的社会保障基金财政专户，实行收支两条线管理，明确社会保险经办机构、劳动保障行政管理部门、财政部门、银行、审计部门各自的职责和权力。对社会保障基金严格实行管理，从制度上杜绝了个别部门和个人掺占挪用社会保障基金的违法行为，增加了基金管理的透明度，确保了社会保障基金的安全。

4. 建立财政补助机制与实施国家社保基金战略储备计划

为解决我国基本养老金的支付缺口问题和应对人口老龄化高峰的挑战，我国自 20 世纪末开始建立财政补助机制和实施国家社保基金战略储备计划。

（1）建立财政补助机制是我国基本养老保险制度发展的实际需要。面对养老金发放的巨大压力，为确保基本养老金按时足额发放，从 1998 年起中央财政就开始通过转移支付，对财政确有困难的中西部地区和老工业基地的养老保险资金缺口给予补助。据统计，1998~2010 年，各级财政用于企业职工基本养老保险的补助资金总额达到 7000 多亿元。财政补助机制的建立，进一步明确了各级政府的社会保障责任，加大了基金的调剂力度，有效地解决了基本养老保险资金缺口问题，为确保基本养老金的发放提供了强有力的资金保障。

（2）为了满足社会保障资金日益增长的需要，同时为应对老龄化做好资金储备，在不宜提高缴费标准的情况下，国家有必要从多种渠道筹集和积累一定量的资金。2000 年 9 月 25 日，国务院决定建立全国社会保障基金和全国社会保障基金理事会，设立的全国社会保障基金理事会直属国务院领导。社会保障基金的主要任务是管理中央财政拨入的、通过变现部分国有资产获得的以及其他形式筹集的资金（如发行彩票的收入）；根据财政部与人力资源和社会保障部共同下达的指令和确定的方式拨出资金；挑选、委托专业性的资产管理公司对基金的资产进行运作，以实现其保值增值；向社会公布社会保障基金的资产、收益、现金流量等情况。社会保障基金的投资方式是直接运作与委托投资管理人运作相结合。委托投资管理人管理和运作的基金资产由理事会选择的托管人托管。通过战略和战术性资产配置对资产结构实行比例控制。全国社会保障基金可在境内和境外进行投资。境内投资范围包括银行存款、债券、信托投资、资产证券化产品、股票、证券投资基金、股权投资和产业投资基金等。境外投资范围包括银行存款、银行票据、大额可转让存单等货币市场产品，债券、股票、证券投资基金以及用于风险管理的掉期、远期等衍生金融工具。从 2000 年 12 月社会保障基金理事会收到中央财政第一笔拨款 200 亿元后，中央财政相继多次拨款，包括受托管理部分省份的做实个人账户基金、划入的减持国有股份、彩票收入、投资收益等，社保基金迅速壮大。截至 2010 年 12 月 31 日，社会保障基金理事会管理的基金总规模达到 8568 亿元。

第三节　养老保险制度的改革与发展

一、养老保险制度的发展趋势

20 世纪 90 年代以来，世界各国对养老保险制度进行了一定程度的改革，原有的现收现付传统型和福利型均发生了很大的变化。

一是改革养老金的融资与资产运作方式。主要改革措施是增收节支，缓解现收现付制度的财务危机，主要方法有：提高费率并取消缴费的最高和最低收入限制；提高领取全额养老金的年龄，延长享受待遇所需的最低缴费年限；加强养老金与终生收入和缴费之间的联系，如英国，由政府管理的收入关联年金是以劳动者一生而不是最高20年的平均值为基础计发养老金；改变与工资指数挂钩的养老金调整办法，按相对较低的物价指数对其进行调整。

二是改变养老金制度结构。许多国家建立了多支柱的养老保险体制。所谓多支柱养老保险体制，一般包括三个支柱，即政府强制建立的、现收现付的基本养老保险，企业建立的年金（即企业年金）计划，个人自愿参加的储蓄养老计划。为减轻政府财政负担，形成政府、企业和个人合理分担养老保险责任的机制，各国普遍缩小了基本养老保险的规模，鼓励发展企业年金和个人储蓄养老计划，加大企业和个人的责任，充分发挥市场功能，以有效地解决养老问题。目前，只有少数国家（如智利和新加坡）完全取消现收现付的基本养老保险，建立了单一的个人账户型强制储蓄养老制度，大多数国家正在向多支柱养老保险体制转变。

三是养老保险基金的投资运营。养老保险基金的财务危机能不能克服在很大程度上取决于基金能否有效保值增值，而将其投入资本市场运营是基金实现保值增值目标必不可少的途径。20世纪90年代以来，许多国家开始对养老保险基金进行投资运营，以提高基金收益率，满足养老金可持续发展的需要。在基金的投资运营中，有三点国际经验需要引起重视：其一，政府必须进行严格监管，以确保基金的安全和完整；其二，基金运营必须引入市场竞争机制，在确保安全的基础上实现尽可能高的投资回报率；其三，要充分估计基金运营的长期金融风险，并采取措施予以防范和化解。

二、养老保险制度改革的方向

1. 坚持以公平为主的立法理念

公平是养老保险制度中最基本的价值理念和立法原则。养老保险制度的公平性包括代内公平与代际公平两个重要形式。代内公平是当代人之间的横向公平，代际公平则是当代人与后代人之间的纵向公平。养老保险制度要实现公平，必须既实现代内公平又实现代际公平。代内公平表现在城乡之间、地区之间、不同社会人群之间。代际公平是指代与代之间的社会保障责任与收益的公平，可以是缴费标准的公平，也可以是受益标准的公平。养老保险公平的立法理念应打破城乡分割、区域分割、社会人群分割的现状，建立广覆盖、保基本、多层次的养老保险制度。社会养老保险本质上是以追求社会公平为目的的财富再分配过程，是利益的再调整。如果过多地强调城乡的、地区的、部门的差异性及对各种特殊利益群体的照顾，不但会使我国养老保险制度碎片化，更重要的是使其背离了社会公平这一社会保险制度的理念。我国养老保制度的改革应确立以公平为导向，其最终目标是打破城乡分割、区域分割、单位限制，在未来建立统筹区域、统筹城乡的社会养老保障体系。

2. 完善养老保险法律制度的建设

虽然经过近 20 年的探索，我国养老保险制度的发展已经取得了很大进展，改革的目标和方向也基本确定，并建立了一套比较完整的养老保险法律体系，但现行的法律制度中关于一些深层次的问题与矛盾并未得到根本解决，养老保险的公平性也未能得到很好的体现，其不能适应社会经济发展的需要。比如，城镇职工养老保险中的空账问题、城乡居民基本养老保险之间的待遇差距、养老保险基金的保值增值等都需要进一步的改革与完善，并提出方案加以解决。

3. 实现养老保险关系的顺畅转移接续

我国现行的基本养老保险制度种类繁多，造成了养老保险关系在城乡之间、区域之间、行业之间转移接续面临一定的困难。尤其是在城镇化、就业形式多样化和劳动力流动日益频繁的形势下，养老保险权益转移和接续问题变得越来越突出。养老保险权益转移接续的顺畅是一国社会养老保险制度持续运行的内在要求，是确保参保人权益不受损害的重要措施，是改革和完善我国社会保障制度的重要内容，对于构建公平合理的社会保障制度、更好地发挥养老保险制度的功能和作用、实现劳动力人口的自由流动具有现实意义。《保险法》中已经对基本养老保险随本人转移做出了明确规定，但是这一规定在执行的过程中被打了很大折扣。国家除了要加强对社会保险的执法力度外，优化养老保险的统筹层次、推进管理的信息网络平台建设也是实现养老保险关系顺畅转移接续的重要措施。

 练习题

1. 简述养老保险的基本原则。
2. 简述我国现阶段城镇职工退休年龄的规定。
3. 简述建立退休人员分享经济发展成果机制的具体措施。
4. 简述我国城镇养老保险制度改革的内容。
5. 简述发展农村老年社会保障的对策。

参考答案

1. 养老保险的基本原则

（1）享受保险的权利与资格条件对应的原则，包括的内容：①享受老年社会保险的权利与劳动义务对等的原则。②享受老年社会保险的权利与投保对等的原则。③享受养老金待遇与工作贡献相联系的原则。

（2）保障基本生活水平的原则。

（3）分享社会经济发展成果的原则。

2. 我国现阶段城镇职工退休年龄的规定

（1）男工人和男干部年满 60 岁、女工人年满 50 岁、女干部年满 55 岁，连续工龄满 10 年者（1997 年规定企业职工累计缴纳养老保险金时间为 15 年），可以享受退休金待遇。

（2）特殊行业或岗位，如从事井下、高空、高温、特别繁重体力劳动或者其他有害身体健康的工作，男工人与男职员年满 55 岁、女工人与女职员年满 45 岁，连续工龄满 10 年的均可退休养老。

（3）男工人年满 50 岁、女工人年满 45 岁，连续工龄满 10 年，由医院证明，并经劳动鉴定委员会确认完全丧失劳动能力的可办理（提前）退休手续。

3. 退休人员分享经济发展成果机制的具体措施

（1）退休金标准与物价变动挂钩，实行退休金同物价指数挂钩或同生活费指数挂钩的办法。

（2）建立老年人分享社会发展成果的制度，也可称为分享或共享制度。这种做法一般是根据在职人员工资增长的情况对离退休金做出相应调整。

（3）与在职人员上调工资的同时调整退休金，或者按一定时期内在职人员工资平均涨幅调整退休金。

4. 我国城镇养老保险制度改革的内容

（1）改革传统的现收现付制为部分基金积累制，建立新的资金运行方式。

（2）建立社会统筹与个人账户相结合的制度。

（3）扩大养老保险金的来源，实行由国家、企业和个人共同负担养老保险金费用的办法。

（4）进一步扩大养老保险的社会覆盖面，将城镇大多数劳动者、农民工均纳入养老保险体系。

（5）建立养老基金增值的机制。

（6）建立退休金与社会经济发展挂钩和退休人员分享经济发展成果的新机制。

（7）由单位管理转变为社会化管理。

5. 发展农村老年社会保障的对策

（1）由政府出面理顺农村社会养老保险管理体制。

（2）从实际出发，由政府领导，积极、稳步、适度发展。

（3）建立健全管理规章制度，加强队伍建设。

（4）对于特殊对象，如独生子女父母、军烈属等应有一定的特殊优惠政策。

（5）将社会化养老措施和家庭养老相结合，使二者相辅相成，互相促进。

（6）发挥农村基层组织的作用，调动社区群众组织的积极性，如发挥农村老年协会的重要作用。

第八章　医疗保险

学习目的

1. 了解医疗保险的概念、特征。
2. 掌握医疗保险的筹资、给付项目、支付方式及费用分担方式。
3. 了解我国医疗保险制度的现状、存在的问题及改革方向。

重　　点

掌握医疗保险的性质、系统构成及费用分担和支付方式。

难　　点

能够运用医疗保险相关知识和基本原理分析我国医疗保险制度改革的现状和问题。

第一节　医疗保险概述与筹资机制

一、医疗保险概述

1. 医疗保险的概念

医疗保险是指国家通过立法手段强制实施的，旨在化解社会成员面临的疾病风险，以保障其基本医疗费用支出安全的一项社会保险制度。保险是指按约定的条件和给定的费率对可能发生的事件（如死亡、火灾、水灾、事故或疾病）引起的损失或破坏提供补偿的一种业务。医疗保险则是在一定筹资方式下，专门针对疾病引起的损失风险进行补偿。根据补偿的范围，医疗保险有狭义和广义之分。狭义的医疗保险仅对疾病诊治发生的医疗费用进行补偿；广义的医疗保险不仅包括对疾病给人们带来的直接经济损失进行补偿，还包括对间接经济损失的补偿，如误工工资、生活照顾等。通常所说的医疗保险是狭义的。医疗保险可以分为法定医疗保险和商业医疗保险，前者属于社会保障的范畴，是国家通过立法和行政措施设立的、旨在保证社会成员基本医疗服务需要的保险制度；后者则是根据市场原则建立起来的保险机制。

2. 医疗保险的含义

（1）医疗保险的主要责任主体。医疗保险的主要责任主体是国家。国家在医疗保险中的责任：①为医疗保险提供完备的法律框架。比如，政府可以明确医疗保险法规的立法理念和基本原则，界定医疗保险法的渊源，理顺法律关系，提升法律效力，推动医疗保险法制的建设等。②对医疗保险制度进行整体规划。比如，依据本国国情确定医疗保险制度的筹资模式、给付水平和管理体制等。③为医疗保险提供财政支持。比如，对其缴费提供税收优惠，对其基金提供投资优惠，填补基金收支缺口等。④对医疗保险产权进行明晰界定，对各方的权利和义务进行合理的划分。

（2）医疗保险的实施手段。医疗保险实施的手段是法律。"医疗保险既是国家对劳动者（或其他国民）履行的义务，又是劳动者（或其他国民）运用这一宪法规定的基本权利实现物质帮助的重要途径。既然涉及权利与义务关系，就理所当然地要制定相关的法律来调整，这就出现了医疗保险法。"可见，医疗保险借助法律法规来体现国家的责任、规范其他参与主体的权利和义务，以保证医疗保险的具体实施。

（3）医疗保险的目的。医疗保险的目的是化解社会成员面临的疾病风险。疾病风险是诸多社会风险中的一种。医疗保险通过为面临疾病风险的人群筹集适当的医药服务费用，在其他条件不变的情况下增强了这些人群对医疗服务的可及性，从而在一定程度上达到了化解其面临的疾病风险的目的。

（4）医疗保险的目标。医疗保险的目标是保障基本医疗费用支出的安全。健康生产函数告诉我们有多种因素影响健康。"一些人把影响健康的因素分成环境、遗传、生活方式、卫生保健服务四个主要方面。"医疗保险是通过为被保险人支付一部分医疗费用的方式来影响卫生保健服务，从而实现健康的增加。卫生经济学的基本理论表明，医疗保险的共保率在20%时，就可以保障基本医疗费用支出的安全。

3. 医疗保险的特征

医疗保险是为保险对象在患病时提供经济或服务保障、抵御疾病风险而建立的由专门的组织或机构经办，依照具体法律法规执行的一种保险制度。医疗保险制度作为社会保障制度的一个具体项目具有社会性、强制性、福利性和互济性等社会保障的共同特征。此外，医疗保险还具有其他一些社会保险制度所不具备的特性。

（1）普遍性。医疗保险的对象是全体社会成员，或规定范围的全部人群，不论参保人的年龄大小、健康状况如何，只要符合条件均可参加。医疗保险是社会保险系统中保障对象最为广泛的项目，因为其分散的是社会成员面临的疾病风险，与其他社会风险不同，疾病风险可能发生于任何人、生命周期中的任何阶段。其他社会风险的发生通常不同时具备上述特征。比如，虽然每个人都会面临年老风险，但是年老风险通常发生在人们进入老年生活之后；失业风险只会在劳动适龄年龄阶段时才有可能发生；工伤风险仅发生在基于工作关系而出现的意外事故和患有职业病的部分劳动者身上，当然也只有在生命周期中的劳动年龄阶段才可能发生；生育风险会在处于生育年龄阶段的部分女性群体中发生。由此可见，用于分散疾病风险的医疗保险无论是从保障对象的数量，还是从保障实施的阶段来看都具有普遍性的特点，涉及所有国民，贯穿生命周期的全过程。

（2）复杂性。医疗保险的复杂性主要是由参与主体的多元性决定的，与其他社会保险项目相比，医疗保险的参与主体最多，通常由雇主、雇员、医疗服务机构以及社会保险经办机构、政府的直接参与。他们之间的关系是雇主和雇员按照政府的相关规定向社会保险经办机构缴纳医疗保险费，当雇员发生疾病后，可以到医疗服务机构接受相应的服务，医疗服务机构有权从社会保险经办机构获得其所提供医疗服务的相应报酬。除了这五个直接的参与主体外，还有许多间接的参与主体也会影响医疗保险的实施，它们分别是药品生产商、医疗器械生产商、药品流通商、医疗器械流通商、医疗服务机构的代理者——医生等。在医疗保险中，除了直接的参与主体会发生关系外，这些间接的参与主体也会发生关系，同时两者之间也会发生关系，从而形成一个错综复杂的关系网。这导致实现目标函数的约束条件太多，很难同时满足多个参与主体的利益，从而给医疗保险制度的顺利实施带来困难。

（3）公平性。以不同标准为依据可以对健康服务领域的公平做不同的分类。以实现公平为依据其医疗服务包括水平公平和垂直公平两个方面。水平公平的标准：①相等的需要有相等的支出。比如，在所有的急性病医院每个病床的护理成本比率相等。②相等的需要有相等的利用。比如，在同等健康条件下相等的治疗时间。③相等的需要有相等的可及性。比如，在同等条件下病人接受治疗前的等待时间相同。④减少健康的不平等性。比如，不同地区应该有相同的年龄和性别调整的死亡率。垂直公平的标准：①不相等的需要有不相等的治疗。比如，那些轻微患者与病情严重的患者应该采取不同的治疗办法。②建立在支付能力上的累进筹资办法。比如，采取累进收入税或者主要的收入税融资。医疗保险作为实现健康服务的一个手段，在筹资方面和待遇支付方面坚持了"相等的需要有相等的支出、建立在支付能力上的累进筹资办法"的原则，符合医疗服务领域水平公平和垂直公平的标准。

（4）短期性和经常性。医疗保险补偿的短期性和经常性与疾病发生的特点密切相关。或者说，疾病发生的特点决定了医疗保险补偿的特点。疾病是随机发生的不确定性事件。从被保险人来看，单个人单次患病时间通常不会太长，从而使医疗保险的补偿期也较短；从全社会来看，相同或者不相同类型的疾病会经常发生，这使医疗保险补偿具有经常性的特点。

二、医疗保险的筹资机制

医疗保险基金是指通过法律或合同的形式，由参加医疗保险的企事业单位、机关团体或个人在事先确定的缴费比例下，按规定数量缴纳的医疗保险费汇集而成的、为被保险人提供基本医疗保障的一种货币资金。医疗保险基金是由医疗保险机构经营和管理，用于偿付保险合同规定范围内的参保人因疾病、伤残或生育等产生的全部或部分医疗费用的专项资金。

1. 医疗保险的筹资原则

医疗保险基金筹集是将医疗保险费集中起来，建立医疗保险基金，用于支付被保险人医疗费用的一种经济机制，其筹措的基本原则是"以收定支、收支平衡、略有节余"。一般来说，医疗保险采取现收现付制的筹资模式，即通过以收定支使社会保险收入与支出在年度内大体平衡。它的优点：①费率调整灵活，易于操作。②有助于保险费随物价或收入的波动而调整，可以避免货币贬值的风险。③通过收入调节与再分配，在一定程度上有助于体现社会保险的共济性与福利性。为避免频繁地调整缴费水平，防止短期内可能出现的收支波动，采取现收现付制的医疗保险基金一般也要保留小部分流动储备基金。我国人力资源和社会保障部、财政部于 2009 年 7 月发布的《关于进一步加强基本医疗保险基金管理的指导意见》指出："统筹地区城镇职工基本医疗保险统筹基金累计结余原则上应控制在 6~9 个月平均支付水平。城镇职工基本医疗保险统筹基金累计结余超过 15 个月平均支付水平的，为结余过多状态，累计结余低于 3 个月平均支付水平的，为结余不足状态。"这进一步明确了医疗保险基金的筹资原则。

2. 医疗保险的筹资来源

医疗保险的筹资渠道主要包括雇主和雇员的缴费、政府补贴、基金利息收入、捐赠收入、滞纳金等其他方面的收入。从国际上大多数实施社会医疗保险的国家来看，比较常见的做法是雇主和雇员双方分担筹资责任或者采取雇主、雇员和政府三方分担筹资责任。国家作为社会政策的制定者和重要社会事务的管理者，不仅有责任组织建立医疗社会保险制度，还要在特殊情况下承担对医疗保险基金的补助，并承担最终的经济责任。政府资助的多少，一般取决于国家的社会保险政策和财力状况，其方式有为政府雇员缴纳保险费；对某些没有能力缴费的人群（如老人、低收入者）实行补贴，以将这部分人群纳入社会保险计划中；在社会保险基金出现赤字时给予补助。我国目前实施的城镇居民医保和新农合模式，在财政上对参保人缴费都有补助。有些国家对一些危害健康的活动，如烟草消费、酒类消费征收的消费税专项划入医疗社会保险基金。另外，许多国家的医疗社会保险费一般是税前列支，从而相应减少了政府的税收收入，因此，也可以视为政府的税收支出，体现了政府对医疗保险制度的支持。个人、单位、国家在医疗社会保险资金来源中各占多大比重，各国不同；医疗社会保险从各方面筹集资金的方式和水平对其运行及效果有着重要影响。

3. 医疗保险的财务模式

医疗保险的财务模式和其他社会保险一样，不外乎是完全基金制、现收现付制和部分基金制三种模式。完全基金制是指在以收定支的原则下，由投保人按照规定的费率定期将一定的保险费用缴纳给医疗保险基金管理部门，在被保险人发生医疗费用后从其得到部分补偿的一种资金筹集模式。它追求基金的长期纵向平衡，缴费率通常比较稳定，但在确定缴费率前需要进行科学的测算，不同人群间缺乏互济功能。现收现付制是指在以支定收的原则下，由投保人按照规定的费率定期将一定的保险费用缴纳给医疗保险基金管理部门，在被保险人发生医疗费用后从其得到部分补偿的一种资金筹集模式。它追求基金的短期横向平衡，没有长期规划，稳定性较差，缴费率通常灵活多变，不同人群间的互济功能强。部分基金制是完全基金制和现收现付制的混合，它在一定程度上同时具有了完全基金制和现收现付制的特点。由于疾病发生的不确定性带来的影响，世界大多数国家在社会医疗保险领域均采用的是现收现付制的财务模式，新加坡实施的是完全基金制的财务模式，我国城镇职工基本医疗保险实行的是社会统筹与个人账户相结合的部分基金制的财务模式。

4. 医疗保险的筹资方式

社会医疗保险的缴费方式通常分为定额缴费和比例缴费。定额缴费是指定期以固定金额向承担缴费义务者筹集社会医疗保险资金，比例缴费是指定期按照某项收入（通常是工资）的一定比例向承担缴费义务者筹集社会医疗保险资金。各国家采取的缴费方式不尽相同，即使在同一个国家，不同的社会医疗保险项目其缴费方式也可能不一样。大多数国家通常采用比例缴费方式。保险费缴纳有固定保险费金额、与工资挂钩、与收入挂钩、按区域缴纳，其中，最通常采用的方式是与工资挂钩，即以工薪税的方式缴纳。这种方式的优点考虑了每个人的支付能力，使每个人都能支付得起医疗保险费；有利于控制职工基本医疗保险筹资与工资收入的相对水平；有利于建立随工资水平变化而联动调整医疗保险筹资水平的自然调整机制。不仅如此，由于社会人群收入差距的拉大，这种筹资方式的收入再分配意义更加明显。个人和单位可以按相同比例缴纳，也可以按不同比例缴纳，雇主缴纳的保险费往往比雇员多。

第二节 医疗保险的给付项目与支付方式

一、医疗保险的给付项目

1. 医疗保险的给付原则

医疗保险的给付是指被保险人生病后，医疗保险机构按照事先规定的给付条件和待遇标准，向被保险人提供医疗服务或为其报销医疗费用的行为。

医疗保险费用的偿付由医疗社会保险机构负责实施，在费用偿付的过程中遵循的基本原则有以下几点：

（1）以收定支、收支平衡原则。医疗社会保险费用的偿付必须严格按照"以收定支、收支平衡"的原则进行，并严格限定在可用的医疗保险基金数额内。

（2）权利与义务对等原则。国家通过法律强制实施医疗保险，任何单位及其个人都必须依法参加医疗保险，参保者在发生疾病后有从医疗保险机构或医疗服务机构得到经济补偿或医疗服务的权利，但是个人、单位也应按照法律规定履行缴纳医疗保险费的义务，无故停止缴费将丧失发生疾病后享受医疗保险偿付的权利。同样，对于定点医疗机构，获得医疗服务经济补偿的权利也是和其必须为参保者提供安全、快捷、周到的医疗服务的义务相对应的。

（3）按时、足额、合理偿付原则。医疗保险费用的偿付应按照医疗保险有关合同的规定，按时、足额、合理地进行偿付。所谓合理偿付，就是必须限定在医疗保险保障范围内发生的费用；应以参保人实际发生或支出的医疗费用为限；偿付仅限于参保人患病就医所发生的直接医疗费用，对不是由疾病直接造成的费用，如就医路费、伙食费等，医疗保险机构均不承担费用偿付的责任；不能偿付给未参保的人；不属于医疗保险覆盖范围，或属于覆盖范围但是没有参保，或参加医疗社会保险但没有按时、足额缴纳保险费的，均没有理由和权利享受医疗社会保险的费用偿付。

医疗保险费用偿付规定的条件，即给付条件，是指被保险人获得医疗服务给付的资格、应履行的手续及应遵守的规章制度，如医疗凭证、定点就医、逐级转诊等。被保险人生病时，只有符合事先规定的给付条件，才能获得偿付。医疗保险待遇标准是指法律上规定的被保险人能够享受的医疗给付水平。这里有两层含义：一是在法律上，所有被保险人都享有同等待遇的权利。如果被保险人被剥夺了这种权利，可以诉诸法律。二是被保险人实际得到的待遇依被保险人的病情需要而定，并非人人均等。医疗社会保险给付的待遇标准不是一成不变的，随着医疗需要的变化以及经济发展，可以做相应的调整。

2. 医疗保险的给付项目及其发展趋势

医疗保险给付主要采取医疗服务的形式。医疗服务内容习惯上分为下列几项：①一般医疗服务，包括住院服务、通科医师服务、专科医师服务、辅助性服务（如 X 光、化验等实验室检查）、视力检查和配镜、救护车服务、护理服务、康复服务等。②牙科保健，包括牙科检查、牙齿修复。③精神卫生，包括心理咨询、治疗和监护。④预防保健，包括妇女产前、产中、产后保健，计划免疫、健康体检等。⑤药品，包括药品供应和医生开处方。对于上述各种医疗服务，哪些应该成为医疗社会保险的给付项目取决于以下几个因素：①经济资源的可得性。②目前的医疗服务基础设施与服务质量。③对卫生保健优先重点的评估。④保险人群的疾病类型及对各类服务的利用率。⑤费用分担的水平和种类。⑥卫生服务的成本。从国际上看，各国的医疗社会保险给付项目包括各种治疗性服务、辅助性服务和基本药物等，而为达到个人安逸的医疗服务、美容性质的医疗服务、特殊需求的医疗服务、滋补药品等都不在医疗社会保险给付项目之列。根据我国医疗社会保险管理政策，在医疗保险支付项目上，国家规定了城镇职工基本医保的"三目录"，即《基本医疗保险药品目录》《基本医疗保险诊疗项目目录》《基本医疗保险医疗服务设施范围和支付标准目录》，医疗保险的给付项目按照三个目录规定的内容执行。

医疗保险给付项目的发展趋势。第一，医疗给付项目从过去单纯的治疗性服务向包括预防、康复在内的综合性医疗服务发展，已经成为广义的健康保险，而不仅是医疗服务的保险。第二，在发展中国家，由于卫生资源的缺乏，医疗社会保险给付将"初级医疗保健"或"一揽子基本医疗服务"作为核心项目。第三，医疗保险给付对药物的范围加强了限制。许多国家的医疗社会保险项目中，只有处方药才是给付项目，非处方药则不是；有些国家的给付只是世界卫生组织规定的基本药物。总之，医疗保险给付的趋势是提供更加全面的医疗待遇，加强基本的医疗保险项目，限制费钱较多又非基本的项目。

3. 医疗保险给付的地位与作用

医疗保险费用的给付也称为医疗保险费用偿付或结算，是指医疗保险机构作为付款人，代替被保险人支付其在接受医疗服务时花去的费用，是对医疗机构提供医疗服务消耗的资源进行的经济补偿。因此，费用支付既涉及医疗保险方与被保险方之间的关系，又涉及医疗保险方与医疗服务提供者之间的关系，是被保险方与医疗服务提供者之间的经济纽带。费用支付是医疗保险必不可少的环节。这个环节的出现，一方面，改变了传统医疗服务中医生和病人之间的直接交换关系，形成了由医疗服务提供者、患者和保险机构（第三方付费人）的三方关系，从而解除了双方对费用的担忧，医患之间的经济关系退到了次要地位；另一方面，对医疗保险方和医疗服务提供者之间的经济关系起着调节作用。医疗保险资源通过费用支付环节流向医疗服务提供者，成为后者的经济来源和经济诱因。不同的支付方式对医疗服务提供者产生不同的经济诱因，会影响并引起其不同的医疗行为，导致不同的经济后果，进而引起不同的保险资源流向。例如，当医疗保险的费用支付有利于增加高技术医疗服务和住院服务的收入时，医务人员就会多提供这方面的医疗服务，医疗保险的资源也会更多地流向这些方面，所以保险付费实际上起着配置医疗保险资源的作用。同时，费用支付方式还起着医疗费用控制的阀门作用。医疗保险好比一个蓄水池，资金筹集是入水口，费用支付是出水口。医疗保险支付的费用的多少以及合理与否，直接关系着保险的保障能力和水平，关系着医疗保险的成败。世界各国医疗保险的经验和教训都表明，费用支付方式的改革和完善是控制医疗费用最重要、最有效的办法。

二、医疗保险费用的支付方式

医疗保险费用的支付方式总体上可以分为后付制和预付制。前者指按服务项目付费；后者有总额预算、按人头付费、按病种付费等方式。我国医疗保险主要采用按项目付费的方式，但是大多数地区也开始部分地引入预付制方式。

1. 后付制

后付制是在医疗服务提供者进行医疗服务后，按照标准支付费用的方式。这是一种传统的、应用最广泛的、按照一般商品交换规律形成的医疗保障费用支付方式。在后付制方式下，对成本效率的激励机制产生了很多问题。后付制和医疗服务市场的特征相结合后产生的弊端主要表现在以下三个方面：第一，医疗服务提供者诱导需求的道德风险严重。这种道德风险是由于医疗服务供求双方信息不对称造成的。在医疗服务提供者的信息多于患者的时候，接受不必要的医疗服务的可能性就是存在的。因为医疗服务提供者作为患者的代理人其提供的医疗服务的努力程度只有自己清楚，而患者要么观察不到，要么即使观察到了，也无法知道所提供的服务是否是最优的。在医疗保障中，后一种情况居多，即患者观察到了医疗服务提供者的服务程度，但无法判断其是否为最优的，或者即使能判断，其成本也高得让患者难以接受。当医疗服务提供者在获得利益与如何更好地为患者提供医疗服务之间出现潜在冲突时，其诱导需求的道德风险就产生了。这种道德风险一方面来自医疗服务提供者在一定程度上具有提供医疗服务的垄断权，另一方面来自医疗服务提供者夸大疾病的严重程度是出于规避医疗事故中相关法律责任的考虑。第二，医疗服务行为监督检查成本高。由于按服务项目付费的后付制没有在医疗服务需求方和供给方之间形成激励相容的有效机制，因此医疗服务提供者没有动力提供与需求方目标函数一致的服务，其医疗行为发生了一定程度的扭曲。在这种情况下，为了保障人口的基本医疗安全，使医疗服务提供者的行为尽量合理化，相关监管部门必然要加大监督力度，而这需要大量的人力、物力和财力投入。在监督成本太高而使监督不符合成本—效益原则的情况下，导致监督没有办法进行下去。第三，医疗服务供求双方关系恶化。按服务项目付费的后付制在一定程度上造成了基本医疗费用的过快上涨，从而增加了基本医疗服务需求方的财力负担，提高了患者灾难性疾病支出发生率，使医疗服务供求双方关系紧张、信任度降低、沟通不畅、人文关怀缺乏等不良现象出现。

按项目付费是传统的，也是我国目前最常见的付费方式。按项目付费是指医疗保险机构根据医疗机构定期向其上报的医疗服务记录，按每一个服务项目（如诊断、治疗、化验、药品、麻醉、护理等）向服务提供者支付费用的方式。服务项目的价格制定通常有三种：一是完全放开价格，二是协商价格，三是政府规定价格。按项目付费的优点是操作方便，适用范围广，可调动医生的积极性。缺点是该付费方式激励医生过度提供医疗服务，其分为三种情况：一是医生在选择治疗方案的时候，不再考虑成本—效果原则，从而可能导致其使用一些成本较高，但对于治疗效果的贡献很有限的服务项目；二是医生为了防范可能发生的医疗诉讼，进行大量的"防卫性"检查和治疗项目，这些服务项目对患者的健康几乎没有好处，但是万一发生诉讼，便于医生为自己辩护；三是医生可能纯粹为了经济利益而诱导病人过度利用医疗服务，这些过度医疗的行为不仅浪费医疗资源，还可能损害患者的健康。

2. 预付制

预付制是指医疗服务提供者在提供医疗服务之前就预先设定了支付费率。通过这样一个相对固定的支付标准，达到了节约资源和经济激励的目的。如果医疗服务提供者使用的资源超过统一费用，其也得不到更多的补偿，而那些成本低于统一费用的则保持了优势。预付制医疗费用的最大特点就是根据合约规定的额度进行支付，超出规定的费用由医疗服务提供者负担，盈余的费用由医疗服务提供者所拥有。预付制的这种特点决定了其本质上是一种对医疗服务费用实行供给方的成本分担制，其有助于降低医疗保障机构介入医疗审查的监督成本，提高医疗服务提供者的专业自主性，对新型医疗技术的使用会产生适当的激励作用，增强了医疗保障费用的控制效果，促进了医疗服务提供者之间的公平性。但是其不足之处是可能会降低医疗服务提供者的积极性和主动性，有可能在一定程度上降低医疗服务的质量。

在预付制医疗费用支付方式中，按照预付计量单位的不同又可以分为三个类型或三个层次：一是以单个医疗服务机构为单位的总额预算制，二是以病人数为单位的预算制，三是以疾病为单位的预算制。国际上实施的预付制医疗费用支付方式有七八种，但常见的预付制医疗保险基金支付有按住院日定额付费、总额预算式、按病种付费、按人头付费和工资雇佣制几种方式。按住院日付费是指根据预先测算的平均每个病人每天的住院费用标准来支付病人的住院费用。因此，一个病人一次住院总费用等于住院日费用标准乘以住院天数，或者支付给某医院某段时期的总费用等于病人总住院天数乘以住院日费用标准。总额预算式即由医疗保险人根据与医院协商确定的年度预算总额进行支付，实行医疗费用封顶。按病种付费是指根据国际疾病分类法，将住院病人按诊断、年龄等分为若干组，每组根据疾病的轻重程度及有无并发症、并发症为几级，对每一组不同级别的病种分别制定价格，按照这种价格对该组某级疾病治疗全过程向医疗服务提供者一次性付费。按人头付费是指按月或其他特定时间（通常为一年）根据医生服务人数支付一笔固定的费用。在此期间，医生负责提供合同规定的一切医疗服务，不再另行收取费用。工资雇佣制也叫薪金制，即医疗保险人根据医生或其他卫生服务人员提供医疗服务时间的价值向其发放工资。

（1）定额付费。定额付费是按照预先确定的住院日费用标准和门诊费用标准支付住院病人和门诊病人的费用，其特点是对同一医院所有病人的每日住院或每次门诊费用支付额度都是相同的、固定的，与每个病人每日或每次治疗的实际花费无关。实行这种支付方式，能够鼓励医院或医生降低每日住院和每次门诊成本，但却不鼓励缩短住院日和减少门诊次数，也可同时核定住院天数，即对每一出院病人支付相同数额的费用（每住院日费用×核定住院天数）。

（2）总额预付制。总额预付制由医疗保险机构根据与医院协商确定的年度预算总额进行支付，其特点是医院必须为前来就诊的所有被保险人提供合同规定的服务，但收入不能随服务量的增加而增加；如果全部服务费用超过了年度总预算，医疗保险机构不再追加支付，亏损由医院自负。实行这种支付方式的优点是保险机构能够较好地控制医疗费用，但必须合理确定医院的年度预算，考虑包括医院的规模、服务数量和质量、设备设施的情况、服务地区的人口密度、人口死亡率情况、通货膨胀等因素。预算总额一般一年协商调整一次。在实践中，总额预付往往与风险分担机制结合起来，即当实际费用超过预定费用一定幅度的时候，由医保基金与医院共担一部分费用，当实际费用低于预定费用一定幅度的时候，由医保基金与医院共享一部分节约的费用。目前，我国部分地区开始探索总额预付制，但是一般会与其他付费方式相结合，并引入了风险分担的机制，这时的总额预付也常被称为总额控制。

（3）按病种付费。根据疾病分类法，将住院病例分为若干组，每组又根据疾病的轻重程度及有无合并症、并发症分为若干级，对每一组的不同级别分别制定定额费用，对患者治疗的全过程按这种定额方式进行一次性费用支付，其特点是医疗保险支付费用只与诊断的病种有关，而与每个病人的实际费用无关。这种支付方式可以激励医院为获得利润而主动降低成本，缩短平均住院日，有利于费用控制。缺点是当诊断界限不明时，容易诱使医生令诊断升级，以获得较多的费用支付；诱导病人住院、手术，或分解住院；制定病种费用标准的过程复杂，对分析技术和基础数据的要求较高。这种方式最早于20世纪80年代在美国老年医疗保险中实行，现已被许多国家关注。在我国，牡丹江市等少数地区对大多数病例实行了按病种付费的方式，另外，还有部分地区对少数病种也实行了按病种付费的方式。

（4）按人头付费。按人头定额付费，即由医疗社会保险机构根据医院或医生服务的被保险者人数定期向医院或医生支付一笔固定的费用。在此期间，医生负责提供合同规定的一切医疗服务，不再另行收费。按人头定额付费是由医生对一定时期、一定人数的医疗费用实行了包干制，其特点是医疗服务提供方服务的被保险人数越多，收入越多；提供的医疗服务越少，收入越少。这种支付方式能够鼓励医疗机构和医生以比较低的医疗费用为更多的人提供服务，鼓励医疗资源流向预防服务。美国的健康维护组织和英国的初级卫生保健基金都采取了这种支付方式。人头定额预付制的缺点是可能出现医疗提供者为节约费用而减少服务或降低服务质量的现象。我国部分地区正在开展的门诊统筹制度，已经开始引入了按人头总额包干制的方式，但是由于门诊统筹经费较少，大多数地区人均每年仅几十元，远不能满足门诊费用的需要，因此，医生除了获得"人头经费"外，还可以向患者另行收取费用。这并非严格意义上的按人头付费。

（5）按工资标准付费。按工资标准偿付，也称薪金制，即由社会保险机构根据医生或其他医疗服务人员提供的服务向其发工资。这是医疗保险常见的一种支付医生费用的形式，广泛地运用于芬兰、瑞典、苏联、西班牙、葡萄牙、希腊、土耳其、印度、印度尼西亚以及以色列这几个国家。英国、加拿大等对医院里的医生也实行这种方式。工资制的特点是社会保险机构对医生支付固定的费用，而不考虑医生看病次数和服务人数的多少。所以，这种方式难以调动医生多提供服务、提高服务质量的积极性。

（6）"以资源为基础的相对价值标准"（RBRVS）支付制。"以资源为基础的相对价值标准"是近年来在美国老年医疗保险中采取的一种新的支付医生服务费用的办法，其基本思路和方法是通过比较各专科医生服务中投入的各类资源要素成本的高低，来计算每项服务的相对价值，以此作为确定各项服务费用的依据。医疗服务中投入的各类资源要素包括服务全过程所花费的时间和劳动强度、业务成本和每次服务分摊的专科培训的机会成本。"以资源为基础的相对价值标准"按照各科医生在服务中实际投入的资源进行支付，能够刺激各科医生提供合理的服务，有利于提高通科医生的收入，降低专科医生过高的收入，从而有利于优化医疗卫生人力结构和布局。

医疗保险费用支付的多种形式，对医疗保险机构、医疗服务提供者以及被保险人会产生不同的影响，也各有利弊。医疗社会保险机构可以根据不同的情况和需要，选择不同的费用支付方式或组合支付方式。医疗费用支付方式决定并影响整体医疗费用支出水平及其上涨率、医疗体系总体及部门收入与规模、医疗服务质量、保险管理组织及其事务的繁简，因此，支付制度的改革成为各国医疗社会保险制度改革的核心内容之一。我国新医改方案提出的要积极探索基本医疗保障费用的支付方式，在其基本实现全民覆盖后，费用支付方式的选择就变得尤为重要。基本医疗保险费用支付方式直接关系医药费用筹集、控制以及以医疗服务价格管制的实现方式。我国目前主要实施的按服务项目付费造成的医疗服务诱导需求、高监督成本、服务供求双方关系恶化等弊端是显而易见的。总的来说，我国的基本医疗费用支付方式应该从以后付制为主向以预付制为主转变，预付制医疗费用支付方式应该坚持实施以总额预算式为主的、以按人头付费和按病种付费相结合的混合式支付模式。实施预付制后，要严格执行基本医疗服务质量评价制度。

第三节　我国医疗保险制度的改革与完善

一、我国医疗保险制度改革的历史进程

1. 城镇职工医疗保险制度改革

1998 年，以《国务院关于建立城镇职工基本医疗保险制度的决定》的颁布为标志，我国的城镇职工医疗保险制度改革进入了一个崭新的阶段。

（1）城镇职工基本医疗保险制度。城镇职工基本医疗保险制度有以下内容：

1）贯彻"低水平、广覆盖"方针。"低水平"是指从我国国情和国家财政、企业的承受能力出发，确定合理的、基本的医疗保障水平。"低水平"体现在筹资上就是单位缴费率为职工工资总额的 6% 左右，个人缴纳率为工资收入的 2% 左右。对一些非基本医疗服务则应通过补充医疗保险、商业医疗保险等途径解决。"广覆盖"是指所有城镇用人单位——企业（国有企业、集体企业、外商投资企业、私营企业等）、机关、事业单位、社会团体、民办非企业单位及其职工都要参加基本医疗保险。这就打破了过去劳保医疗和公费医疗的界限，全国实行统一的医疗保险制度。乡镇企业及其职工、城镇个体经济组织的业主及其从业人员也被纳入基本医疗保险体系之中。

2）基本医疗保险费由单位和个人共同负担，形成新的筹资机制。改变过去国家财政和企业全部包揽职工医疗费的做法，实行基本医疗保险费用由用人单位和职工个人共同缴纳的方式。个人缴费机制的引进，增强了职工的节约意识和保险意识，并且

有利于减轻政府与企业的负担，体现了公平和效率的原则。

3）完善社会统筹和个人账户相结合的制度。统筹基金和个人账户的支付范围分别核算。个人账户主要支付门诊或小病医疗费，统筹基金支付住院或大病医疗费。同时，明确了统筹基金的起付标准和最高支付限额。统筹基金起付标准原则上控制在当地职工年平均工资的10%左右，最高支付限额原则上控制在当地职工年平均工资的4倍左右。

4）合理确定基本医疗保险统筹范围，加强基金管理。基本医疗保险的统筹层次原则上为地市级以上，为了保证职工基本医疗保险基金的安全、完整，将其纳入单独的社会保障基金财政专户，实行收支两条线管理。

5）加强医疗机构改革，提高医疗服务的质量和水平，确定基本医疗服务的范围和标准。对提供基本医疗服务的医疗机构和药店实行定点管理。对医疗机构进行调整、改革，合理提高医疗技术收费价格，体现劳务技术价值。实行医药分开核算、分别管理。积极发展社区卫生服务，将一些项目纳入基本医疗保险范围。

6）特殊人员的医疗待遇与基本医疗保险制度相衔接。离休人员、老红军、二等乙级以上革命伤残军人的医疗待遇不变，医疗费用原渠道解决；退休人员个人不缴纳基本医疗保险费，对其个人账户的计入金额和个人负担医疗费的比例给予适当照顾。

（2）公务员医疗补助与企业补充医疗保险。鉴于职工基本医疗保险制度给付范围和最高数额有一定的限制，部分发生高额医疗费用的参保人员的负担仍然较重。为此，国家制定了有关国家公务员医疗补助与企业补充医疗保险的规定。

1）国务院办公厅于2000年5月转发了劳动保障部、财政部《关于实行国家公务员医疗补助的意见》。国家公务员医疗补助经费来源列入当年财政预算，经费专款专用，与基本医疗保险基金分开管理，单独核算。医疗补助的筹资标准参照享受医疗补助人员当期实际医疗消费水平、基本医疗保险保障水平和工资收入水平由劳动保障和财政部门逐年核定。医疗补助经费主要用于基本医疗保险统筹基金最高支付限额以上，符合基本医疗保险用药、诊疗范围和医疗服务设施标准的医疗费用；在基本医疗保险支付范围内，个人自付超过一定数额的医疗费用按中央和省级人民政府规定享受医疗照顾的人员，在就诊、住院时按规定补助医疗费用。

2）企业补充医疗保险。我国的行业和企业之间的情况千差万别，一些效益较好和承受能力较强的行业和企业，在参加了基本医疗保险之外，还可以建立补充医疗保险。劳动保障部、财政部于2002年联合发布了《关于企业补充医疗保险有关问题的通知》，允许企业在按规定参加当地基本医疗保险的基础上，建立补充医疗保险。企业补充医疗保险资金由企业或行业单独建账，单独管理，集中使用和管理。此外，在实践中，各地还纷纷建立了由政府举办的"大额医疗互助基金"，政府主办、商业保险公司承办的补充医疗保险，工会举办的"大病医疗互助基金"等补充医疗保险制度。截至2014年底，全国参加城镇职工基本医疗保险的人数为28296万人。新制度保障了职工的基本医疗需求，解决了困难职工看病报销难的问题，遏制了医疗费用过快增长的势头。新制度的推进和建立也有助于打破所有制界限，转变国有企业职工的就业观念，促进劳动力的流动，从而为国有企业改革的深化创造了条件。

2. 新型农村合作医疗制度的建立和发展

我国农村合作医疗是农民群众依靠集体的力量在自愿和互济的原则下建立的一种医疗互助组织。它的基本特点是农民个人和农村集体经济在一定范围内共同筹集合作医疗基金，在农民患病时由基金和个人按一定比例共同负担其费用。我国农村合作医疗是抗日战争时期在陕甘宁边区和抗日民主根据地由群众集股的医疗互助组织，到 20 世纪 50 年代，随着农村互助合作运动的发展在全国逐步推开，并成为我国农民健康保障的基本形式。农村合作医疗促进了农村卫生防疫、妇幼保健、计划生育等各项工作的开展，为农民创造了就近医疗的条件，增进了广大农民的身体健康，不仅对中国人民的健康事业做出了重大贡献，而且对其他发展中国家农村社医医疗卫生制度的建立起到了积极的示范作用，得到了世界卫生组织（WHO）的肯定。但是，由于农村生产方式的变化及其自身存在的一些问题，到 20 世纪 80 年代初，合作医疗在我国广大农村地区基本解体，农民的健康保障问题凸显出来。

2002 年 10 月，《中共中央国务院关于进一步加强农村卫生工作的决定》提出，要建立新型合作医疗制度。2003 年，《国务院办公厅转发卫生部等部门关于建立新型农村合作医疗制度意见的通知》进一步明确了有关目标原则、组织管理、筹资标准、资金管理、医疗服务管理等基本政策。自此，我国农村医疗保障的发展进入了一个新的时期。新型农村合作医疗制度有以下几方面特征：

（1）实行个人缴费、集体扶持和政府资助相结合的筹资机制。个人缴费水平、政府财政资助水平以及集体经济的扶持力度根据不同地区的经济条件由地方政府决定。

（2）以"补大"为主，与"补小"结合。农村合作医疗基金主要补助参加新型农村合作医疗农民的大额医疗费用或住院医疗费用的支出。有条件的地方，可实行大额医疗费用补助与小额医疗费用补助相结合的办法。对参加新型农村合作医疗的农民，年内没有动用农村合作医疗基金的，安排一次常规性体检。

（3）建立新型农村合作医疗制度管理体制。新型农村合作医疗制度一般以县（市）为单位进行统筹。县级人民政府成立由有关部门和参加合作医疗的农民代表组成农村合作医疗管理委员会，下设经办机构，负责具体业务工作。省、地级人民政府成立由卫生、财政、农业、民政、审计、扶贫等部门组成的合作医疗协调小组。各级卫生行政部门内部应设立专门的农村合作医疗管理机构，加强对农村合作医疗基金的监管。

（4）农村合作医疗基金在国有商业银行设立专用账户。农村合作医疗经办机构定期向农村合作医疗管理委员会汇报合作医疗基金的收支、使用情况，保证参加合作医疗的农民参与、知情和监督的权利；成立由相关政府部门和参加合作医疗的农民代表共同组成的农村合作医疗监督委员会；审计部门定期对农村合作医疗基金进行审计。

截至 2013 年底，全国有 2489 个县（市、区）开展了新型农村合作医疗工作，参合人口达 8.02 亿人，参合率为 98.7%。我国农村幅员辽阔，情况复杂，各地区差异很大，建立新型农村合作医疗必须从实际出发，因地制宜，通过试点总结经验，不断完善，稳步发展。

3. 城镇居民基本医疗保险制度试点

2007 年 7 月，《国务院关于开展城镇居民基本医疗保险试点的指导意见》颁布，正式启动城镇居民基本医疗保险试点工作。该政策包括以下几点主要内容：

（1）参保范围。不属于城镇职工基本医疗保险制度覆盖范围的中小学阶段的学生、少年儿童和其他非从业城镇居民都可自愿参加城镇居民基本医保。

（2）筹资水平。根据当地的经济发展水平以及成年人和未成年人等不同人群的基本医疗消费需求，并考虑当地居民家庭和财政负担能力，确定筹资水平；探索建立筹资水平、缴费年限和待遇水平相挂钩的机制。

（3）缴费和补助。以家庭缴费为主，政府给予适当补助。对试点城市参保居民，政府每年按不低于人均 40 元给予补助。其中，中央财政从 2007 年起每年通过专项转移支付对中西部地区按人均 20 元给予补助。另外，对低收入者和残疾人员等困难参保居民政府也有补助。

（4）费用支付。医保基金重点用于参保居民的住院和门诊大病医疗支出。确定起付标准、支付比例和最高支付限额。

（5）服务管理。原则上参照城镇职工基本医疗保险的有关规定执行。

（6）发挥城市社区服务组织等的作用。加强社区服务平台建设，做好基本医疗保险管理服务工作。

自 2007 年试点以来，城镇居民基本医疗保险制度在全国迅速铺开。截至 2013 年末，参加城镇居民基本医疗保险人数为 29629 万人。

4. 城乡居民大病保险制度

我国的医疗保障制度经过十余年探索改革，先后建立了城镇职工基本医疗保险制度、新型农村合作医疗制度和城镇居民医疗保险制度。但由于现行制度设计的影响，如起付线、封顶线以及共同支付的规定，加之居民经济收入的限制，不少参保人就医负担仍然很重。据有关研究数据表明，全世界平均每年有超过 4400 万户家庭因沉重的医疗负担而遭受经济困难，因病致贫的人口数超过 11000 万人。国际权威医学杂志《柳叶刀》2012 年 3 月刊发的文章指出，2011 年中国灾难性民生支出的发生比例为 12.9%，即有 1.73 亿中国人因大病陷入困境。为了解决城乡居民医疗保障不足的问题，2012 年经国务院同意，国家发展和改革委员会、卫生部、财政部、人力资源和社会保障部、民政部、保监会六部联合下发的《关于开展城乡居民大病保险工作的指导意见》提出，要开展大病保险工作，并对其原则、筹资机制、保障范围、承包方式和监督管理等内容提出了明确的要求。主要是对参保居民个人承担的高额医疗费用进行二次报销，切实解决大病患者个人负担，缓解因病致贫现象发生。2014 年，国务院医改办、国家卫计委联合下发的《国务院医改办关于加快推进城乡居民大病保险工作的通知》提出，在全国推动建立大病保险工作，并要求在 2014 年 6 月底前启动试点。目前，全国各地基本开展了大病保险制度的试点和建设工作。

二、现行医疗保险制度存在的问题

目前，我国覆盖城乡居民的医疗保险体系在制度层面上已经形成了以基本医疗保险制度（包括城镇职工基本医疗保险、新型农村合作医疗、城镇居民基本医疗保险）为主体，以各种形式的医疗保险（公务员补充医疗保险、大额医疗互助、商业医疗保险和职工互助保险）为补充，以医疗社会救助为底线的多层次医疗保障体系的基本框架。随着经济的发展和改革的深入，特别是在建立社会主义市场经济体制的形势下，这种制度缺陷也日益凸显，其主要表现在以下几方面：

1. 保障公平性方面不足

（1）覆盖面窄。医疗保险制度仅覆盖行政机关、部分事业单位、国有企业和部分集体企业的职工，而随着我国经济体制改革的深入，所有制结构发生了深刻变化，急剧增加的大量非国有经济劳动者没有被纳入职工医疗保险制度中。2008~2010 年，着重解决了关闭破产国有企业退休人员及其他困难企业职工和退休人员由于资金问题没有被纳入医疗保险的历史遗留问题。但是，由于政策对农民工、灵活就业人员等群体的适应性不强，故这部分人的参保率不高；少数城镇居民和农村居民由于个人缺乏保障意识，财政补助的引导力度不足，也没有参加医疗保险。

（2）职工医保、居民医保和新农合的待遇存在较大差距。2008 年，职工医保、居民医保和新农合实际住院补偿比分别为 70%、50% 和 38%。2010 年，虽然三大保险制度的住院补偿比分别变化为 75%、60% 和 60%，但因保障项目范围不同以及实际费用基数不同，实际上保障水平仍存在较大差异。

（3）区域差异。区域之间医疗保险基金自求平衡，各地筹资和待遇水平差距较大，东部地区明显高于中西部地区，大城市明显高于中小城市。另外，各地参保人的老龄化程度也不一样，如 2007 年广东省职工医疗保险参保人员在职与退休比为 8.28∶1，而新疆生产建设兵团仅为 1.5∶1。因此，医疗保险管理的条块分割造成了区域间待遇差异较大。

2. 适应人口流动方面不足

（1）农民工医疗保险待遇衔接问题。新农合以户为单位参保，造成了农民工既在农村参加了新农合，与用人单位建立劳动关系后，又参加了城镇职工医疗保险。新农合和城镇职工医疗保险关系不能接续，造成了农民工双重参保，单一享受待遇，加重了他们的负担。

（2）异地就医问题。异地就医包括多种情况，如异地转诊、季节性流动人员就医、异地工作人员就医等。异地就医问题包括审批手续烦琐，需要进行审批备案；费用报销周期长，需要个人垫付资金；参保地和就医地待遇差别大，结算标准难以确定等。这些问题都给人口流动带来了不便。

3. 保证可持续性方面不足

首先，医疗保险的统筹层次仍然是以县级为主，共济性不强，基金抗风险能力差，同时，也造成了大量异地就医问题。其次，医疗保险对医疗服务成本控制的参与力度不足，医疗保险机构处于被动"买单"地位。最后，经办能力不适应事业的快速发展。随着医疗保险覆盖面迅速扩大和参保方式的转变，现有人员编制和经费明显不足。信息管理系统缺乏长期的维护资金。

三、医疗保险制度的改革方向

2009 年 3 月，《中共中央国务院关于深化医药卫生体制改革的意见》和国务院《医药卫生体制改革近期重点实施方案（2009～2011 年）》把医疗保障体系、公共卫生服务体系、医疗服务体系和药品供应保障体系并列为基本医疗卫生制度的四大体系，并把加快推进基本医疗保障制度建设摆在近期五项重点改革第一位，这充分体现了党中央、国务院对医疗保障事业的高度重视。医改文件在总结既往经验的基础上，对医疗保障制度建设进行了全面部署，提出了许多新理念、新政策、新要求。

1. 坚持以公平为主的医疗保险建制理念

基本医疗保险制度是健康服务的重要组成部分，其需要坚持以公平为主的建制理念。基本医疗保险制度运行包括资金筹集、基金管理和待遇发放三个环节。因此，坚持以公平为主的基本医疗保险制度的建制理念就是要实现其运行全过程的公平。具体来说，基本医疗保险资金筹集环节应该体现垂直公平和起点公平理念；基本医疗保险基金管理环节应该体现水平公平、垂直公平和过程公平的理念；基本医疗保险基金的待遇支付应该体现水平公平、垂直公平和结果公平的理念。基本医疗保险属于国民收入再分配制度，是保障国民基本医疗安全的一种福利制度安排，坚持以公平为主，实现公平与效率结合的建制理念将对我国基本医疗保险制度保障与激励功能的发挥产生积极影响。覆盖全民的医保目标，在医改文件中，明确提出，人人享有基本医疗保障的权利，即用 3 年时间，基本实现城镇职工医保、城镇居民医保和新农合的医疗保险制度能够覆盖城乡的全体居民，使参保率达到 90% 以上；到 2020 年，建立比较健全的医疗保障体系。这一目标的实现将使我们祖先几千年"病有所医"的梦想变为现实，在世界上也是一件了不起的大事。围绕城乡统筹战略，打破城乡分割二元结构，探索建立和完善以就业人群、非就业人群两大类别划分的基本医疗保险为支柱，待遇多层次、转接无障碍、城乡一体的全民医保体系，实现城乡居民基本医疗保险待遇的有机统筹安排，逐步缩小城乡医疗保障水平的差距。

2. 完善医疗保险法律制度

《中华人民共和国社会保障法》（以下简称《社会保障法》）是调整社会保障关系的法律规范的总称。《社会保障法》具有以下四个方面的基本特征：第一，《社会保障法》只是针对社会保障关系参与主体的法律。第二，《社会保障法》以追求公平正义为基本原则。第三，《社会保障法》的制定主体是国家。第四，《社会保障法》应当以主权当局者的语言、文字或其行为向有义务服从的每一个人公布，也就是向有义务服从《社会保障法》的人说明其立法意图。基本医疗保险法律制度的完善包括基本医疗保险专业和相关法律制度。基本医疗保险专业法律制度的完善以整个社会保障专业法律制度完善为前提。我国在基本医疗保险专业法律制度建设方面的当务之急是应当尽快抓紧时间制定社会保障立法规划，着手制定《社会保障法》通则，根据实践经验修订和完善《保险法》中与基本医疗保险制度相关的条款。基本医疗保险相关法律制度的进一步完善主要包括《中华人民共和国劳动法》《中华人民共和国行政法》《中华人民共和国财税法》《中华人民共和国金融法》《中华人民共和国会计法》等法律中关于基本医疗保险管理、实施、监督等的相关规定，补其漏洞，增加它们之间的协调、配套和衔接。

3. 实现医疗保险关系顺畅接续

医疗保险关系顺畅接续是未来一段时期基本医疗保险管理中需要重点解决的问题。这一问题的解决关系劳动力的合理流动、参保人员的基本医疗保障权益乃至国民经济的协调发展。为了解决这一问题，未来的基本医疗保险体系变迁至少在三个方面要有新突破：

（1）基本医疗保险项目建制前的试点工作应进一步规范。有关基本医疗保险试点地区的选择、时间的规定、经验的总结以及成果的推广应该进一步规范。目前存在的基本医疗保险试点地区过多、时间过长以及经验总结和成果推广不力的这种现象应该逐步被规范。比如，城镇居民基本医疗保险制度在试点地区的选择方面应该同时有相对发达地区和贫困地区，以提供可资借鉴的经验，应该有明确的起止时间限制，其经验的总结及成果的推广应该在该制度后续运行中得到体现等。

（2）基本医疗保险体系的碎片化问题应该逐步得到缓解。根据不同人群社会身份设置的基本医疗保险项目应该减少，并逐步并轨和统一。比如，未来公费医疗制度应该逐步转向基本医疗保险制度而不是相反的方向。

（3）基本医疗保险跨区域协作机制应该逐步建立。基本医疗保险在实现地级市统筹的基础上应逐步探索省级统筹的时间、步骤和方式。应该构建顺畅衔接的基本医疗保险跨区域协作的信息平台。

4. 实行全面的保障模式

纵观世界社会保障发展历程，基本医疗保险的发展方向是由疾病保险向健康保障转变，逐步将疾病预防、健康教育、康复等广泛性的医疗服务纳入基本医疗保险支付范围。具体做法有以下几点：

（1）扩大保障范围。城镇居民医保和新农合制度要从重点保障住院、大病所需费用起步，逐步向门诊小病延伸，将常见病、多发病等普通门诊以及体检纳入基本医疗保险支付范围。这将有利于扩大制度的受益面，提高群众整体健康水平，促进参保的积极性，也有利于充分发挥社区卫生服务机构的作用，降低整个社会的医疗费用负担。

（2）提高医疗保险基金最高支付限额。提高最高支付限额将在更大程度上发挥医疗保障的共济功能，进一步减轻大病患者的经济负担。

（3）逐步提高医保基金对住院、大病费用的报销比例。提高报销比例将有效减轻城乡居民个人医药费用负担。当然，报销比例的提高具有不可逆的刚性特点，因此要在认真测算、充分考虑基金承受能力的基础上逐步提高。同时，随着经济社会发展，要逐步缩小城乡保障水平的差距，最终实现制度框架的基本统一。

5. 构建方便快捷的经办服务体系

"医改"文件对提高医疗保险管理服务效率，降低服务成本，方便群众，明确了几项措施。

（1）适应全民医保的新格局，完善管理体制。探索建立城乡一体化的基本医疗保障管理制度，逐步整合经办管理资源，实现城乡统一的管理平台。

（2）适应社会流动性增强的新情况，完善医疗保险管理服务办法。建立异地就医结算机制，探索异地安置的退休人员就医及结算的途径；制定基本医疗保险关系转移接续办法，解决农民工等流动就业人员基本医疗保险关系跨制度、跨地区转移问题。

（3）适应精细化管理的新要求，完善医疗保障信息系统。强化信息系统中的基金管理、费用结算与控制、医疗行为管理与监督、参保单位和个人管理等业务功能，推行医疗保险、医疗救助与医疗机构信息系统的对接，积极推广"一卡通"的使用，实现医保经办机构与定点医疗机构直接结算。

（4）适应政府公共管理的新机制，探索医保管理服务的更多途径。在政府保证相关经办机构正常经费的同时，积极探索医疗保险管理机构通过购买服务等方式，委托有资质的商业保险机构、社区、社会中介组织等承担部分管理服务的工作。

6. 建立科学的付费方式和灵活的谈判机制

建立和推广科学有效的付费方式，进一步完善激励和约束机制，调动医疗机构和医生控制医疗服务成本的主动性，引导和规范医疗服务行为，促进医药卫生相关制度的深化改革。探索新的医疗服务价格和成本控制机制。鼓励地方积极建立医疗保险经办机构与医疗机构、药品供应商的谈判机制，合理确定药品、医疗服务和医药材料支付标准，以解决部分医药服务价格虚高的问题。

 练习题

1. 简述医疗保险的含义和特点。
2. 简述实行个人医疗账户和社会统筹基金相结合的职工医疗保险制度的必要性。
3. 简述我国的新型农村合作医疗制度及其特点。
4. 简述医疗保险的筹资来源。
5. 简述我国医疗保险制度的改革趋势。

参考答案

1. 医疗保险的含义和特点
医疗保险是指国家通过立法手段强制实施的，旨在化解社会成员面临的疾病风险，以保障其基本医疗费用支出安全的一项社会保险制度。
（1）医疗保险的含义。医疗保险的含义包括以下几点：
1）医疗保险的主要责任主体是国家。
2）医疗保险的实施手段是法律法规。
3）医疗保险的目的是化解社会成员面临的疾病风险。
4）医疗保险的目标是保障基本医疗费用支出安全。
（2）医疗保险的特点。医疗保险的特点有以下几点：

1）社会医疗保险具有普遍性。社会医疗保险覆盖对象原则上应是全体公民，因此，社会医疗保险是社会保险体系中覆盖面最广、作用最频繁的险种。

2）社会医疗保险涉及面广，更具复杂性。社会医疗保险不仅与国家的经济发展及生产力发展水平有关，还涉及医疗保健服务的需求和供给。为了确保医疗保险基金的合理使用和正常运转，还需要设计必要的制度机制，以对医疗服务的享受者和提供者的行为进行合理引导和控制。这些是其他社会保险所没有的。

3）有别其他种类保险。社会医疗保险属于短期性和经常性的，因此，社会医疗保险在财务处理方式上与其他社会保险有所不同。

2. 实行个人医疗账户和社会统筹基金相结合的职工医疗保险制度的必要性

社会统筹是指对社会医疗保险基金实行的统一筹集、统一管理、统一调剂和统一使用。"统筹"可以实现医疗费用的互助共济、统一调剂，较好地分散风险、均衡负担，有助于实现社会公平。

建立个人医疗账户，不仅对需方（患者）医疗费用开支有明显的节制作用，而且会对供方（医疗机构）产生一定的制约作用，可以促使需方对供方的开人情方、大处方、分解处方、滥检查等不规范行为进行监督，能较为有效地遏制医疗卫生资源的浪费；同时，也会促使职工在年轻健康时为年老多病时积累医疗基金，以缓解其在患重病、大病以及将来年老时带来的医疗费用支出压力。

"统账结合"机制的建立使个人账户和统筹基金优势互补，既可以发挥社会统筹医疗基金的均衡负担、分散风险和互助共济作用，又可以发挥个人医疗账户的积累作用，增强个人节约医疗费用的意识和自我保障的能力。

3. 我国的新型农村合作医疗制度及其特点

新型农村合作医疗是由政府组织、引导、支持，农民自愿参加，个人、集体和政府多方筹资，以大病统筹为主的农民医疗互助共济制度。

新型农村合作医疗的特点有以下几点：

（1）政府投入力度加大。

（2）突出以大病统筹为主。

（3）提高了统筹层次，由以乡为单位提升到以县为单位。

（4）明确农民自愿参加的原则。

（5）由政府负责和指导建立组织协调机构、经办和监督机构。

（6）建立医疗救助制度（通过民政和扶贫部门）。

4. 医疗保险的筹资来源

医疗保险的筹资渠道主要包括雇主和雇员的缴费、政府补贴、基金利息收入、捐赠收入、滞纳金等其他方面的收入。从国际上大多数实施社会医疗保险的国家来看，比较常见的做法是雇主和雇员双方分担筹资责任或者采取雇主、雇员和政府三方分担筹资责任。国家作为社会政策的制定者和重要社会事务的管理者，不仅有责任组织建立医疗社会保险制度,还要在特殊情况下承担对医疗保险基金的补助,并承担最终的经济责任。政府资助的多少,一般取决于国家的社会保险政策和财力状况。

5. 我国医疗保险制度的改革趋势

我国医疗保险制度的改革趋势有以下几方面:

(1) 坚持以公平为主的医疗保险建制理念。

(2) 完善医疗保险法律制度。

(3) 实行全面的保障模式。

(4) 构建方便快捷的经办服务体系。

(5) 建立科学的付费方式和灵活的谈判机制。

第九章 失业保险

📖 **学习目的**

1. 了解失业保险制度的基本类型及特征。
2. 掌握失业保险基金的筹集模式及失业保险的享受资格。

📖 **重　　点**

掌握失业保险的待遇给付条件及失业保险的功能。

📖 **难　　点**

能够运用相关知识分析我国失业保险制度存在的问题。

第一节 失业保险的类型与特征

一、失业保险的类型

失业保险是指国家通过立法强制建立的失业保险基金，在劳动者失业时给予失业救济以保障其最基本生活需要的社会保险制度。失业保险具有保障失业人员基本生活和促进再就业的双重职能。世界各国的失业保险制度大体上可分为以下几种基本类型：

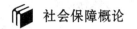

1. 强制性失业保险制度

强制性失业保险是指根据国家立法范围之内的人员不论是否愿意，只要符合国家法律规定都得强制参加失业保险。实行强制性失业保险的国家占绝大多数，其代表国家为美国、加拿大、意大利、法国、日本、中国等。强制性失业保险由国家以法律的形式规定、由政府直接或委托一个机构负责管理，凡属失业社会保险覆盖范围的劳动者都必须依法参加，个人没有选择的自由。国家立法强制实施的失业保险制度是目前采用最多的失业保障模式。

2. 非强制性失业保险制度

非强制性失业保险是指在立法范围之内的人员是否参加失业保险取决于受保人个人意愿，国家法律不作强制要求，而一旦参加了失业保险，就必须根据失业保险法律的规定接受管理，这些管理包括应承担的义务和应该享受的权利。这种模式最大的特点就是将参与失业保险的权力交给了受保人，允许劳动者自愿选择，这在一定程度上体现了公民自主选择的权利，但同时也削弱了失业保险的作用。目前实行非强制性失业保险制度的国家主要有丹麦和冰岛。非强制性失业保险由工会组织建立，政府提供资金支持，失业保险的管理一般由失业基金会负责。

3. 失业救济制度

失业救济是指由国家单方面出资对符合法律规定的失业人群给予补助的制度。对领取失业救济的人员有着较为严格的限制，其必须经过相关机构的收入调查，经审核批准后，才可以给予救济。这一制度的具体方式有多种：一是由政府或雇主支付一次性失业救济金；二是对不具备享受失业保险待遇的失业者提供标准较低的救济；三是不具备领取失业保险金资格的失业者可以申请失业救济，但要接受家庭经济状况调查，符合救济条件者才可以领取。这种制度的特点在于减轻了雇主和雇员的经济压力，但由于受国家财政的限制，存在着救助范围较小以及救助标准较低的问题。目前实行失业救济制度的国家主要有澳大利亚、新西兰、阿根廷等。

4. 双重失业保险制度

双重失业保险制度指的是不同失业保险制度相结合或者失业保险制度和失业救济制度相结合的模式，其中较为普遍的是以失业保险制度为主、失业救济制度为辅的双重方式。虽然是失业保险制度与失业救济制度同时施行，但两者在保障基本生活以及创造再就业条件方面的功能是一致的。在现实中这种制度有多种形式。第一种是非强制性失业保险制度和失业救济制度相结合，如瑞典的失业保险有两条主渠道：一是工人可以自愿加入由工会建立的失业保险社，一旦失业并且符合规定条件即可获得失业保险金；二是未参加失业保险社或参加时间不足一年的失业者，由政府提供数额和期限均低于前者的失业救济，瑞典将其称为"劳动市场救助"。第二种是强制性失业保险制度和失业救济制度相结合。例如，在德国，超过失业保险金的给付期限仍没有找到工作和没有领取失业保险金资格的失业人员可以领取失业救济金。失业救济所需资金由联邦政府负责筹集，主要来自联邦政府的税收收入。第三种是强制性失业保险制度和非强制性失业保险制度相结合，如日本就采取这一模式。

二、失业保险的特征

1. 针对的劳动风险不同

失业保险针对的劳动风险是劳动者因各种原因导致的失业，并非是其劳动能力的丧失，这与养老、疾病、工伤等保险所针对的劳动者暂时或永久丧失劳动能力而面临的劳动风险有所不同。

2. 目的不同

失业保险同其他社会保险项目一样，其直接目的是保障劳动者的基本生活，而失业保险兼有间接目的，就是提高劳动者就业能力和提高工作机会，促进劳动者再就业。

3. 享受条件不同

失业保险的享受条件不仅同劳动者的工龄、保险费缴纳情况有关，还取决于劳动者的就业意愿。

4. 享受时间不同

失业保险属于短期保险项目，超过一定期限，如果失业者还没有找到新的工作，就将其纳入社会救助体系，按社会救助制度给予生活补助，不再属于失业保险的享受范围。

三、失业保险基金的筹集方式

失业保险基金的来源主要有雇主、雇员缴纳失业保险费以及政府财政补贴三个方面。此外，通过失业保险基金衍生出来的利息收益和各种投资收益是其补充来源。各国政府通过社会对失业保险的需求、相关政策、历史经验、财政状况、企业和雇员的承担能力、失业政策的指导思想和定位等因素的判断来决定采取何种失业保险基金筹集的组合方式。就目前已采取失业保险制度的国家而言，其筹资的方式大致可分为以下几种情况：

1. 雇主、雇员和政府三方负担

雇主、雇员和政府三方负担是社会经济主体广泛承担失业保险筹资责任的一种方式。其中，政府承担的部分各国采取的形式大致有两种：一是政府承担部分失业保险资金的筹集。这是一种比较普遍的做法，各国政府承担的份额大小不同，份额较高的国家有加拿大和瑞典，较低的国家是英国和日本。二是由政府弥补失业保险基金收入与支出之间的差额，这是一种补救型的政府补贴方式，实行这种方式的国家数量较少。

2. 国家负担全部费用

国家负担全部费用的方式是由国家承担所有的失业保险费用。这种筹资方式的好处在于减小了雇主和雇员的负担，但对于政府而言则需要较为强大的财政作为支持，并且可能给政府带来沉重的负担。澳大利亚和新西兰就采取这种方式。在澳大利亚，政府没有对失业保险设立基金，由财政部估算出失业时政府所需支出的费用，再将结果提交社会保障部门综合平衡之后提交国会批准，然后形成正式的失业保险预算予以执行。

3. 由雇主和雇员负担

由雇主和雇员负担是一种比较典型的失业保险资金筹集方式，所需的资金由雇主和雇员通过一定的比例分担。以法国为例，其失业保险费一般由雇主和雇员共同缴纳，但雇主缴纳的部分大于雇员，承担了更大的责任。1978年，雇主负担的部分为工资总额的1%，雇员则为工资总额的0.036%，政府则负担失业救助的所有费用。

4. 国家和雇主分担

国家和雇主分担是由国家和雇主共同负担失业保险资金的一种方式，这种筹资方式明显的好处就在于它可以减少市场主体中的劳动者的压力。意大利实行的是这种筹集模式，其规定由雇主负担失业保险费，政府补贴行政管理费，并承担对农业工人、青年失业者的补贴责任。

5. 雇员全部负担

雇员全部负担筹集方式较为少见，目前只有南斯拉夫联盟共和国一个国家实行。

四、失业保险的享受资格

参加了失业保险的劳动者领取失业金必须要符合规定的条件。失业保险对象是指在法定劳动年龄之内，具有劳动能力，因暂时失去工作而中断收入的人员。虽然各国的失业保险制度不同，但是，对享受失业保险资格的条件有着一定的共性。这些共性具体体现在以下几个方面：

1. 失业者的失业原因必须是非自愿的

失业保险金给付一般把失业与无业、自愿性失业与非自愿性失业明确地区分开来。对于自愿失业或者无业的人员，不在失业保险的救助范围之内。在英国，因直接参与劳资纠纷而失业的劳动者没有领取失业津贴的资格；在瑞典，因参加罢工或其他劳资纠纷而失业的劳动者不能领取就业金；在德国，由于本人违背劳动合同而被解雇的人员不能领取失业救济。

2. 处于法定劳动年龄

未达到法定年龄的劳动者无法享受失业保险待遇，超过法定就业年龄的劳动者原则上来说也不再享有失业保险的相关待遇。

3. 有就业愿望

有就业愿望是指失业者到规定的失业保险登记部门进行登记，并参与就业培训的人员，这被视为有就业愿望。但有就业愿望之后，如何确定劳动者已经实现合适的就业，并不再需要失业保险却是一个难点。国外对于这个问题一般从接受教育培训、身心条件和工作经历三个方面加以考虑。只要这三者对劳动者来说较为合适，那么就可以认为劳动者已经实现了合适的就业。

4. 被保险人在失业前已经缴纳保险费达到特定的数额或年限

对缴纳失业保险费的数额或年限在不同的国家有着不同的规定，有的国家规定被保险人在投保或缴纳保险费达到特定的数额即可以享受失业保险的待遇；有的国家则规定被保险人在投保或缴纳保险费达到特定的年限后即可以享受失业保险的待遇。在此条件下，有的国家还要求有过就业经历并且就业时间符合法律规定的人员才可以享受失业保险待遇。

第二节　我国失业保险的建立与发展

一、国外失业保险制度的产生和发展

失业保险起源于欧洲。19 世纪中叶，欧洲各国工人在工会的领导下成立了互助会，自己团结起来开展救济失业、保障就业的活动。随着工业化的发展，失业问题越来越严重，仅靠工友之间的互助互济难以解决失业问题，失业工人的生存艰难，劳动力生产和再生产遇到障碍，社会稳定受到威胁，由此各国政府开始关注失业问题。1901 年，比利时出现了由政府资助的失业保险，即地方财政提供资助、工会互助会负责管理资金、自愿参加的失业保险形式。之后，法国、挪威、丹麦三国也分别在 1905 年、1906 年和 1907 年相继立法建立了非强制性失业保险制度。

1911 年，英国颁布《失业保险法》，率先建立了强制性失业保险制度。继英国之后，意大利、奥地利、瑞士、保加利亚、德国、西班牙等纷纷效仿，陆续建立了强制失业保险制度。20 世纪 30 年代初世界性经济危机造成了大规模的失业，在危机中失业保险发挥了保障生活、稳定社会的功能，得到了社会的广泛认可和肯定。大危机后，失业保险制度在欧洲、北美洲、大洋洲的工业化国家普遍建立起来。大多数发达国家的失业保险制度建立在第二次世界大战之前，发展中国家则在 20 世纪五六十年代，甚至在更晚的时间。据统计，1940 年，世界上有 21 个国家或地区建有失业保险制度，到 1995 年增加到 61 个国家和地区。

20 世纪 70 年代末以来，面临"滞胀"和居高不下的失业率，发达国家开始对失业保险制度进行改革，陆续修订失业保险法规，赋予其促进就业的功能。进入 20 世纪 90 年代，失业保险制度改革的定位更加清晰明朗，即建设"就业导向型"的失业保险制度。

在失业保险制度建设过程中，国际劳工组织发挥了重要作用。国际劳工组织制定的有关失业保险的公约和建议书主要有 1919 年在华盛顿举行的第一次国际劳工大会上通过的《失业公约》，1934 年的《失业补贴公约》和《失业补贴建议书》，1952 年的《社会保障（最低标准）公约》，1988 年的《促进就业和失业保护公约》和《促进就业和失业保护建议书》。1988 年的《促进就业和失业保护公约》与此前失业保险方面的国际公约有很大不同，之前侧重强调的是为失业者提供生活保障，而此公约则要求采取适当的步骤使失业保护制度同就业政策相协调，是确保失业保护的制度，尤其要使失业津贴的提供有利于促进充分的、生产性的和自由选择的就业。2001 年在国际劳工组织召开的"全球就业论坛"上通过的《全球就业议程》提出："就业问题涉及方方面面，各国要制定综合性的社会经济政策"。联合国制定的许多国际公约中也涉及失业保险内容，如第三届联大通过的《世界人权宣言》第 23 条第 1 款规定：人人有权工作，自由选择职业，享受公平优裕的工作条件及失业的保障。

失业保险制度与老年保险、医疗保险等项目比较，其发展速度较慢。全世界享有失业保险的失业者主要分布在中、高收入国家，多数发展中国家受经济承受能力等因素的影响没有建立失业保险制度。按照世界银行对各国国民生产总值水平的划分，人均收入不足 700 美元的 48 个国家和地区，只有 13% 建立了失业保险制度；人均收入为 700~3000 美元的 52 个国家和地区，建立失业保险制度的占 35%；而人均收入为

3000~10000 美元的 25 个国家和地区有 52%建立了失业保险制度；24 个人均收入超过 10000 美元的国家和地区有 92%已经建立了失业保险制度。这在一定程度上反映了失业保险制度的建设与经济发展水平的相关性，也说明了实行失业保险的国家相对较少的原因。

二、我国失业保险制度的建立

我国虽然在改革开放前颁布过一些与失业保障相关的法律和条例，如在中华人民共和国成立初期颁布的《救济失业工人暂行办法》（1950）等，但真正意义上的失业保险制度始创于 1999 年的《失业保险条例》。该《失业保险条例》的颁布标志着中国正式建立了失业保险制度。

1. 20 世纪 50 年代的失业救助制度

新中国成立初期，由旧中国留下了 400 多万失业人员，为此，1950 年 6 月，中央政务院发布了《救济失业工人暂行办法》对失业人员进行了妥善安置。为了救济生活特别困难的失业工人，政务院决定拨出 4 亿斤粮食作为救济失业工人基金。在实行失业工人救济的地区，所有国营、私营的工商企业或资方所有在职工人职员，均按日缴纳一定的失业救济金。救济办法以"以工代赈"为主，并在失业现象严重的省份建立了"失业救济委员会"。这可以视为新中国成立以来最早的失业保险雏形。但这种办法只是为了解决旧社会遗留下来的失业问题而采取的临时性措施。随着中国经济的发展，就业机会逐步增加，失业率逐步降低，到 1957 年我国宣布消灭了失业现象，并采取了"统包统配"的劳动用工制度，因此，在以后的 20 多年的时间里就失去了建立失业保险制度的基础和要求。

统包统配的劳动就业制度是一种特殊的就业保障方式，在新中国成立初期的经济环境下，对于社会秩序的稳定、经济的迅速恢复与发展起过积极作用。但是，随着社会经济的发展，其不适应的一面逐渐显露出来，并且负面效应日益显现：①强行安置就业造成人浮于事、在职失业的现象。②劳动供给与劳动需求主体双方的选择权被剥夺。③造成了惰性产生的客观环境，影响了人们的进取精神和劳动积极性。④就业、保险、福利三位一体的就业保障制度，使千千万万的人都挤上了政府安置就业一条路，导致政府背上了沉重的包袱。

2. 1986 年的《国营企业职工待业保险暂行规定》

20 世纪 70 年代末，大批下乡知识青年返城，积蓄了多年的失业问题顷刻暴露出来，统包统配安置就业的政策受到挑战，传统的就业保障制度已经无法回避并且无力解决国内的失业问题。另外，随着城市经济体制改革的进行，企业迫切要求改变统包统配的固定工制度。这些促成了我国就业保障制度的改革和突破。党的十一届三中全会后，推出了"在国家统筹规划和指导下，劳动部门介绍就业、自愿组织起来就业和自谋职业相结合"的就业方针，其积极效果表现在三个方面：就业主体由单一化向多元化转变；就业渠道拓宽，形成了多种所有制吸纳新增劳动力资源的格局；奠定了城市劳务市场的基础，竞争机制被引入就业领域。

1986年7月12日，国务院发布了《国营企业职工待业保险暂行规定》（以下简称《暂行规定》）。20世纪80年代，在我国经济体制改革不断深化、劳动用工制度改革不断深入的形势下，为配合劳动合同制的实行和《中华人民共和国企业破产法》的实施建立了国营企业职工的待业保险制度。《暂行规定》对待业保险的适用范围、职工待业保险基金的筹集、管理和使用、管理机构等方面做出了明确的规定，将失业保险的覆盖范围限定为"四种人"（宣告破产的企业职工；濒临破产的企业法定整顿期间被精减的职工；企业终止、解除劳动合同的工人；企业辞退的职工），并确定以基金制方式筹集保险费，规定了企业按全部职工标准工资总额的1%进行缴纳（保险费在企业缴纳所得税前列支），其将保险待遇定义为"待业救济金"，同时，规定了领取救济金的资格条件和待遇水平。这是我国第一次使用保险制度的方法来处理经济体制改革后出现的失业问题，虽然所适用的范围仅限于国营企业职工中的一小部分，但却标志着我国失业保险的建立，并使失业保险走上了法制化、制度化的轨道。

1986年建立的"待业保险"是一种覆盖范围仅限于国营企业且保障层次很低的失业救济制度，失业者个人并不承担缴费义务，而享受的待业救济金也仅仅是为了解决失业者最基本的生活困难问题。当时人均待业救济金约为40元，仅相当于国营企业平均工资的25%，比当时国家规定的生活困难补助标准的50元还低。从保险对象来看，则存在着保险与风险不对称的问题，形成了失业保险制度的结构性缺陷。一方面很多事实上的失业者（企业放长假者、停工待岗者等）得不到保障，另一方面待业救济金又发放不出去。所以，在当时待业保险基金收入来源并不富裕的情况下，基金的积累速度却相当快。到1989年底，全国待业保险基金筹集总额为18亿元，而发放仅仅为1220万元。

1986年初步建立的待业保险因其自身存在的制度缺陷，在很大程度上只具有象征性意义，并没有发挥应有的作用。在《暂行规定》发布实施至1993年，随着劳动就业制度和职工就业状况的变化，我国政府对失业保险制度的内容不断地进行补充和完善。

3. 1993年的《国有企业职工待业保险规定》

在党的十四大确定建立社会主义市场经济体制的目标后，对各种制度改革的力度加大，原有的待业保险制度已明显不适应形势发展的要求。为了适应推进产业结构调整和企业转换经营机制的需要，1993年5月，针对1986年的《暂行规定》实施范围窄、保障水平低、基金承受能力弱等方面的不足，国务院颁发了《国有企业职工待业保险规定》（以下简称《规定》）。《规定》在待业保险制度的组织管理模式、资金筹集等方面沿用了《暂行规定》的设计框架，但扩大了适用范围，由《暂行规定》的"四种人"扩大到七类人员（依法宣告破产的企业职工；濒临破产的企业在法定整顿期间被精简的职工；按照国家有关规定被撤销、解散企业的职工；按照国家有关规定停产整顿企业被精减的职工；终止或者解除劳动合同的职工；企业辞退、除名或者开除的职工；依照法律法规规定或者按照省、自治区、直辖市人民政府规定，享受待业保险的其他职工），不过仍局限在国有企业内部。另外，《规定》调整了待业保险待遇的标准，由原来的参照本人标准工资改为参照社会救济水平。《规定》在制度和具体实施措施上具有较大的进步。一是扩大了失业保险的覆盖范围，二是调整了失业保险待遇的参照系和水平，三是将基金省级统筹调整为市、县统筹，四是明确了失业保险与就业服务工作的紧密结合。

1993 年的《规定》虽然在几个方面对原有待业保险制度进行了改进，但并没有从根本上改变制度的框架，随着社会主义市场经济体制的确立和现代企业制度的形成，以救济为本质特征的待业保险制度显然无法满足建立统一劳动力市场、实现劳动力资源合理配置和社会保障社会化的需要。

4. 1999 年国务院的《中华人民共和国失业保险条例》

为进一步改革和完善失业保险制度，1999 年 1 月，国务院颁布《中华人民共和国失业保险条例》（以下简称《失业保险条例》），这是我国失业保险发展史上一个具有标志性意义的重大事件，从此，我国失业保险制度得以正式建立。《失业保险条例》对原制度框架在若干重要方面进行了关键性的修改，其一直沿用至今。

下岗职工基本生活保障制度作为一项过渡性政策出台于 1993 年，1997 年以前，虽然这项工作已经在全国范围内普遍开展，却没有形成统一的制度。1998 年 5 月，中共中央、国务院召开了全国国有企业下岗职工基本生活保障和再就业工作会议，并形成了原则性的统一制度规定，确立了下岗职工基本生活保障制度的主要内容：第一，凡是有下岗职工的企业都要建立再就业服务中心或类似机构。第二，资金来源采取"三三制"的办法解决，即原则上由财政负担 1/3，企业负担 1/3，社会筹集（主要来源于失业保险金）1/3。第三，下岗职工由再就业服务中心管理并为其提供保障的最长期限为三年。这期间能够实现再就业的，其劳动关系转到新就业单位；不能实现再就业的，三年期满后也要解除与原企业的劳动关系，转为正式失业。下岗职工基本生活保障制度作为一种替代性的非正式失业保险制度最终是要与失业保险制度并轨的。根据国务院制定的改革目标，2000 年以后将不再产生大规模的下岗职工，已经进入再就业服务中心的下岗职工也要逐步解除与企业的劳动关系。到 2003 年，所有下岗职工都要走出再就业中心，转换身份进入市场。

与此同时，国务院还颁布了《社会保险费征缴暂行条例》，为失业保险基金征缴提供了法律依据，为失业保险制度的进一步完善做了必要的补充。《失业保险条例》颁布后，我国失业保险制度得到较快发展。

5. 新时期就业保障制度的构建

深化国有企业改革面临着一个绕不开的难题，即分流安置企业内部富余人员和解决破产企业失业人员的再就业问题。针对企业下岗和失业人员大量增加的状况，政府从 1995 年推出了再就业工程，即充分发挥政府、企业、劳动者和社会各方面的积极性，综合运用政策扶持和就业服务手段，实行企业安置、个人自谋职业和社会帮扶安置就业相结合的办法，重点帮助失业六个月以上的职工和生活困难的企业富余人员尽快实现再就业。通过这些措施逐步建立了就业扶助制度。1998 年 6 月 9 日，《中共中央、国务院关于切实做好国有企业下岗职工基本生活保障和再就业工作的通知》进一步推动了我国的就业保障制度建设。我国在建设失业保险制度的同时，全面展开了就业服务工作，包括职业介绍、提供就业信息、就业咨询指导、定期和不定期的人才市场招聘等，为就业求职和人才交流牵线搭桥。同时，我国也开始了失业预防制度的建设，建立失业预警体系、适度约束失业率、建立职业培训制度等工作有序进行。

2002 年，《中共中央、国务院关于进一步做好下岗失业人员再就业工作的通知》再次推出一系列强化失业预防和就业扶助、促进再就业的政策和配套措施，初步形成了有中国特色的、积极的就业政策框架。2005 年，《国务院关于进一步加强就业再就业工作的通知》，对原有的政策进一步延续、扩展、调整和充实，进一步完善了我国积极的就业政策。2008 年 1 月 1 日，《中华人民共和国就业促进法》正式实施，其内容涉及促进就业的原则、方针和工作机制，建立政策支持体系，规范市场秩序，发展职业教育和培训以及就业服务和就业援助等，这是我国就业保障制度建设的又一重大进步。2014 年，人力资源和社会保障部再发文（〔2014〕76 号），推出"稳岗补贴"政策，此举意图在调整优化产业结构中更好地发挥失业保险预防失业、促进就业的作用，激励企业承担稳定就业的社会责任。各级政府和社会团体积极落实就业扶助和失业预防有关措施，如 2015 年 3 月全国总工会开展了"全国工会就业援助月"活动，旨在化解京津冀过剩产能职工，为求职招聘搭桥，促进其再就业。经过二三十年的探索和实践，我国的失业预防、失业保险和就业扶助三位一体的就业保障体系基本搭建成形，并逐步走向完善。

三、我国失业保险制度的改革与发展

新中国成立 60 多年来，我国党和政府高度重视劳动者的就业问题，积极促进并不断扩大就业。为把失业造成的消极影响降到最低限度，我国针对不同时期的实际需要，曾先后实行了失业救济制度、国有企业待业保险制度、下岗职工基本生活保障制度以及现行的失业保险制度。

1. 我国失业保险制度建设取得的成效

我国失业保险制度建立和实施已走过 20 多年的历程，取得了重大进展，特别是《失业保险条例》和《社会保险费征缴暂行条例》的出台为失业保险制度的发展奠定了坚实基础，为推动经济社会发展、维护社会稳定、保障劳动者权益等方面发挥了积极的促进作用。一是形成了较为完善的法规政策体系，为依法行政提供了基础。这两个条例颁布后，劳动和社会保障部相继出台了一系列规章和规范性文件。27 个省、市、自治区制定了地方性法规和规章。二是扩大了保险的覆盖面，为劳动者提供了保障。《失业保险条例》将失业保险的覆盖范围扩大到城镇企业事业等单位及其职工，到 2010 年末，全国参加失业保险人数达到了 13376 万人，比 1999 年底增加了 3524 万人，是 1999 年参保人数的 1.36 倍。三是发挥了保障失业者基本生活和促进就业的作用。我国失业保险制度建立以来，累计向 3000 多万失业人员提供了基本生活保障，向再就业服务中心调剂资金 270 多亿元。2010 年共向城镇 209 万失业人员支付了失业保险金，人均领取失业金为 495.4 元，开展失业人员技能培训 384 万人次。四是失业保险基金实力明显增强。通过强化基金征缴和清理欠费等工作，使失业保险基金收入快速增长，2010 年失业保险基金收入为 650 亿元，支出为 423 亿元，累计结存了 1750 亿元，保证了各项待遇支出的需求。五是管理水平不断提高。其一在参保和缴费管理上，全面推行失业保险个人缴费记录，加强参保人员基础信息的管理；其二规范和完善了失业保险业务经办流程，明确了相关业务经办程序，强化了经办机构内部管理，提高了工作效率；其三加强了失业保险经办机构能力建设，不断提高经办人员业务能力和素质。

2. 我国失业保险制度面临的主要问题

我国的就业问题非常复杂，转轨就业、青年就业和农村转移就业同时出现，就业工作任务之艰巨是世界任何国家都未曾有过的。应对如此复杂的就业形势，就业保障制度还需要加强。另外，目前的就业保障制度还存在以下几个问题：

（1）失业保险覆盖范围狭窄。我国现行的失业保险制度设计有疏漏，不能涵盖所有劳动者。理论上，在市场经济中，面临失业风险的劳动者都应该享有失业保险制度规定的权利与义务。然而，我国的失业保险制度主要是基于城镇劳动者和传统就业模式设计的，覆盖范围主要限于城镇经济范围内的企业事业单位，考虑农村经济领域不够；在城镇经济范围内，又主要侧重正规就业群体，非正规就业群体不在其内。这种失业保险制度设计覆盖范围跟不上就业形势的变化，导致劳动者因身份不同或就业形式差异，或被排斥或被游离于失业保险覆盖范围之外，不能享受同等就业保障待遇。

我国失业保险的实际覆盖面与制度设计覆盖面还有差距，一些被划入制度覆盖范围的企事业单位出于各种原因至今仍没有参加失业保险。有的是由于企业经济效益不好，亏损或经营困难，面临破产，没有能力负担失业保险费用；有的单位代扣了职工应缴保险费用，却不缴纳失业保险费，故意拖欠，逃避社会保险责任；也有一些非国有企业用人单位用工不规范，拒绝参保等。这些既影响失业保险基金来源的稳定性，也影响失业保险的实际覆盖面，对远期失业保险留下隐患。

（2）失业保险基金发挥功能不足，保障水平有限。失业保险基金缴存越来越多与制度功能发挥不充分的矛盾十分突出。一方面，中国失业保险基金从1999年末累计结存160亿元到2014年末为4451亿元，15年时间增长了近27倍；另一方面，失业保险受益人数持续下降，2004年是754万人，2006年是598万人，2008年是543万人，2009年是484万人，2014年是207万人。数据显示，存在失业人员增加、失业保险受益人不增反降、基金结存也持续增加的情况，其中存在的问题应该引起深思。值得肯定的是政府已经注意到这个问题，2015年人力资源和社会保障部发文调整失业保险费率，降低至2%。此外，按现行制度规定，失业保险金的额度按照低于当地最低工资标准、高于城市居民最低生活保障标准的水平由省（自治区、直辖市）人民政府确定。按照此规定，各地确定的失业保险金水平通常为最低工资的60%~80%，有的地方仅略高于低保标准，保障生活的水平有限，没有很好地体现社会保险抵御收入风险的功能。失业保险以企业和参保人缴费为前提，按照原则，待遇标准的确定理应与本人缴费年限和缴费工资挂钩，以区别于失业救济制度，但这一原则尚未体现。

（3）对农民工的失业保险问题关注不够。《国务院关于解决农民工问题的若干意见》指出，在我国工业化、城镇化快速发展的阶段，大量农民工在城乡之间流动就业的现象将长期存在。同时提出，要依法将农民工纳入工伤保险范围，优先解决大病医疗保障问题，逐步解决养老保障问题。但对于农民工的失业保险还没有给予足够的关注。目前，有些地区已经将农民工纳入失业保险保障范围，但一方面，农民工领取一次性失业救济待遇有别于城镇劳动者；另一方面，即便这样，实际执行中也很难落实，很多农民工是非正规就业，且处于弱势地位，不敢监督单位的缴费行为，放纵了用工单位的违法行为，使用工单位逃避社会保险责任。以2014年数据为例，年末农民工总量为27390万人，同期参加失业保险的农民工人数仅有4071万人。

（4）灵活就业者的社会保险问题亟须解决。灵活就业是指在劳动时间、工资收入、工作场地、社会保险、劳动关系的某个方面不同于传统的集中就业形式，如短期就业、季节性就业、非全日制就业、家庭就业、自营就业、派遣就业、兼职就业、远程就业等。根据相关资料显示，灵活就业形式在全世界都呈上升趋势，发展中国家的农村劳动力流入城市是先在非正规经济中找到工作或自谋职业的，这个比例约占40%。我国学者也预测，中国的非正规就业在未来10年中将达到就业总量的40%~50%。为此，灵活就业者的社会保险待遇问题就显得非常重要。目前，一些地区对灵活就业者的社会保险还没有明确的规定；一些地区虽然做出了规定，但在落实和管理环节还存在问题，需要加强。

（5）大学生是否能被纳入失业保险体系需要明确。近年来，大学生的就业和失业保险问题一直受到各界关注。有学者建议将大学生纳入失业保险覆盖范围，保障未就业大学毕业生的基本生活。社会保险的原则是先履行缴费义务后主张保障权利，如果将大学生纳入失业保险制度，保险责任的确定和分担是必须明确回答的问题。比较一致的意见是由学生和政府共同负担，学生个人缴纳的部分由学生家庭自行承担，家庭困难的学生可申请向专业银行贷款；政府负担的部分可由财政拨款。毕业后不能就业的大学生可到劳动就业机构进行失业登记，享受失业保险待遇。

（6）就业服务有待进一步加强。我国的失业社会保障制度建设还有很长的路要走，有很多工作要做。政府计划将社会失业率和平均失业周期控制在社会能忍受的范围内。到 2020 年，城镇调查失业率控制在 6% 以下，城镇登记失业人数为 1200 万左右（城镇登记失业率为 4% 左右），这给我国的失业社会保障制度提出了非常紧迫和艰巨的任务。失业保险法规的进一步完善、制度执法的进一步加强、更好地发挥失业保险预警预报制度的作用以及更好地发挥失业保障制度的整体功能有待于我们继续努力。从西方发达国家的经验看，政府指导下的公共就业服务对再就业，特别是对就业困难群体实现再就业有重要作用。享有就业信息的传达、就业技能培训、就业去向指导、就业优惠和其他就业服务有助于失业人员加快再就业的步伐。实现充分就业是世界性课题，在完善失业保障制度方面国外已经进行了多年的探索，我国也在不断努力。失业保障作为社会保障制度的子系统，其改革和发展要符合社会保障制度整体要求，适应市场经济的就业模式，这样才能担负起"安全网""减震器"的重任。

3. 我国失业保险制度的改革措施

我国的失业保险制度虽然发展迅速，在各方面也都取得了长足的进步，但是与发达国家相比和我国自身发展需要上来说仍有欠缺，值得改进。

（1）完善促进积极就业的激励机制。对比西方失业保险建立较早国家的经验以及我国的现实经济状况，将失业保险待遇与就业情况相联系是一种必然的选择。首先，提前就业可获补助，即在法定享受失业保险给付期限内，因提前找到工作可得到一部分尚未支付的保险金补贴。实施提前就业补助政策，要求失业保险基金有较高的支付能力。从长期看，在保证失业保险基金收支平衡的前提下，还可以采用失业保险金随时间递减支付的模式。相比较而言，虽然失业保险基金总的支出不变，但随着领取期限的加长，保险金待遇与最低工资水平的差距逐渐拉大，这能激励有再就业能力的失业者提前就业。其次，对愿意从事能力要求较低的工作岗位的工作者给予工资补贴。最后，为了配合失业保险金随时间递减支付模式的实行，待遇领取的期限可以进一步细化，采用"星期"为单位，以增强待遇递减时间的可调整性和准确性。通过这种方式可以加强失业保险制度对劳动者积极就业的经济激励，促使劳动者努力早日回归工作状态，同时还可以提高失业保险基金的利用效率，增强制度的灵活性。

（2）增加失业保险中促进就业的支出项目。失业保险基金用于预防失业、促进就业的支出范围：一是对失业者促进就业的补贴。失业保险基金支出的方向应更多地通过提高失业者个人能力来增强保险基金支出的效率。二是对企业实施预防失业的支出，以抑制其解雇员工。建立以失业补贴方式鼓励企业在不景气时期减少裁员的机制，将风险防范提前到企业一端。这些措施可以使失业保险由"被动变为主动"，从单纯解决失业到主动增加就业支出项目，促进企业增加就业。

（3）将农民工纳入失业保险的覆盖范围。随着社会经济和城市化的不断发展，一个新兴的群体即农民工群体逐渐进入人们的视野。但迄今为止，就农民工失业保险而言，我国尚未出台相关的法规、政策，也迟迟未建立适合国情和农民工特点的、独立的制度模式。只有个别省市在政府的推动下，将行政区域内的城镇企业、事业、民办非企业单位以及社会团体的农民合同制工人与城镇职工的失业保险进行并轨。农民工人数多，从事的工作相对来说不稳定，又具有分散性、变动性的特点，这些客观事实制约着农民工群体的参保水平。扩大失业保险制度的覆盖范围，努力提高农民工群体的参保水平是一个必然的选择。提高农民工参保水平应该做好以下几点工作：其一，从实际出发为农民工"量身定做"缴费基数和缴费比例。具体做法是以农民工所在单位上年度职工平均工资作为缴费基数。缴费比例可以参考一些现行的做法，单位按2%、个人按1%的比例缴费，即农民工所在的单位以本单位上年度职工平均工资的2%为农民工缴纳失业保险费，农民工则按照个人收入的1%进行缴纳。其二，在城市里居有定所、就业地相对固定的农民工应尽可能地将其悉数纳入失业保险体系，让他们与城镇职工享有一样的权利；对于那些无固定就业地、无固定雇主、就业变动性、流动性大的农民工，较为切合实际的做法是在完善覆盖全国农民工社会保险网络信息系统的基础上，统一为其发放"社会保险卡"，将每个人的"社会保险卡"与其个人身份证号码绑定，农民工个人的失业、医疗、工伤、生育保险账户通用，而且可以全国通用，不管参保的农民工在何处缴费，个人的"社会保险卡"一律可以使用。其三，政府要加强对农民工参保的监管力度。只有在完善的监管制度下，用人单位才能不折不扣地为员工尽缴纳失业保险金的义务。与此同时，政府的宣传、引导、督促工作对农民工参保自觉性、积极性的充分调动也是非常必要的。以往农民工失业保险的参保率之所以普遍偏低，除了制度缺失等方面的原因外，政策宣传不到位也是其中的原因之一，所以加强宣传和监督显得尤为重要。

（4）促进经济发展，提高就业率。政府努力通过各种措施提高就业率，这可以减少失业保险的压力和促进制度的稳定运行。提高就业率最直接的办法就是促进经济的不断发展。自1978年改革开放以来，我国的经济取得了长足的进步和发展。近几年，我国正在加大产业结构调整的力度，因此，需要努力将经济维持在一种稳定的增速中，只有这样，才能创造更多的就业机会，提高就业率。除此之外，还有一些举措可以实施。首先，加快完善《中华人民共和国就业促进法》。为实现社会充分就业，2007年国家制定出台了《中华人民共和国就业促进法》，将政府各部门、社会和企业对就业岗位的开发由"道义责任"上升为"法律责任"，由弹性义务上升为强制性义务，以保障就业工作的落实，尽可能降低失业率。但是，法律的细节需要继续完善和补充。其次，要实行财政补贴，广开就业门路。补贴措施可考虑雇工补贴和创业补贴。雇工补贴是指如果企业雇用那些在职业介绍所登记了的长期失业者，便可以从国家领取一定比例的补贴；创业补贴是针对所有失业者和受到失业威胁的劳动者，如果他们打算自己创办公司或创办实业，都可以从国家拿到一笔创业补贴。最后，广开农村就业市场。我国是农业大国，目前农村剩余劳动力已达1.5亿人以上，随着城镇化的步伐加快，今后劳动力转移还将更多，安排农村剩余劳动力的任务十分艰巨，给失业保险带来的压力必然不断增大。根据这一特殊国情，应把广开农村就业市场作为一项重要长久的系统工程着力加以开发。

练习题

1. 简述失业保险制度的基本框架。
2. 简述我国失业保险的对象以及失业保险制度的覆盖范围。
3. 简述各国规定的享受失业保险必备的条件。
4. 简述我国失业保险基金的支付范围。
5. 简述完善我国失业保险制度的措施。

参考答案

1. 失业保险制度的基本框架

失业保险制度的基本框架由以下五个方面的内容构成：

（1）失业保险的覆盖范围。

（2）失业保险基金的筹集。

（3）享受失业保险的资格条件。

（4）失业保险待遇标准。

（5）失业保险金给付期。

2. 我国失业保险的对象以及失业保险制度的覆盖范围

一般而言，我国失业人员主要可以分为以下四类：①农村剩余劳动力。由于城市接纳农村剩余劳动力的能力有限而使其成为失业人口。②国有企业富余人员。在体制转轨和产业结构调整中，国有企业富余人员由隐性失业转化为公开失业。③经济发展中出现的结构性失业和摩擦性失业。④与经济周期相伴随的周期性失业。

根据《失业保险条例》，我国失业保险制度的覆盖范围是城镇企业和事业单位及其职工，其中城镇企业包括国有企业、城镇集体企业、外商投资企业、城镇私营企业以及其他城镇企业。省（自治区、直辖市）人民政府根据当地实际情况，可以规定将社会团体及其非专职人员、民办非企业单位及其职工以及有雇工的城镇个体工商户及其雇工纳入失业保险的范围。纳入覆盖范围的职工除企事业单位的正式职工外，北京等城市规定，企事业单位必须为雇用的农民工缴纳失业保险。

3. 各国规定的享受失业保险必备的条件

对享受失业保险条件的规定各国的表述不尽相同。但从各国享受失业保险必备条件中，可以归纳其共同点，其包括以下几方面：

（1）必须是非自愿失业，即非本人原因引起的失业才有申请失业保险的资格。

（2）处在法定劳动年龄并具备工作能力。

（3）有就业愿望。一般以到就业管理部门登记，并接受"就业介绍"和参加"就业培训"作为确认有就业愿望的标准。

（4）依照法规或章程履行对保险人的义务，包括投保或缴纳保险费达到规定下限，失业前有就业经历并且就业时间达到规定下限。

4. 我国失业保险基金的支付范围

1999 年发布的《失业保险条例》规定，失业保险基金支付范围包括以下几点内容：

（1）失业保险金。

（2）领取失业保险金期间的医疗补助金。

（3）领取失业保险金期间死亡的失业人员的丧葬补助金和其供养的配偶、直系亲属的抚恤金。

（4）领取失业保险金期间接受就业培训和就业介绍的补贴。

（5）国务院规定或者批准的与失业保险有关的其他费用。

5. 完善我国失业保险制度的措施

完善我国失业保险制度的措施主要包括以下几方面：

（1）加强失业保险立法。

（2）进一步扩大失业保险实施的范围。

（3）提高统筹层次，扩大失业保险的调剂能力。

（4）调整基金支出结构，提高基金使用效益，适当增加用于促进再就业的开支比例。

（5）加强失业保险基金的财务和预算管理。

（6）完善失业保险的社会化功能。

第十章 工伤保险

📖 学习目的

1. 掌握工伤的定义和构成要件。
2. 把握工伤保险的特点和作用。
3. 掌握工伤保险的基本原则。
4. 领会"无责任补偿"原则的确切含义。
5. 掌握差别费率和浮动费率的原则。
6. 了解工伤认定的程序。
7. 掌握工伤预防的措施。
8. 掌握职业病的预防措施。
9. 了解我国工伤保险制度建设的进程。

📖 重 点

1. 工伤的定义和构成要件。
2. 工伤保险的特点和作用。
3. 工伤保险的基本原则。
4. 工伤预防的措施。
5. 职业病的预防措施。

📖 难 点

1. 差别费率和浮动费率的原则。
2. 工伤预防的措施。

第一节　工伤和工伤保险

一、工伤

在劳动过程中，由于劳动者与劳动工具或劳动对象的接触，或者是置身在不良的劳动环境中，使其生理机能遭到破坏，从而导致劳动者身体的某些功能部分或全部丧失，甚至是伤残或死亡，这种由工作带来的直接或者与工作有关的间接伤害，我们称为工伤。工伤的直接原因指的是机械方面、热能及化学方面和电流方面；间接原因指的是卫生方面和技术组织方面。

工伤是目前国际上通用的术语，它的定义随着社会经济与文明的发展而逐步变化。在1921年《国际劳工公约》中，将工伤定义为"由于工作直接或间接引起的事故"，这一定义不包括职业病在内。随着时间的推移，各国将职业病也列入工伤的范围。1964年的《工伤补偿公约》就将职业病和上下班交通事故包括在工伤范围之内。工伤成了职业性伤害的简称，它有负伤、致残、致死和职业病四种情形。负伤指劳动者在劳动过程中机体受到物理、化学、生物的外力作用，致使器官生理功能损伤，因此造成暂时、部分丧失劳动能力的后果；致残指劳动者在劳动过程中遭遇意外伤害，虽经治疗、保养，仍然不能完全康复，致使身体或智力功能部分或全部丧失、永久性部分或全部丧失劳动能力；职业病是指劳动者在工作环境中由于毒物、不良气候条件、生物因素、不合理的劳动组织、卫生条件恶劣等职业性毒害引起的疾病。从广义上讲，职业病泛指一切与生产性有害因素引起的疾病，但从立法和社会保险的角度讲，仅指国家用法律的形式规定的职业病。

工伤和疾病伤害有一定的相似之处。二者会使劳动者暂时丧失劳动能力并造成工作和收入的中断，或可能导致劳动者永久性丧失劳动能力。在整个社会保险体系中之所以将工伤从一般的疾病中剥离出来，是因为它与职业的联系紧密，其深深地打着职业烙印并与雇主或企业密切相关。这也是我们理解工伤待遇高于非工伤待遇和在工伤保险中雇主或企业缴费比例大，甚至全部承担缴费义务的前提。

工伤与公伤只有一字之差，但却是两个不同的概念。两者在对象、确残制度、待遇标准等方面都存在着差别。工伤指的是企业职工在生产领域因工受到的伤害，工伤事故发生后由社会保障行政部门、人事行政部门、卫生行政部门、工会、经办机构代表和用人单位代表组成的劳动能力鉴定委员会根据规定确定其伤残等级，工伤职工在医疗期间仍然可以享受工资待遇，确残后享受伤残抚恤金；公伤的主要对象是国家机关工作人员，公伤事故发生后应该送公立医院治疗，医疗期间工资待遇不变。

工伤会给劳动者、企业和社会带来很多问题。对于劳动者而言，工伤使其负伤、致残、染上职业病直至死亡，其后果必然导致劳动收入的中断、减少甚至失去，给劳动者本人及其家属带来极大的伤害；对于企业而言，由于职工不能参加生产劳动，影响了企业的经济活动的正常进行，更为严重的是企业还要为劳动力的修复支付医疗费用和护理费用，如果伤亡事故严重，企业则有可能因无力承担巨额的费用而破产；对于社会而言，如果工伤职工或其家属的基本生活得不到保障，就会影响社会的稳定和发展。

为了解决上述问题，保障工伤职工得到及时的医疗救助和经济补偿，同时分散工伤风险并积极预防工伤事故的发生就需要建立健全工伤保险制度。

二、工伤保险定义

工伤保险是指劳动者或其家属在遭遇工伤事故后，经过劳动鉴定委员会鉴定其为暂时或永久地、全部或部分地丧失劳动能力时，依照社会保险法律规定获得医疗护理、生活保障以及必要的经济补偿的社会保险制度。

工伤事故是大工业化生产的副产品，对于劳动者、企业和社会都会带来不良的后果，因此，对其实行社会保险是工业化国家义不容辞的职责。基于此，工伤保险几乎是首先推出的社会保险项目。

工伤保险制度经历了一个由雇主承担责任到社会承担责任的过程。早期的工伤赔偿是根据民事法典的某些规定由法院裁决。19世纪末，西欧国家出现了雇主责任保险立法。法律规定，受到伤害的工人或家属可以直接向雇主索赔，雇主或雇主联合会向其直接支付赔偿费。如果工伤涉及他人或出现争议，国家有关方面则要介入。但是在实施过程中仍然有许多不足，如雇主责任难以兑现、赔偿金多为一次性支付、商业保险公司介入工伤保险存在很大的局限等。为了克服雇主责任保险的弊端，许多国家实行了社会保险。在第二次世界大战前后，经国际劳工组织的倡导和推动，工伤社会保险制度得到了很大的发展。

工伤保险和商业性的人身意外伤害保险都可以保障被保险人在受到伤害之后获得一定的经济补偿，都是以被保险人受到伤害为待遇给付的条件，也都可以起到稳定社会的作用，但是两者却有很大的差异。工伤保险是政府设立的一项强制性的社会保障政策，所有的企业必须参加，被保险人也必须是企业的职工，实行的是无责任赔偿原则。作为一种特殊的伤害，被保险人无须缴纳费用，相对其他项目其保险给付更为优惠。商业性的人身意外伤害保险，投保是自愿的，投保人必须缴纳一定的费用，给付的条件有严格的限定，给付的数额也要按照事先约定的执行。两者更为重要的区别是商业保险公司的目的是获取利润，而工伤社会保险则主要考虑社会、经济发展状况以

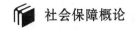

及劳动者的基本生活需要。

三、工伤保险的意义

各国政府都在着手加强对工伤保险的立法工作，其目的一方面是预防工伤事故的发生，另一方面是要给予遭遇工伤者一定的经济补偿。工伤保险的意义具体表现在以下几个方面：

1. 保障市场经济条件下工伤职工的基本权益

工伤是工业化过程中企业和职工难以避免的劳动风险，从我国工伤事故和职业危害的实际情况看，因各种事故每年导致非正常死亡的人数达十多万人，工伤致残有几十万人。建立社会共济的工伤保险制度可以使工伤职工得到及时的治疗，并使家属的基本生活得到保障，同时也不会出现用人单位拒不履行责任，逃避支付工伤保险费用的现象，这极大地保障了劳动者的利益。

2. 有助于建立健全社会保障体系

在市场经济条件下，为了保证公平竞争，分散劳动风险，维护社会稳定，必须建立养老、医疗、失业、工伤和生育等完善的社会保险体系。在世界范围内工伤保险制度是社会保险体系中开展最早、实施范围最广的项目。在我国，由于工伤待遇得不到保障而发生的劳资纠纷、告状、上访的事件越来越多，已经成为影响社会稳定的一大隐患。加快建立工伤保险制度已经成为完善社会保障体系的重要任务。

3. 有助于促进建立工伤事故和职业病危害防范机制

据统计，近几年来，我国一次死亡 10 人以上的特大事故平均每周发生 2 起，一次死亡 3 人以上的重大事故每天就要发生 2 起。如何防范工伤事故，减少职业病是社会各界关注的问题。工伤保险与企业改善劳动条件、防病治病、安全教育、医疗康复等相结合，能提高职工的安全意识，防止或减少伤亡事故，保护职工的健康和安全，减少经济损失。运行工伤保险的费率杠杆和经济惩戒手段，可引导和促使企业加强安全生产管理，防止和减少伤亡事故，这已被国外经验所证明。

4. 有利于保护和发展社会生产力

工伤保险与康复相结合不仅在于劳动者因发生伤害后能得到补偿和医疗，同时，更应重视其部分或全部生活能力或劳动能力的恢复，这是对人力资源的充分利用，也是对劳动者人权的负责。

5. 有利于妥善处理事故和恢复正常生产，维护社会安定

由于实行工伤保险保障了工伤职工的医疗以及医疗期间的生活，这在一定程度上解除了职工的后顾之忧。工伤保险优厚于其他保险待遇，体现了补偿作用，反映了国家和企业对职工工作精神的尊重，有利于提高职工工作和生产的积极性。

6. 有助于推进国有企业改革和国有经济结构调整

无论是实现国有企业解困，还是提高企业的竞争力，都需要通过建立社会保险制度来解决市场经济条件下职工面临的各种风险，工伤保险就是企业和职工特别关注的社会保险项目之一。没有工伤保险制度不利于国有企业职工的流动和人才交流。如果仍然沿用企业自管的方法，一些风险较大的行业一旦发生重大工伤事故，企业将不堪重负，甚至陷入破产的境地。

第二节 工伤保险的原则和特点

一、工伤保险的原则

1. 补偿不追究过失原则

补偿不追究过失原则又叫作无责任补偿原则或无过失补偿原则，意思是说，劳动者因工发生伤残、死亡事故，无论责任在哪一方，雇主或企业都应该给其以经济补偿，使伤残者尽快恢复健康，并保障其基本生活；给死亡者安葬，并保障其遗属的基本生活。也就是说，劳动者在遭遇工伤风险后无条件地得到经济补偿，而不会因为责任的问题影响个人或家庭的基本生活。

实行补偿不追究过失原则的意义：①可以将待遇给付与责任追究分开，不能因为事故责任的追究与归属问题影响待遇给付的时间和额度。②企业或雇主不用承担直接给付工伤补偿的责任，而是由掌握工伤保险基金的社会保险机构统一组织实施补偿，并由其直接对资格条件进行鉴定，而不必通过法律程序和法院的审裁。既可公正、及时保障受伤害者的利益，企业或雇主也可免除官司或诸多事务的干扰，有利于企业正常生产经营活动的进行。③国家法规强制具有职业危险的企业依法参加工伤保险，且待遇的构成、支付方式和时间、缴费标准与时间都是强制性的。④实行"无责任补偿"有利于弄清事故的原因和责任，不至于因事故的责任与经济挂钩而致使

相关人员隐瞒事故原因，推卸责任，使事故真相得不到披露，不利于防止类似事故的发生。

补偿不追究过失原则成立的理由是风险理论。风险理论认为，在大机器生产条件下，劳动者在生产的过程中遭遇工伤事故是不可避免的。人类有能力减少工伤事故，但是却没有能力避免工伤事故，即使在科学技术非常发达的今天也依然如此。我们甚至还可以这样说，技术的进步和经济的发展在一定程度上放大了工伤事故发生的概率。

补偿不追究过失原则之所以成立，是因为在一般情况下，没有人会认为发生工伤对自己有利。因工伤会给自己和家人带来很大的痛苦，如果是致残或致死则更为悲痛。在这种情况下，如果紧紧抓着责任不放，也是不人道的。

但是，补偿不追究过失并不意味着不追究工伤事故的原因和后果，不等于对工伤事故放任不管。相反，每次工伤事故发生之后，雇主或企业都要调查事故的原因，并对事故责任作出必要的结论，对责任者作出相应的行政或经济处罚。这样做的目的是加强安全生产管理，接受教训，以便消除或减少事故的发生。当然，这一工作由生产管理部门来做，对于社会保险的管理部门来讲，关注的是工伤待遇的给付。

2. 补偿直接经济损失的原则

按照补偿不追究过失的原则对遭遇工伤的劳动者进行补偿的是由于工伤而导致的经济收入损失。而事实上劳动者的收入除了第一职业收入外还有第二职业收入，甚至第三职业收入。显然，第二职业收入和第三职业收入都会因为工伤风险的发生而中断。但是，尽管如此，工伤保险补偿只针对第一职业收入，即实现劳动力再生产所需的费用，也就是劳动者维持自身与供养家属生活的收入。至于第二职业和第三职业的收入虽然因为工伤事故而失去，但工伤保险却不予补偿。这是由于职工进行的第二职业、第三职业或业余兼职，企业或雇主一般是不赞成的，也未有哪家企业或雇主为其投保；这些收入不是实现劳动力再生产所需要的直接费用，也不是每个劳动者都能够获得的，收入的数额也不稳定，具有隐蔽性，不好确定，因此，对这种损失是不予补偿的。"工伤补偿"的是经济损失，至于心理伤害和面容、身体伤害带来的恋爱、婚姻、家庭等的不幸，则不在补偿之列，况且，这也不是金钱能补偿的损失。这类损失可能是对伤残者最大、最深层次的伤害，也是工伤伤残者最令人同情的，需要社会关爱之处。

3. 因工伤害与非因工伤害严格区别对待的原则

在工伤保险中，对因工伤害和非因工伤害的界定是非常严格的。工伤与工作的环境、条件和工艺流程有关，因而医治与康复的补助或死亡的抚恤等都要比其他的社会保险项目高，而且不受年龄、性别与缴费期的限制；因病与非因工伤害与劳动者的职业因素无关，其事故补偿许多国家并无立法，非因工伤害的待遇往往被视同为疾病保险，其补偿水平要比工伤低得多。

4. 个人不缴费的原则

与养老保险、医疗保险、失业保险和生育保险不同的是工伤保险不用劳动者个人缴费，而是由雇主或企业按照国家规定的费率缴纳。原因是劳动者在为雇主或企业创造财富的同时，还付出了健康甚至生命的代价，因此，由雇主或企业缴纳全部费用是完全必要和合理的。这一原则已经成为世界各国的共识。

5. 补偿与预防、康复相结合的原则

实际上，工伤保险有三大任务：补偿、工伤事故预防和遭遇工伤事故人员的康复。通过补偿来保障劳动者的基本生活是工伤保险的根本任务，但不是唯一的任务。工伤保险应当把补偿与预防和康复结合起来，即一旦发生工伤事故，除了必要的补偿之外，还要做好预防和康复工作。加强安全生产以控制事故发生以及事故发生后的及时治疗使之尽快康复这两大内容已经成为当今世界各国更为积极的工作。

6. 一次性补偿与长期补偿相结合的原则

对于因工而部分或全部丧失劳动能力或死亡的劳动者或其遗属，工伤保险管理机构应该给付一次性补偿金作为因工伤残或死亡的经济补偿。但是，一次性的补偿无法对因工伤亡者或其遗属今后的生活给予足够的保障，所以，除了一次性的补偿之外，还要对因工伤亡者或其供养的遗属支付长期的补偿。这种长期补偿一直支付到其失去供养的条件为止。

二、工伤保险的特点

实行工伤社会保险的国家，雇主必须按照法律的规定向社会保险机构缴纳工伤保险费，由社会保险机构建立工伤保险基金，并向工伤伤残者及工伤亡者遗属支付补偿费用。由于工伤社会保险具有普遍性、强制性、福利性、补偿性等特点，其与商业保险有着明显的区别。

1. 很强的共济性

共济互助、分散风险、共担风险是保险的基本性质。保险是通过收取保险费来积聚社会上的零散资金以建立保险基金，用来补偿人们在社会生产和日常生活中因自然灾害和意外事故所造成的经济损失。因而保险可以起到动员整个社会的力量，对受灾者或受损者提供一定的经济补偿，使其生产得以恢复，生活得以稳定，增强人们战胜

自然灾害和意外事故能力的作用。商业保险的社会共济作用是有限的，而工伤保险从雇主责任制发展为社会保险其进步意义之一就在于社会共济作用的加强。雇主责任制是由商业保险机构来承办有关的工伤保险业务，各类商业保险公司皆可自由竞争，由于受商业保险机构的地域、行业范围及受保厂家的限制，其共济作用就大为减弱，要远远小于社会保险机构。

2. 普遍性

工伤保险是通过国家立法形式强制推行的一项社会制度，它要求对全体劳动者，不分工作年限、年龄、性别皆需要进行投保。一些国家，如德国、法国、意大利、巴西等对农业劳动者也制定了专门的工伤保险办法；对政府雇员、家庭雇员以及警察有些国家还另有规定。因而可以说，工伤保险实施的范围最为广泛，凡是实行社会保险的国家，其95%有工伤保险。

3. 强制性

国家以立法形式强制雇主必须对雇员的工伤负责。100多年来，雇主负责工伤赔偿，并从法律强制变成了一种习惯。

4. 福利性

在各类社会保险中，工伤保险待遇最优。工伤保险个人不缴纳保险费，其待遇比疾病、失业和养老保险的都要高。养老保险是保障老人的基本生活的，但个人要缴费；失业保险虽也保障失业者的基本生活，但带有救济性质。工伤社会保险的福利性体现在对伤残者、死亡者遗属全过程、长期的保障及工伤保险具有的众多补偿项目。它要解决工伤人员医疗期的工资、医疗费、伤残待遇问题，也要解决死亡职工的丧葬、抚恤及供养直系亲属的生活待遇问题。在医疗期，除免费医疗外，还有工伤津贴、伙食补贴、护理津贴等。伤残者还有医疗职业康复、伤残重建、生活辅助器具、转业培训与就业等待遇。工伤社会保险给付条件最宽。享受工伤待遇不受年龄、工龄条件的限制，凡是因工伤残的均给予相应补偿。

5. 补偿性

工伤社会保险除了长期保障伤残人员的生活外，还要根据其伤残情况补偿因工受伤的经济损失，对各级伤残者要进行一次性的经济补偿。工伤保险的补偿性体现了国家和社会对那些不畏艰险搞好生产、见义勇为、维护社会安全、保障人民财产的劳动者进行的保护和鼓励。

第三节　工伤补偿

一、工伤认定

劳动者在什么情况下才能享受工伤保险待遇，也是工伤保险的享受条件问题。劳动者在遭遇伤害事故、负伤、致残、死亡时能否享受工伤保险待遇，首先必须符合有关的工伤认定条件。

尽管世界上不同的国家对工伤含义的理解不同，但在认定工伤时一般都会考虑以下几个因素：时间界限、空间界限、职业或职务界限、主观过错界限和法定特殊界限。在考虑上述因素的同时，对工伤保险的立法还要明确界定在怎样的情况下发生的伤害属于工伤，在哪些情况下发生的伤害属于比照（视同）工伤，在哪些情况下发生的伤害不属于工伤。以我国 2011 年 1 月 1 日起实施的《中华人民共和国工伤保险条例》为例对此作一说明。在工作时间和工作场所内，因工作原因受事故伤害的；从事与工作有关的预备性或者收尾性工作受事故伤害的；因履行工作职责受暴力等意外伤害的；患职业病的；因工外出期间，由于工作原因受伤害或者发生事故下落不明的；在上下班途中，受非本人主要责任的交通事故或者城市轨道交通、客运轮渡、火车事故伤害的；法律、行政法规规定应当认定为工伤的其他情形。同时还规定职工有下列情形之一的，视同工伤：在工作时间和工作岗位突发疾病死亡或者在 48 小时之内经抢救无效死亡的；在抢险救灾等维护国家利益、公共利益活动中受伤害的；职工原在军队服役，因战、因公负伤致残，已取得革命伤残军人证，到用人单位后旧伤复发的。

关于职业病的认定，国际上通行的方式有两种：一是列表形式，二是只在国家立法中原则规定哪些是可以导致职业病的职业。列表形式包括开放式列表和封闭式列表。前者指国家的职业病管理机构可以随时把那些以前虽然没有列入但完全可以证明是职业环境导致的疾病列入职业病的范围；后者是指只承认过去列入的职业病，对新增的病种的审核程序极端严格。国际劳工组织于 1980 年就使用列表的形式公布了修改后的国际职业病名录，其中列载了各种职业病共 29 组。

简单地说，就是必须在与职业密切相关的活动中造成的轻伤、重伤、残障、职业性中毒、死亡，才有资格和权利享受工伤保险待遇，否则便没有，只能享受非因工患病、负伤、致残、死亡的保险待遇金额和条件，其比工伤保险待遇低。

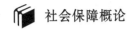

二、工伤保险的实施范围

从理论上讲，工伤保险的覆盖范围应该是所有雇员，但是，范围的大小受制于一个国家经济发展水平和该国的历史传统和技术水平。早期的工伤保险覆盖范围仅仅是大工业企业中依靠工资收入而又从事有危险工作的劳动者，随着时间的推移覆盖的范围逐步扩大。在工业化国家，工伤保险实际上覆盖了全国所有的雇员，但是也有少数国家不包括农业工人，还有一些国家不覆盖小型企业的雇员，也有一些国家将农民、个体劳动者的工伤保险单独立法。按照国际劳工组织的有关规定，工伤保险的覆盖范围应包括所有企业含学徒在内的所有雇员，参保人数不少于总人数的75%，受益人应该包括因工伤亡者的配偶和子女。外国人和本国人享有平等的权利（由双边协定予以确定）。按照《中华人民共和国工伤保险条例》的规定，我国工伤保险的覆盖范围是中华人民共和国境内的各类企业和有雇工的个体工商户。

三、工伤保险费率

工伤保险费率是工伤保险基金筹集的核心问题。工伤保险费用的征缴、调节和支付需要确定一个合理的费率，其合理性可以促进工伤保险事业的发展，改进企业的安全生产状况。我们需要研究的问题是如何通过工伤保险费率的调整使工伤保险在安全生产与事故预防中起到经济杠杆的作用。

1. 差别费率

工伤保险的统筹基金需要确定一个平均收缴水平，这就是毛保险费率。实质上，在实际征收中还要对某一企业或某一行业单独确定一个征缴比例，这就是所谓的"差别费率"。目前，绝大多数国家采取差别费率方式，以企业职工的工资总额为基数，按照一定的比例缴费。差别费率制的确定主要是依据企业或行业的工伤事故风险水平而定。风险越大，费率越高，这也是保险业的一般规则。此种方式的目的是在工伤保险基金的分担上，体现对不同工伤事故发生率的企业和行业实行差别性的责任，以保证该行业及企业工伤保险基金的收支平衡。更重要的是差别费率可促进行业或企业提高安全技术和管理水平，降低生产风险，从而减少工伤赔付成本。

工伤保险基金赔付的对象是因工死亡和伤残职工、职业病等。因此，工伤事故和职业病发生的频率就成了确定差别费率的主要依据。由于工伤事故的统计数据和资料比较容易取得、直观，也有历史积累，所以在确定费率上，各国基本做法大多以此为依据，按照不同行业工伤事故率分别确定为0.2%~21%。提取比例的高低取决于各国的经济发展水平及企业工伤事故发生的频率。

2. 浮动费率

浮动费率主要是在差别费率的基础上，针对一定时期内企业的安全生产状况，一般是 3~5 年，通过合理的评价，提高或降低企业的工伤保险费率，其目的是通过经济杠杆的作用，促使企业注重安全生产，减少工伤和职业病的发生。

浮动费率的实施是工伤保险促进安全生产机制的具体体现，其确定原则：①企业一段时期的工伤事故高于或低于本行业的控制水平，超过允许的变动范围且继续保持向上或向下的趋势。②向该企业支付的工伤保险待遇超过或低于保险机构的支付控制水平，且继续保持向上或向下的趋势。③社会保险机构对企业的安全生产现状进行评价，并提出警示后，企业对事故隐患不予改正，导致事故发生而产生的保险机构不能接受的损失。可见，实现浮动费率的前提首先是要了解该企业的安全生产情况；其次要了解该企业所处行业的工伤事故风险水平；最后要经常性地对企业的安全生产现状进行评价，以确定风险转化情况。

四、劳动能力鉴定和评残标准

劳动能力鉴定是指有关部门对因工受伤导致部分、大部分或完全丧失劳动能力的劳动者，在病伤后的康复程度和丧失劳动能力程度作出的鉴别和评定。我国工伤保险条例规定，劳动能力鉴定是指劳动功能障碍程度和生活自理障碍程度的等级鉴定。根据劳动者丧失劳动能力的期限和严重程度，可以将其划分为永久性完全丧失、永久性部分丧失、暂时完全丧失、暂时部分丧失。

劳动能力鉴定是工伤保险制度的重要内容，在各国已经成为一种制度。由于工伤保险的给付要依据劳动者受伤的性质和程度来确定，所以，劳动能力鉴定就成为确定工伤待遇和安置伤残职工的基础性工作。劳动能力鉴定提供的结论是批准劳动者因工、因病和非因工负伤完全丧失劳动能力和劳动者退休、退职的依据，也是合理调换因工、复工、休假的依据；同时，通过劳动能力鉴定，还可以切实维护劳动者合法权益；当发生劳动争议时，鉴定的结果也为处理争议提供了依据。

为了科学、公正、合理地对劳动者的因工伤残程度和劳动能力的丧失程度进行评定，一般要借助于工伤评残标准。但是，世界各国的工伤评残标准并不一致。如日本的伤残等级表共有四个级别，英国则将残废程度从 1% 到 100% 排列，划分为 55 个级别，我国的《劳动能力鉴定职工工伤与职业病致残等级》（GB/T 16180—2014）颁布的评残国家标准根据器官缺损、功能障碍、医疗依赖、护理依赖四个方面，同时考虑对特殊残疾者造成的心理障碍或生活质量损失，将伤残等级划分为 10 个级别。

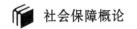

五、工伤保险给付

工伤保险给付包括给付结构和给付标准两方面的内容。由于世界各国社会制度不同，经济发展水平也不同，因此，工伤保险给付的结构和补偿水平都有很大的区别。一般来说，劳动者因工受伤后首先应该获得医药治疗；其次还可以获得收入损失的补偿；如果是因工致死，其家属还可以获得丧葬费用和遗属抚恤。因此，工伤保险的补偿项目一般包括医疗给付、伤残给付和遗属抚恤给付三个项目。

医疗给付是一种服务性给付，指的是劳动者因工受伤后由医疗机构提供的门诊或住院服务。实行工伤保险制度的国家，工伤医疗待遇普遍优于非工伤医疗待遇。按1952 年国际劳工组织 102 号公约——《社会保障最低标准公约》要求，工伤保险对工伤工人提供的、所需的每一种类型的照顾（包括矫形设备的供应和维修）都不允许工伤者分担费用，要对工伤者提供不受时间限制的医疗照顾。这个公约体现了对工伤者的保护。然而，各国对工伤保险的立法规定往往没有足够的约束力，如一些实行雇主责任制的国家，医疗补贴的实施取决于企业本身；还有一些国家将工伤医疗纳入普通的卫生服务制度或医疗保险中。考虑这些情况，1964 年国际劳工组织的 121 号公约——《职业伤害赔偿公约》对工伤医疗的要求就规定得比较灵活。不过已经有越来越多的国家立法赋予工伤受害者接受医疗照顾而不受任何期限和费用数额限制的权利。

伤残给付是一种现金给付，用于补偿劳动者及其家属因工受伤所造成的收入损失或中断。这种给付包括暂时伤残给付、永久性全残给付、永久性部分伤残给付和遗属抚恤给付四个项目。

暂时伤残给付是劳动者在暂时失去劳动能力背景下享受的给付，给付的目的是维持劳动者的基本生活。暂时伤残给付会牵涉等待期、给付期限和给付标准三个问题。国际劳工组织 1952 年第 102 号公约规定的等待期为不超过三天，1964 年第 121 号公约取消了等待期，规定从劳动者丧失劳动能力之日起就要支付伤残给付，现在国际上实施工伤保险制度的大多数国家都没有等待期的条件；给付期限的长短应该以劳动者丧失劳动能力时间的长短来确定，但是绝大多数国家规定了 26 周的期限，也有的国家规定了 52 周的期限；至于给付标准一般是以受伤前的工资为基数来确定百分比，各国确定的百分比相差悬殊，一般为 60% ~ 75%，国际劳工组织 1964 年的规定为 60%。

暂时伤残给付支付到期时，即改发永久性部分伤残给付或永久性全残给付。永久性部分伤残给付一般在暂时伤残医疗结束后确定为永久性部分伤残时的付给。支付的发生视工伤者丧失劳动能力的具体情况确定，或采用永久性定期支付的方式，或采用一次性支付的方式，其给付数额要低于永久性全残给付；永久性全残给付一般在暂时伤残医疗结束后确定为永久性全部丧失劳动能力时的付给，直到去世为止。给付的标准一般为受害者伤残前平均工资收入的66%~75%，同其他给付加起来不超过100%。需要护理时，应另外加付。

死亡给付包括因工死亡者的丧葬费和遗属给付。前者一般是一次性给付，后者应该是维持其子女成年、其配偶改嫁或死亡为止。给付的标准以因工死亡者生前的平均工资为基数，国际劳工组织规定，遗孀给付标准为死者工资的30%~50%，子女为15%~20%，总给付不超过工资的75%。

第四节　工伤预防和职业康复

一般而言，现代工伤保险制度具有三项任务，除了上面介绍的补偿外，还有工伤预防和职业康复。

一、工伤预防

在工伤保险制度建立之初，其目的主要在于补偿功能，较少注意和发挥制度在预防方面的作用。随着工伤事故发生频率的加剧，世界各国已经越来越关注对工伤事故的预防工作，并将其纳入工伤保险的范围。工伤预防是指事先防范职业伤亡事故以及职业病的发生，减少事故及职业病的隐患，改善和创造有利于健康的、安全的生产环境和工作条件，保护劳动者在生产、工作中的安全和健康。所以从某种意义上讲，事故预防和职业病预防应该是工伤保险的首要任务。

1. 事故预防

所谓事故就是突发性的外部事件引起的对人体的伤害。随着工业化进程的加快，职业危害无处不在。劳动者的生产活动过程处于不同的生产环境和不同的劳动条件中，使用不同的生产工具，采用不同的工艺过程与方法。这可能存在着有害于劳动者身体安全和健康的因素。这些不安全的因素是导致伤亡事故发生的根源。

然而，绝大多数伤亡事故是可以预防和避免的，文化科学技术的发展为我们提供了可借鉴的经验，许多工伤事故存在着一定的人为因素。所以重视安全生产，预防事故的发生是第一位的。提高安全生产管理水平，开发和推广职业安全技术，充分利用现有条件，不断改善劳动环境，消除不安定因素对于防止各类伤亡事故的发生具有重要意义。

从安全生产的角度看，预防伤亡事故的具体措施包括以下几个方面：

（1）工程技术措施。工程技术措施是指对设备、设施、工艺操作等从职业安全的角度进行计划、设计、检查和保养。新建、改建、扩建和技术改造工程项目必须具有相应的职业安全设施。在新设备、新设施的设计阶段就应该考虑安全问题，并且随着生产的发展和设备、设施的使用情况及时改进或采取相应的工程技术措施，改善工作条件，保证生产安全。各种设备和安全设施的设计、制造、安装、使用和维修应符合国家有关标准和行业规范，安全防护装置应齐全有效。工作场地必须符合国家有关标准和行业规范。有重大事故隐患和职业危害的工作场所必须按照国家有关规定进行治理，并定期检测检验。用人单位生产、运输、经营、储存、使用有毒有害和易燃易爆危险品时，必须采取可靠的安全防护措施。工作场地应设置明显的安全标志和报警装置，包括防护装置、保险装置、信号装置及危险牌示和识别标志等，最大限度地规避危险源，并及时警告人们预防危险，注意安全。

（2）教育措施。教育措施是指有关部门和用人单位通过不同形式和途径的安全教育，使劳动者学会掌握安全方面的知识和操作方法，教育内容包括思想教育和安全技术知识教育。企业或雇主应当定期对劳动者进行职业安全教育，告知作业安全与职业危害方面的信息，普及安全技术知识，提高劳动者自我保护意识和安全操作技能；采取新工艺、新技术、新材料和使用新设备时，应当对劳动者进行专门的安全技术培训；对于新录用的职工，转岗职工或再次就业职工，应当做好入厂后的安全技术教育工作，对其进行岗前安全培训，经考核合格后，方可上岗作业；企业或雇主还必须按规定为劳动者提供符合标准的劳动防护用品，并指导其按照使用规则佩戴和使用。

（3）管理措施。管理措施是指由国家行政机关、企业单位组织制定的有关规章制度和措施以及有关安全规程、规范和标准。指导人们共同遵守国家职业安全法律、法规和标准，以保障安全生产，防范事故的发生。

（4）经济措施。经济措施是指为促进安全生产，防范和减少事故的发生而采取的手段。主要通过实行工伤保险差别费率和浮动费率的办法，建立一种促进企业安全生产的内控机制，将企业或雇主重视安全与否和本企业经济利益相联系，并通过运用浮动费率和安全奖惩制度，奖励对安全生产做出贡献的企业和个人，并适当补偿企业为降低事故和职业病的发生而先期投入的安全生产设施、设备的部分资金，以达到减少工伤事故和职业病发生的目的。当然也包括通过各种手段，进行工伤预防宣传教育和培训工作等。

2. 职业病预防

国际劳工组织1964年第121号《工伤事故津贴公约》要求："每个成员国必须制定工业安全与职业病预防条例。"要求实施工伤保险的国家必须实行工伤预防的措施。我国工伤保险制度也要求，工伤保险要与事故预防、职业病防治相结合。

做好职业病预防需要采取以下措施：

（1）提高对职业卫生工作的认识。劳动者依法享有获得职业卫生保护的权利，国家应保障其权益不受侵害。各级人民政府应将职业病预防工作纳入国民经济和社会发展规划中。各用人单位要认真贯彻执行职业卫生和职业病防治的法规、标准。制定规划有计划地改善职工的生产工作环境和条件，限制并逐步淘汰有职业危害的生产工艺和技术。重视研制、开发、推广有利于保护和增进劳动者健康的新技术、新工艺。

（2）工作场所必须符合国家卫生标准和卫生要求。国家有关部门对可能产生职业危害的新建、扩建和技术改造建设项目必须进行职业危害评价，提出预防与治理措施。建设项目的职业卫生防护设施必须与主体工程同时设计，同时施工，经有关部门验收合格后方可正式运行、使用。

（3）生产或者进口化学品，含放射性物质等具有职业危害因素的原料和产生职业危害因素的设备必须在专门的安全使用说明书上载明其产品特性、可能产生的危害、安全使用注意事项、卫生防护和应急措施等。产品包装应当有警示标志和警示说明。新原材料应当附有由取得相应资格的技术机构出具的毒性鉴定报告书。产生职业危害的设备必须有配套的防护设备或防护措施，并应有警示标志。职业卫生防护设备和个人卫生防护用品必须符合国家卫生标准。

（4）国家对存在放射性、高毒及致畸、致癌、致突变化学品等特殊职业危害工作场所实行特殊管理。禁止将存在职业危害的作业转移至没有卫生防护条件的用人单位和个人。

（5）企业或雇主必须建立职业危害档案和职业卫生管理制度，制定职业卫生操作规程和职业危害事故应急救援措施。对从事可接触职业危害作业的劳动者建立健康监护制度，记录其职业病接触史和职业性健康检查结果。同时，上岗前必须进行职业性健康检查，调离接触职业危害作业岗位的劳动者也应进行离岗职业性健康检查。

（6）用人单位应当建立职业卫生宣传、培训教育制度。对劳动者进行上岗前和经常性职业卫生培训、健康教育，普及职业卫生知识。教育和督促劳动者遵守职业卫生法律、规章制度、操作规程，并正确使用职业卫生防护设备和个人卫生防护用品。

二、职业康复

康复是指采取各种适当手段帮助伤残人员恢复健康和工作能力以及料理自己生活的能力，包括肢体、器官、智能的全面和部分恢复，并对其进行职业培训。通过医疗康复和职业康复使伤残者达到重返工作岗位，恢复正常生活能力，参加社会活动的目的。

康复工作可以概括为通过综合协调使用药物、度假疗养或教育措施使一个残疾人恢复正常人具备的工作、生活能力。这是一个很长的过程，包括医疗康复和职业康复两个阶段。所谓医疗康复是通过医学上的治疗、运动治疗、语言训练、假肢安装、体能测试、职业指导和护理的治疗过程，目的在于恢复伤残者的劳动能力，重返工作岗位或经培训重新就业，这个阶段主要是在医院进行。所谓职业康复就是考虑伤残者的身体能力，使其伤残后的潜在素质与再就业合理结合，即根据伤残者的具体情况帮助其就业。二者相辅相成，需要紧密结合。

从世界各国的法律与实际情况看，不同的国家有不同的模式。有些国家对残疾人的康复处理有相应的法律。有些国家的社会保障法律规定，职业伤害法包括对残疾人的职业介绍和再就业培训工作。还有些发展中国家的职业伤害补贴立法规定，残疾人有权享受善后处理待遇（包括医疗、手术及住院治疗，直至完全恢复），或建立为残疾人服务的特殊机构等。

一些工业化国家的职业伤害保险计划重点放在对残疾人的康复工作上。如加拿大的省级立法规定了广泛的康复计划范围；德国保险计划的一个重要职能就是对残疾人的康复工作，他们不仅有庞大的管理机构和人员，而且拥有自己的医院和康复设施，能提供医疗及相关服务。德国工伤保险遵循的指导思想："预防事故高于医疗康复，医疗康复高于事故赔偿。"形成了预防、康复、待遇给付三者结合的"一条龙"服务。

我国的工伤康复工作虽然进展较慢，但也取得了一定的成绩。我国已经把事故预防和职业康复的职能写入新的工伤保险规定中，初步形成了工伤补偿与事故预防、职业康复相结合的新型工伤保险制度。不仅在现行政策中明确了工伤保险基金可以支付安装假肢、义眼、镶牙和配置代步车等辅助器具的有关费用，以保证工伤职工日常生活或者辅助生产劳动的需要，同时还对伤残职工本人自愿自谋职业并经企业同意的，或者劳动合同期满终止合同后本人另行择业的，社会保障部门发给一次性伤残就业补助金。有的省市甚至投资建立了康复中心和康复医院。但是从总体上看，我国的工伤康复工作仍处于探索阶段。产生这种情况的主要原因：一是资金短缺，二是思想重视不够，三是缺乏长远规划。总之，我们还需要进一步调查研究，统一思想认识，实事求是地通过对我国伤残人员的分布现状的研究，积极稳妥地开展医疗和职业康复事业。从服务项目、管理方式及社会效益等方面认真调查与分析，并加以论证，提出符合我国国情的工伤保险运营模式。

第五节　我国工伤保险制度的改革和发展

一、初步建立时期（1951~1995 年）

我国是一个社会主义国家，历来十分重视人民的社会保障。《中华人民共和国宪法》第 45 条规定："中华人民共和国公民在年老、疾病或丧失劳动能力的情况下，有从国家和社会获得物质帮助的权利。国家发展为公民享受这些权利所需要的社会、社会救济和医疗卫生事业。"1951 年我国政务院颁布了《中华人民共和国劳动保险条例》，1953 年进行了重新修订。这部综合性法规主要包括了养老保险、医疗保险、工伤保险和生育保险等内容，初步形成了我国的社会保险体系。1953 年，由劳动部颁布的《中华人民共和国劳动保险条例实施细则修正草案》对工伤保险等问题作了较为详细的规定，其实施范围是企业，包括国营、公私合营、私营及合作社经营的厂矿等，实施对象包括上述企业的职工、学徒工、临时工和试用人员，工伤保险待遇包括医疗和康复费用、伤残待遇和死亡待遇等，但在后来的执行过程中出现了偏差，仅限于国营企业和城镇集体企业的范围。

随着我国由计划经济逐步向市场经济的转变，原来分别由单位管理的工伤保险制度越来越难以适应市场经济的要求，其弊端日益凸显。主要表现：一是由各单位自行管理和负担的职工工伤费用缺乏社会救济性，难以均衡和化解企业的工伤风险；二是缺乏稳定的资金来源，企业负担畸轻畸重，工伤待遇标准不一，在一些困难的地区和企业，工伤职工的权益难以保障；三是社会化管理程度低，覆盖范围窄，企业的社会事务负担重，难以使其公平参与市场竞争，而一些改革开放后新出现的外商投资企业，中国香港、中国澳门、中国台湾投资企业，私营企业，其职工工伤权益难以得到保障。

二、改革发展时期（1996～2003 年）

为适应改革开放的需要，切实保障职工的基本权益，部分地区在 20 世纪 80 年代末开始建立社会化服务体系，实行社会互相共济的工伤保险制度改革的探索。1993 年，十四届三中全会通过《中共中央关于建立社会主义市场经济体制若干问题的决定》提出了"普遍建立企业工伤制度"的要求。劳动部在总结各地试点经验的基础上，于 1996 年颁布实施了《企业职工工伤保险试行办法》，同时，为了规范伤残鉴定标准，组织制定了"职工工伤与职业病致残程度鉴定标准"。这标志着我国探索建立符合社会保险通行原则的工伤保险工作进入了新阶段。从近几年的进展情况看，《企业职工工伤保险试行办法》的颁布和实施取得了成效：一是通过建立工伤保险基金，初步形成了稳定的资金筹措机制；二是实行基金的社会统筹，实现了工伤保险的互助互济功能，分散了工伤风险，减轻了企业负担；三是规范了工伤保险待遇，保障了工伤职工及遗属的基本生活，维护了职工的合法权益。但也应该看到，目前工伤保险覆盖的职工人数还比较少，其管理制度和配套措施还不完善，社会化服务管理水平还不高，与社会主义市场经济建设、建立健全社会保险体系和促进国有企业的改革需要还有相当的差距。

三、逐步完善时期（2004 年以后）

2003 年 4 月 27 日，国务院第 375 号令颁布了《中华人民共和国工伤保险条例》（以下简称旧《条例》），与 1951 年的《中华人民共和国劳动保险条例》、1996 年的《企业职工工伤保险试行办法》相比较而言，旧《条例》在规范我国工伤保险制度的同时，有一个更为显著的特征，那就是从全方位切实维护了广大劳动者的合法权益。2011 年根据 2010 年 12 月 20 日《国务院关于修改〈工伤保险条例〉的决定》修订了工伤保险条例（以下简称新《条例》）新《条例》与旧《条例》相比共增加了 3 条，修改了 22 条，其中实质性的修改约 15 条。主要有以下几方面变化：

1. 扩大了工伤保险适用范围

新《条例》第 2 条中规定的适用范围由各类企业、有雇工的个体工商户及其职工扩大至企业、事业单位、社会团体、民办非企业单位、基金会、律师事务所、会计师事务所等组织和有雇工的个体工商户及其职工，实际上只有公务员和参照公务员法管理的事业单位、社会团体及其工作人员被排除在外。

2. 简化了工伤认定程序

行政复议不再是前置程序及不予受理工伤认定申请也可申请复议。

第一，根据旧《条例》第 53 条的规定，对于"（一）申请工伤认定的职工或者其直系亲属、该职工所在单位对工伤认定结论不服的。（二）用人单位对经办机构确定的单位缴费费率不服的。（三）签订服务协议的医疗机构、辅助器具配置机构认为经办机构未履行有关协议或者规定的。（四）工伤职工或者其直系亲属对经办机构核定的工伤保险待遇有异议的"须先申请行政复议，对复议不服的再向法院起诉，即行政复议程序前置。而新《条例》第 55 条则是做了"可以依法申请行政复议，也可以依法向人民法院提起行政诉讼"的选择性规定，行政复议不再是必需的前置程序。

第二，除了上述四项，新《条例》增加了"对工伤认定申请不予受理的决定不服的可以依法申请行政复议，也可以依法向人民法院提起行政诉讼"。

3. 大幅度提高了工伤保险待遇

第一，增加了劳动能力再次鉴定和复查鉴定期限的规定。旧《条例》第 29 条对劳动能力再次鉴定和复查鉴定的期限没有明确规定，新《条例》第 29 条明确规定为 60 日，必要时可延长 30 日。

第二，变更了职工住院治疗工伤的伙食补助费、到统筹地区以外就医所需的交通费、食宿费的支付主体均为工伤保险基金。旧《条例》第 29 条规定住院伙食补助费按照本单位因公出差伙食补助标准的 70% 由用人单位支付,新《条例》第 30 条的规定取消了 70% 的限制,具体标准由统筹地区人民政府规定,且支付主体改为工伤保险基金,而非用人单位。另外,工伤职工到统筹地区以外就医所需的交通、食宿费用亦从工伤保险基金支付,其具体标准由统筹地区人民政府规定,而非用人单位支付。

第三,增加了行政复议、行政诉讼期间的医疗费用不停止支付的规定。新《条例》第 31 条规定,"社会保险行政部门作出认定为工伤的决定后发生行政复议、行政诉讼的,行政复议和行政诉讼期间不停止支付工伤职工治疗工伤的医疗费用"。旧《条例》无此规定。这一规定有利于保护工伤职工的权益。

第四,提高了 1~10 级伤残一次性补助金标准。新《条例》第 35~37 条规定一次性伤残补助金标准与旧《条例》比较:1~4 级增加 3 个月本人工资,5~6 级增加 2 个月本人工资,7~10 级增加 1 个月本人工资。

第五,大幅度提高了一次性工亡补助金标准。旧《条例》第 37 条规定的一次性工亡补助金标准为 48~60 个月的统筹地区上年度职工月平均工资;新《条例》第 39 条规定为上一年度全国城镇居民人均可支配收入的 20 倍。计算基数及相乘的系数均不一样,大幅度提高了一次性工亡补助金标准。

第六,被判刑正在收监执行的可继续享受工伤保险待遇。旧《条例》第 40 条规定"被判刑正在收监执行的"停止享受工伤保险待遇,新《条例》第 42 条删除了这一规定,意味着被判刑正在收监执行的可继续享受工伤保险待遇。

4. 增加了基金支出项目

新《条例》第 12 条规定,"工伤保险基金存入社会保障基金财政专户,用于本条例规定的工伤保险待遇、劳动能力鉴定、工伤预防的宣传、培训等费用以及法律、法规规定的用于工伤保险的其他费用的支付"。新《条例》增加了工伤预防的宣传、培训等费用亦从工伤保险基金支付的规定。

5. 调整扩大了工伤认定范围

旧《条例》规定了"在上下班途中,受到机动车事故伤害的"应被认定为工伤,而新《条例》规定为"在上下班途中,受到非本人主要责任的交通事故或者城市轨道交通、客运轮渡、火车事故伤害的"应被认定为工伤,这大大增加了在上下班途中遭受事故伤害应被认定为工伤的范围,但也附加了限制性条件:非本人主要责任。

另外,对于不得认定为工伤或者视同工伤的情形有变动。第一,旧《条例》规定"因犯罪或者违反治安管理伤亡的"不得认定为工伤或者视同为工伤,新《条例》规定"故意犯罪的"才不得认定为工伤或者视同为工伤,这意味着过失犯罪及违反治安管理伤亡的只要符合其他工伤认定标准的均可被认定为工伤或者视同为工伤。第二,旧《条例》规定"醉酒导致伤亡的"不得认定为工伤或者视同为工伤,新《条例》

规定"醉酒或者吸毒的"不得认定为工伤或者视同为工伤,这意味着因吸毒发生工伤事故的虽符合其他工伤认定的标准,仍不得认定为工伤或者视同为工伤。

6. 加大了强制力度

(1)期限强制。期限强制有两方面的内容:

第一,作出工伤认定决定的期限有 60 日、15 日两种并适用时限中止。旧《条例》第 20 条规定,"社会保险行政部门作出工伤认定决定的期限一般情况不得超过 60 日",新《条例》增加规定了"对受理的事实清楚、权利义务明确的工伤认定申请,应当在 15 日内作出工伤认定的决定"。另外,还增加规定了"工伤认定决定需要以司法机关或者有关行政主管部门的结论为依据的,在司法机关或者有关行政主管部门尚未作出结论期间",工伤认定的时限可以中止。

第二,增加了劳动能力再次鉴定和复查鉴定期限的规定。旧《条例》第 29 条对劳动能力再次鉴定和复查鉴定的期限没有明确规定,新《条例》明确规定为 60 日,必要时可延长 30 日。

(2)处罚力度的增加。处罚力度的增加有以下几点内容:

第一,加重了对骗保的处罚力度。对于骗取工伤保险基金支出的,旧《条例》第 58 条的规定罚款数额为骗取金额 1 倍以上 3 倍以下,新《条例》第 60 条规定为骗取金额 2 倍以上 5 倍以下。

第二,加重了对用人单位应当参加工伤保险而未参加的处罚。根据新《条例》的第 62 条规定,用人单位应当参加工伤保险而未参加的,除了限期参加,补缴应当缴纳的工伤保险费外,应自欠缴之日起,按日加收万分之五的滞纳金;逾期仍不缴纳的,处欠缴数额 1 倍以上 3 倍以下的罚款。

第三,增加了对拒不协助社会保险行政部门对事故进行调查核实的用人单位的处罚规定。新《条例》第 63 条增加了对"拒不协助社会保险行政部门对事故进行调查核实的用人单位的"处罚规定:由社会保险行政部门责令改正,处 2000 元以上 2 万元以下的罚款。

另外,新《条例》删除了对"职工"的定义,对"职工"的理解应适用《中华人民共和国劳动法》《中华人民共和国劳动合同法》及其他法律法规的规定,保持了相关法律法规的概念统一性。新《条例》还扩大了工伤保险统筹范围,将由直辖市和设区的市实行全市统筹,其他地区的统筹层次由省、自治区人民政府确定(现状为很多地方为县级统筹)扩大至"逐步实行省级统筹"。

新《条例》在保护劳动者的合法权益的同时,也有效地维护了用人单位的合法权益。因为只要用人单位履行了工伤保险义务,那么当工伤事故不慎发生时,不仅受伤职工能得到及时的救助和补偿,而且用人单位也不会因此影响其生产和经营。所以说,适时出台的新《条例》,不仅规范了工伤保险制度,完善了我国的社会保障体系,更重要的是在保障工伤职工获得医疗救治和经济补偿的同时，分散了用人单位的工伤风险，从而真正使用人单位和劳动者双方的合法权益得到了最有效的保障。

练习题

一、不定项选择题

1. 职工因工伤停工医疗期间，直到医疗终结为止，工资为原工资的（　　　　）。

A. 100%　　　　　B. 70%　　　　　C. 80%　　　　　D. 50%

2. 工伤保险施行（　　　　）。

A. 有偿责任制　　B. 无偿责任制　　C. 共同责任制　　D. 以上都不是

3. 《国务院关于工人退休、退职的暂行办法》提高因工负伤待遇是在（　　　　）。

A. 1982 年　　　　B. 1991 年　　　　C. 1979 年　　　　D. 1958 年

4. 工伤保险待遇主要分为以下几个部分（　　　　）。

A. 医疗待遇　　　B. 疾病待遇　　　C. 伤残待遇　　　D. 死亡待遇

5. 工伤保险制度的特征主要有（　　　　）。

A. 强制性　　　　　　　　　　　B. 赔偿性

C. 不受年龄限制性　　　　　　　D. 保障项目完备，待遇优厚

6. 我国目前对工伤人员的保障有（　　　　）。

A. 供养直系亲属的定期抚恤保障　B. 工资收入保障

C. 医疗保障　　　　　　　　　　D. 退休护理保障

7. 各国的工伤保险制度大体上可以分为（　　　　）。

A. 雇主责任模式　　　　　　　　B. 社会保险模式

C. 普遍保障模式　　　　　　　　D. 雇员责任模式

8. 工伤保险的一般原则有（　　　　）。

A. 补偿不究过失原则

B. 劳动者个人不缴费原则

C. 待遇优厚原则

D. 救助、补偿、预防与康复相结合原则

9. 职工有下列（　　　　）情形之一的，不得认定为工伤或视同为工伤。

A. 因犯罪伤亡的　　　　　　　　B. 因违反治安管理伤亡的

C. 醉酒导致死亡的　　　　　　　D. 自杀的

10. 下列伤残等级为全部丧失劳动能力的是（　　　　）。

A. 二级　　　　 B. 三级　　　　 C. 四级　　　　 D. 五级

11. 职工因公死亡，其直系亲属按规定从工伤保险基金领取（　　　）。

A. 丧葬补助金　　　　　　　　 B. 供养亲属抚恤金

C. 一次性工亡补助金　　　　　 D. 伤残补助金

12. （　　　）是工伤保险的三大支柱。

A. 工伤治疗　　 B. 工伤补偿　　 C. 工伤预防　　 D. 工伤保险

13. 工伤康复主要包括（　　　）。

A. 医疗康复　　 B. 职业康复　　 C. 心理康复　　 D. 社会康复

14. 当前中国工伤保险制度存在的问题有（　　　）。

A. 覆盖面小

B. 工伤认定难

C. 工伤补偿待遇偏低，企业责任难以落实

D. 工伤预防、康复与工伤补偿脱节

二、简答题

1. 工伤保险应遵循哪些原则？
2. 我国工伤保险待遇主要包括哪些内容？
3. 工伤保险中的争议主要在哪些方面？
4. 我国现行工伤保险制度的认定范围如何？
5. 工伤与公伤的区别有哪些？

参考答案

一、1. A　2. B　3. D　4. ACD　5. ABCD　6. ABCD　7. ABC　8. ABCD
9. ABCD　10. ABC　11. ABC　12. BCD　13. ABCD　14. ABCD

二、简答题

1. 工伤保险遵循的原则
工伤保险主要遵循以下原则：
（1）补偿不究过失原则。
（2）个人不缴费原则。

（3）风险分担、互助互济原则。

（4）补偿与预防、康复相结合的原则。

（5）一次性补偿与长期补偿相结合原则。

（6）确定伤残和职业病等级原则。

2. 我国工伤保险待遇主要包括的内容

我国工伤保险待遇主要包括工伤医疗待遇、伤残待遇、职业病待遇、职业康复待遇以及因工死亡待遇。

3. 工伤保险中存在的争议

工伤保险在工伤认定、劳动鉴定、医疗待遇、护理等级、工伤津贴、伤残待遇、死亡待遇、借调人员工伤待遇、出境工伤待遇等方面都可能发生分歧和争执。

4. 我国现行工伤保险制度的认定范围

在工作时间以及工作时间前后和工作场所内，因工作原因或从事与工作有关的预备性或者收尾性工作受到事故伤害或受到暴力等意外伤害的；患职业病的；在上下班途中，受到机动车事故伤害的都被纳入工伤保险的范围。在工作时间和工作岗位突发疾病死亡或者在 48 小时之内经抢救无效死亡的；在抢险救灾等维护国家利益、公共利益活动中受到伤害的；职工原在军队服役，因战、因公负伤致残，已取得革命伤残军人证，到用人单位后旧伤复发的，视同为工伤。

5. 工伤与公伤的区别

工伤与公伤两者在对象、确残制度、待遇标准等方面都存在着差别。工伤指的是企业职工在生产领域的因工伤害，工伤事故发生后有社会保障行政部门、人事行政部门、卫生行政部门、工会、经办机构代表和用人单位代表组成的劳动能力鉴定委员会根据规定确定伤残等级，工伤职工在医疗期间仍然可以享受工资待遇，确残后享受伤残抚恤金；公伤的主要对象是国家机关工作人员，公伤事故发生后应该送公立医院治疗，医疗期间工资待遇不变。

第十一章　生育保险

学习目的

1. 掌握生育保险的特点。
2. 了解生育保险的给付项目。
3. 了解我国生育保险的发展历程。

重　　点

1. 生育保险的特点。
2. 生育保险的给付项目。
3. 我国生育保险的发展历程。

难　　点

生育保险的给付项目。

第一节　生育保险概述

一、生育保险的特点和意义

1. 生育保险的特点

生育保险制度是在生育事件发生期间对生育责任承担者给予收入补偿、医疗服务和生育休假的社会保险制度。与其他社会保险比较，生育保险有其自身的特点。

（1）生育保险的覆盖面只限于女性。在我国，只有在达到法定结婚年龄，正式登记结婚，并符合国家计划生育规定的女职工生育时，才能享受生育保险待遇。

（2）给付项目多。在国外，生育保险的给付项目包括生育假期、生育收入补偿、生育医疗保健和子女补助金等项目。在我国，生育保险还配合国家的人口控制政策，对实行晚婚、晚育的生育妇女制定了一些奖励政策。

（3）标准高。由于妇女生育是履行繁衍人类的重要天职，为了保证新一代劳动力有较高的先天素质，同时又要保护履行繁衍人类天职的妇女的身体健康，生育保险待遇的给付标准在大多数国家确定得比较高，妇女生育补偿一般相当于被保险人生育前基本工资的100%。

（4）生育保险实行"产前与产后都应享受的原则"。在临产分娩前一段时间，由于行动不便，女职工已经不能或不宜工作；分娩以后，需要一段假期，以恢复健康和照顾婴儿，这是生育保险不同于其他险种之外，其他险种都带有善后的特点。

2. 生育保险的意义

（1）保证女职工的身体健康和劳动力的再生产。女职工在怀孕期间和生育的时候体力消耗很大，需要一段时间的休养和补充足够的营养。建立生育医疗保险就是为了保证女职工在生育期间得到及时的治疗和保健，保证其及早地恢复身体。女职工在产前产后的一段时间内，暂时丧失了劳动能力，不能通过劳动取得报酬以维持基本生活，而生育保险就能起保障其基本生活的作用，促进劳动力再生产的正常进行。生育保险是保证女职工身体健康、减轻由于生育所产生的生活困难，保护女职工劳动力的一项重要措施。

（2）有利于延续后代，保证劳动力的连续再生产。建立生育保险不仅是为了保证女职工的身体健康，也是为了保护下一代，使其得到正常的孕育、出生和哺育。一般地说，母亲在怀孕及哺乳期有一定的营养，新生的婴儿就能有健康的体魄，正常的智力，这就为提高劳动力素质奠定了基础。建立生育保险是保证劳动力再生产的一个重要环节。

（3）可以促进计划生育的贯彻执行。为了更好地贯彻计划生育的国策，可以利用生育保险的保障机制，对实行计划生育的女职工在假期、医疗保险方面给予优待，对不实行计划生育的女职工适当降低生育保险待遇，以充分发挥生育保险对计划生育的促进作用。

二、生育保险待遇

1. 生育假期待遇

为了保证母婴的身体健康，生育保险制度对女职工产前产后的休假天数进行了规定。国际劳工公约规定，女职工生育的产前产后的休假不应少于 12 周（84 天）。我国妇女的产假，新中国成立初期为 56 天，这一政策持续了近 30 年。1988 年，国务院颁布了《女职工劳动保护规定》对此作了变动，其中第 8 条规定，中华人民共和国境内的一切国家机关、人民团体、企业、事业单位的女职工，"产假为 90 天，其中产前休假 15 天，难产的增加产假 15 天；多胞胎生育，每多生一个婴儿，增加产假 15 天；女职工怀孕不满 4 个月流产的，根据医务部门的证明，给予 15~30 天的产假，怀孕满 4 个月以上流产的，给予 45 天的产假"。对 24 周岁以上的晚育者女方增加 15 天假期，可以在产假后连续使用；对初婚或未生育过孩子的再婚男方给假 3 天。同时，对婴儿的哺乳时间也作了规定，即对女职工生育后的困难，经本人申请、单位批准，可请哺乳假 6 个半月，对不享受哺乳假期或哺乳假期满后，婴儿在一周岁以内的，规定每班两次授乳，每次为 30 分钟。多胞胎生育者，每多生一胎，每次哺乳时间增加 30 分钟（在本单位内授乳往返时间算作劳动时间）。女职工产假和哺乳假期满后，因身体健康原因，不能如期上班的，由医务部门证明，可酌情按病假规定延长不超过一年的假期。

此外，对因采取计划生育措施的女劳动者的假期，各地方根据本地的实际情况作了不同的具体规定。如上海于 1981 年颁发《上海市推行计划生育的若干规定》及实施细则规定，对采取计划生育措施者，视其具体情况给予 14~40 天的假期。

2. 生育保险的医疗待遇

我国现行办法规定，女职工生育的检查费、接生费、手术费、住院费和药费（包括出院后因生育引起的疾病的医疗费）由生育保险基金支出。超出规定的医疗服务费和药费（含自费药品和营养品的药费）由职工个人负担。各地区具体采取的办法不尽相同：一是生育医疗费采取实报实销的办法，但由于费用难以控制使生育医疗费用增长较快。二是采取定额支付的办法，即确定正常产的费用标准，难产、剖腹产或双胞胎生育费用标准，妊娠合并症定额标准。这一办法虽然简单，易于操作，对控制生育医疗费过快增长有一定作用，但对高危妊娠，产时大出血，羊水栓塞等危及生命的病症，定额费用不能保证其医疗需求。

3. 生育津贴待遇

对生育津贴标准国际劳工组织《保护生育建议书》（第 95 号）提议，"生育津贴应等于该妇女生育之前的收入"。我国现行办法规定，生育产假期间生育津贴按照本企业上年度职工月平均工资计发，由生育保险基金支付。各地实行的办法有多种：①根据劳动部规定，按照企业上年度职工月平均工资支付。②按女职工产假前月平均工资支付。③按本人上年度月平均工资支付。④按上年度社会月平均工资支付。⑤按社会最低工资标准支付。后两种办法显然是不恰当的，因为企业缴纳的生育保险费是按企业工资总额计算的，而给付却按社会平均工资和社会最低工资标准，这违背了收支计算基数应该一致，权利与义务结合和对等的原则，也不符合生育保险待遇标准较高的原则。至于第②、第③种办法在实行了个人按本人工资额一定的比例缴费后，是可以采用的。

4. 计划生育的奖励待遇

我国为了控制人口增长实行了计划生育政策，对只生一个孩子并领取了独生子女证的生育者给予奖励。如对育龄青年夫妇推迟生育的晚育女职工，除国家规定的产假外，增加产假 15 天、20 天（个别地区规定增加 100 天）。对决定只生一个孩子的产妇，产假可以延长到半年或一年，其独生子女、每月发给保健费 5 元，发到 14 岁为止。

第二节　国外的生育保险

一、国外生育保险的标准

国外生育保险制度的覆盖范围较宽广。有不少国家将生育保险的范围扩大到一切符合条件的妇女，包括非工资劳动妇女在内。对于享受生育社会保险的条件各个国家的规定也不尽相同，大体有两种情况：第一种没有最低合格期限的规定，只要女职工是该国公民，就有资格享受生育社会保险，如澳大利亚、芬兰、伊拉克等国；第二种有最低合格期限的规定，绝大多数国家属于这种类型，但每一国家的规定都不相同，可以归纳为以下几种情形：

1. 只对居住权有一定要求

冰岛规定有常住权的母亲，可以享受生育保险金；卢森堡规定受益人必须在该国居住 12 个月，夫妻两人必须在该国居住 3 年，才能享受生育社会保险。

2. 只对受保职业有要求

只要是从事受保职业的妇女均可以享受生育保险，而没有规定其他条件。如意大利、日本、波兰、危地马拉、几内亚、丹麦等。

3. 要求具备从事一定时间的受保职业

加拿大规定受保妇女在最近一年内从事受保职业 10~14 周后，才能取得享受资格；阿根廷规定，产前连续受雇 10 个月，或从事现职工作 1 个月，并在从事现职工作前的一年内，受雇不少于 6 个月的妇女，才能享受生育保险。

4. 要缴足一定时限的保险费后，才能取得享受生育社会保险的资格

墨西哥规定，受保妇女生育前 12 个月内，必须已缴纳 30 周保险费才能享受生育保险。大多数国家缴费时间规定长短不一，一般为生育前 12 个月缴纳保险费 10 个月。

5. 除要求被保险人在生育前投保达到一定时期外，还要求被保险人实际参加工作也达到一定时间

法国规定，被保险人在分娩前必须投保满 10 个月，并且在生育的最近一年内的前 3 个月中，至少受雇 200 小时。

生育保险与医疗保险合并立法也是国外生育保险制度的一个特点。这是由于考虑生育前后的过程如同患病一样使生育和医疗保健密不可分，两者的给付在性质以及标准上有一定的近似，同时也使生育保险基金更具实力，提高其抗风险的能力。大多数国家给女职工提供的生育照顾一般包括产前、助产和产后，每个国家提供医疗服务的办法，通常在生育照顾方面也沿用。医疗服务一般也向受保男职工的妻子提供。

二、国外生育保险的待遇

待遇标准较优厚是国外生育保险的另一个特点。国外生育保险的主要待遇包括产假、生育补助金、生育津贴、医疗保健、儿童津贴几项内容。

1. 产假期限较长

60% 以上的国家生育产假达到 3 个月，20% 以上的国家达到 4 个月到半年，瑞典和德国长达 1 年半。有些欧洲国家还在产假期满后有半休假 8 年（瑞典）、5 年（比利时）、3 年（法国）的。有些国家从培育未来劳动力的角度考虑，认为仅仅给生育假期是不够的，还需要给抚育婴儿的假期，因而延长了产假时间，如比利时从 1981~1995 年，产假从 14 周延长至 24 周，德国从 32 周延长至 78 周。

2. 生育补助金比例较高

生育社会保险的收入补偿在社会保险一切险种中是最高的，相当于女职工生育前的工资标准，大多数国家规定为原工资的 100%，这主要是由生育行为的社会价值决定的。出于平衡待遇的考虑，有些国家若规定的产假很长，则收入补偿就相应减少，如芬兰，产假为 33 周，较大多数国家都长，但其收入补偿仅占女职工原工资的 55%。

当然，还有些国家生育行为的收入补偿按疾病保险的待遇发给。

3. 生育津贴较普遍

在一些国家，生育社会保障除了使女职工享有收入补偿外，还给予一定金额或实物的补助，这种补助具有社会福利的色彩。如法国、葡萄牙、玻利维亚等就专门规定了生育收入补偿之外的"护理津贴"或"育婴津贴"，有的则采取发放实物的办法，如发给免费奶票凭证等，有些国家如墨西哥、以色列等的生育保险制度还提供婴儿的全套用品或发给购置婴儿用品的津贴。

第三节　我国生育保险制度的建立与发展

一、我国生育保险制度的建立和发展

我国的生育保险制度基本上属于职工生育保险，其覆盖对象主要是城镇就业的职工。我国生育保险制度的建立和发展大致可以分为初期、发展期和转型期三个阶段，即新中国成立初期生育保险、"社会主义改造"与"文化大革命"时期生育保险和经济转轨时期生育保险。

1. 初期（新中国成立初期）

我国生育保险制度在新中国成立初期就已经建立，主要体现在新中国第一部全国统一的社会保障法规——《中华人民共和国劳动保险条例》（1951 年 2 月 26 日政务院第 73 次政务会议通过）之中，其保障对象为"女工人与女职员"。1955 年 4 月 26 日《国务院关于女工作人员生产假期的通知》使"机关女工作人员"也有了基本相同的制度保障。

根据《中华人民共和国劳动保险条例》和《中华人民共和国劳动保险条例实施细则修正草案》（政务院 1953 年 1 月 26 日〔53〕政财申字 11 号命令），新中国成立初期生育保险制度的内容大致有以下几点：

（1）覆盖对象。覆盖对象为雇用工人与职员人数在 100 人以上的国营、公私合营、私营及合作社经营的工厂、矿场及其附属单位与业务管理机关。

（2）生育保险金。生育保险金包括在劳动保险金之中，实行全国统筹与企业留存相结合的基金管理制度。劳动保险金由企业行政或资方按工资总额的 3% 提留，其中 30% 上缴中华全国总工会，70% 存于该企业工会基层委员会户内。

（3）生育休假及生育津贴。女工人与女职员生育的产前产后共给假期 56 天，产假期间，工资照发。

（4）生育补助。女工人与女职员或男工人与男职员的配偶生育时，由劳动保险基金项下付给生育补助费，其数额为五市尺红布，按当地零售价付给；多生子女补助费加倍发给。此外，劳动保险基金对经济确有困难者在企业托儿所的婴儿给予伙食费补助。

（5）医疗服务。"女工人与女职员怀孕，在该企业医疗所、医院或特约医院检查或分娩时，其检查费与接生费由企业行政方面或资方负担"（《中华人民共和国劳动保险条例实施细则修正草案》（政务院 1953 年 1 月 26 日〔53〕政财申字 11 号命令第 16条）。

（6）女性临时工、季节工及试用工的生育保险。怀孕及生育的临时女工人、女职员，其怀孕检查费、接生费、生育补助费及生育假期与一般女工人、女职员相同；产假期间由企业行政方面或资方发给产假工资，其数额为本人工资的 60%。

（7）其他。关于小产、难产和多胎的保险规定。

2. 发展期（"社会主义改造"与"文化大革命"时期）

"社会主义改造"与"文化大革命"时期（20 世纪 60 年代初至 70 年代末）我国生育保险制度发生了一些变化。20 世纪 60 年代初，我国已完成了对私营经济的"社会主义改造"，私营经济和公私合营经济都转制成了国营经济，"市场经济"转变成了"计划经济"，劳动者"单位所有制"逐步形成。"文化大革命"使这种变化得到了加强。

1969 年 2 月，财政部颁发了《关于国营企业财务工作中几项制度的改革意见（草稿）》规定，"国营企业一律停止提取工会经费和劳动保险金"，"企业的退休职工、长期病号工资和其他劳保开支改在企业营业外列支"。从此，我国社会保险的统筹制度中断了，生育保险制度也随之发生了变化：①生育保险的国家统筹消失，企业生育保险形成，各企业只对本企业的女工负责。②随着"临时工"转变为"固定工"的现实，生育保险从适合多种用工制度变化成为只适合单一的用工制度。

3. 转型期（经济转轨时期）

20 世纪 70 年代末，"文革"结束，随着我国的计划经济逐步走向社会主义市场经济，对企业自负盈亏独立核算的原则已达成共识，企业用人制度和用工制度的改革也已经有了新的气象，但是生育保险成本依然由企业各自负担。为避免更多的"性别亏损"，追求利润最大化，企业或者减少使用女工，或者在落实企业生育保险规定时打折扣，妇女公平就业的权利因此而受到损害。为了不让招收女工较多的企业在就业竞争中吃亏，为了不让妇女因承担生育责任而影响就业，变"企业生育保险"为"社会生育保险"、生育保险基金社会统筹就成了我国生育保险制度改革的方向。

1988 年，国务院颁布《女职工劳动保护规定》（1988 年 7 月 21 日），女职工产假由原来的 56 天增加至 90 天（其中产前 15 天）。1953 年的《中华人民共和国劳动保险条例实施细则修正草案》中有关女工人、女职员生育待遇的规定和 1955 年 4 月 26 日《国务院关于女工作人员生产假期的通知》同时废止（第 19 条）。1988 年我国关于生育保险的规定有两点作用：一是增加了产假天数（从 56 天增加至 90 天），二是对 20世纪 60 年代初至 70 年代末生育保险制度的变化由默认到正式承认。

既然原有的生育保险制度已经与市场经济条件下的企业制度不相适应，国家又没有统一的新政策，当时的医疗保险制度和养老保险制度的改革试点正在全国许多省市进行，导致各地的生育保险制度改革"各显神通"。1988~1994 年，各地改革措施归纳起来主要有两种：一是生育保险基金社会统筹，二是夫妇双方所在企业平均分担生育保险费用。生育保险基金社会统筹或生育保险费用分担在很大程度上减轻了试行企业生育保险费用的压力，对妇女就业产生了积极作用。但由于地方法规的非权威性、各地操作管理上的复杂性，基金的收缴有一定的困难，尤其对于男职工较多的企业更是如此。各地办法不统一，也增加了管理与监督上的难度。因此，迫切需要全国统一的法规出台。

1994 年 12 月，由劳动部颁发的《企业职工生育保险试行办法》（1995 年 1 月 1日起试行）使全国有了统一的生育保险基金统筹办法。1995 年 7 月 27 日，国务院发布《中国妇女发展纲要（1995~2000 年）》，其在生育保险上的目标是到 20 世纪末"在全国城市基本实现女职工生育费用的社会统筹"。劳动部相应于 1995 年和 1996 年分别发布了《劳动部关于贯彻实施〈中国妇女发展纲要〉的通知》和"劳动部关于印发《劳动部贯彻〈中国妇女发展纲要（1995~2000 年）〉实施方案》的通知"。

《企业职工生育保险试行办法》的新内容有以下几点：

（1）目的。目的是"为了维护企业女职工的合法权益，保障她们在生育期间得到必要的经济补偿和医疗保健，均衡企业间生育保险费用的负担"（第一条）。

（2）缴费。企业按不超过工资总额 1% 的资金向劳动部门所属的社会保险经办机构缴纳生育保险费（职工个人不缴纳生育保险费），社会保险经办机构负责生育保险基金的收缴、支付和管理（第四条、第八条）。

（3）支付。生育保险基金支付项目有生育津贴、与生育有关的医护费用和管理费，其中，生育津贴按本企业上年度职工月平均工资计发（第五条、第六条）。《劳动部关于贯彻实施〈中国妇女发展纲要〉的通知》要求"全国 80% 左右的县（市），到本世纪末实现生育保险社会统筹"，并将保险覆盖面扩大到城镇各类企业。《企业职工生育保险试行办法》是第一个试图与经济转型相适应的生育保险法规。《中国妇女发展纲要（1995~2000 年）》和劳动部上述两个相应文件推动了《企业职工生育保险试行办法》在全国实行。

二、生育保险的未来发展——生育保险和医疗保险合并

2016 年 7 月，人力资源和社会保障部公布了《人力资源和社会保障事业发展"十三五"规划纲要》（以下简称《纲要》）。《纲要》明确，未来五年，就业、养老、医保等各方面都将有变化，除了提及备受关注的延迟退休以及公务员基本工资将定期调整外，还对就业创业、社会保障等方面进行了具体部署。人力资源和社会保障部与财政部联合下发《关于阶段性降低社会保险费率的通知》时也明确指出，要将生育保险和基本医疗保险合并，待国务院制定出台相关规定后统一组织实施。此次《纲要》再次提出将生育保险和基本医疗保险合并实施，要求"完善生育保险政策，实行生育保险与基本医疗保险参保人员登记、缴费、管理、经办、信息系统统一"。2017 年 1 月，国务院办公厅印发的《生育保险和职工基本医疗保险合并实施试点方案》（以下简称《方案》）正式公布。《方案》确定，2017 年 6 月底前，在河北邯郸等 12 个试点地区启动生育保险和职工基本医疗保险两项保险合并实施工作，试点期限为一年左右。

1. 试点地区

《方案》中要求开展两项保险合并实施试点的地区包括河北省邯郸市、山西省晋中市、辽宁省沈阳市、江苏省泰州市、安徽省合肥市、山东省威海市、河南省郑州市、湖南省岳阳市、广东省珠海市、重庆市、四川省内江市、云南省昆明市。《方案》提出未纳入试点地区的不得自行开展试点工作。

2. 预期效果

第一，降低成本，减少环节。两个险种合并实施可以降低成本，减少环节。生育本身就是一种医疗行为，需要检查、开药、住院、治疗等，与医疗保险密切相关。过去两个险种独立运行、分开结算，有时很难区分。两个险种合并实施后，有利于降低经办成本。统一参保登记，也有利于进一步扩大生育保险覆盖的职业人群，有利于发挥社会保险的大数法则优势，更好地保障生育职工的生育保险权益。

第二，扩大基金共济范围。按照试点方案规定，生育保险基金并入职工基本医疗保险基金，统一征缴。试点期间可按照用人单位参加生育保险和职工基本医疗保险的缴费比例之和确定新的职工基本医疗保险费率，个人不缴纳生育保险费。同时，根据职工基本医疗保险基金支出情况和生育待遇需求，按照收支平衡的原则，建立职工基本医疗保险费率确定和调整机制。

从基金管理角度看，这样规定有利于提高征缴效率，扩大基金共济范围，也没有增加用人单位的缴费负担；同时，明确设置生育待遇支出项目，既可保障女职工生育保险待遇，也为进一步完善生育保险待遇政策奠定了基础。

第三，生育保险待遇不降。人力资源和社会保障部发布的《2015 年度人力资源和社会保障事业发展统计公报》显示，2015 年，全年生育保险基金收入为 502 亿元，支出为 411 亿元，分别比上年增长 12.5% 和 11.8%。2015 年末，生育保险基金累计结存 684 亿元。

数据显示，截至 2016 年底，全国生育保险参保人数为 1.84 亿人，当期基金收入为 519 亿元，支出为 527 亿元，累计结余 676 亿元，全国享受生育保险待遇 808 万人次。生育保险制度运行平稳。

目前，我国生育保险待遇包括《社会保险法》规定的生育医疗费用和生育津贴，所需资金从职工基本医疗保险基金中支付。生育津贴支付期限按照《女职工劳动保护特别规定》等法律法规规定的产假期限执行。生育保险的待遇发放主要是医疗费用的支出和产假期间生育保险基金支付的工资两部分。两个险种的合并实施不仅不会导致参保职工生育保险待遇降低，而且将随着基金共济能力的提高，更有利于保障参保人员的待遇。

当然需要明确的是合并不是取消险种。生育保险与医疗保险相比具有不同的功能和保障作用，作为一项社会保险险种仍有保留的必要：一是生育保险具有维护女性平等就业权益和对女职工劳动保护的独特功能；二是体现雇主责任，个人不缴纳生育保险费；三是在待遇上，只要符合规定的医疗费可以执行实报实销原则，同时还有生育津贴（占基金支出的 60% 以上，主要是平衡用人单位负担）。因此，这次合并实施试点不是简单地将两项保险在制度层面合并，其不涉及生育保险待遇政策的调整，而是在管理运行层面的改革。

 练习题

一、不定项选择题

1. 生育保险属于（　　　）。

A. 短期性补助　　B. 长期性补助　　C. 保险性补助　　D. 福利性补助

2. 生育保险待遇不包括（　　　）。

A. 假期　　　　　B. 补偿　　　　　C. 津贴　　　　　D. 报销

3. 不属于生育保险期间的是（　　　）。

A. 婴儿未成年阶段　　　　　　B. 怀孕期间

C. 生育期间　　　　　　　　　D. 生育行为刚刚结束期间

4. 生育保险比率包括（　　　）。

A. 均一制　　　B. 固定比例制　C. 累进比例制　D. 工资比例制

5. 为补助由生育带来的开支称为（　　　　）。

A. 收入补偿　　B. 生育津贴　　C. 生育补助　　D. 特殊补助

二、简答题

1. 妇女儿童社会保障的作用有哪些？

2. 享受生育保险资格的条件可以分为哪几类？

3. 生育保险有哪些特点？

4. 简述生育保险的给付项目。

参考答案

一、1. A　2. D　3. A　4. AD　5. C

二、简答题

1. 妇女儿童社会保障的作用

妇女儿童社会保障是随着社会经济发展、妇女争取平等权利的斗争和妇女的解放而产生和发展起来的，在社会经济生活中发挥的作用：①有利于维护女性权益，实现男女平等。②有利于开发和利用女性人力资源，促进经济发展。③有利于提高人口素质，贯彻国家人口政策。④有利于母亲和儿童身心健康、家庭和睦，促进社会稳定。

2. 生育保险享受的资格条件分类

各国规定的生育保险享受资格条件不尽相同，大体可以分为以下几类：

（1）投保时间和受雇时间都达到规定标准，才有资格享受生育社会保险。

（2）缴纳社会保险费并达到规定的最低期限，就有资格享受生育社会保险。

（3）有居住权且在国内居住时间达到最低限度即可以享受生育社会保险。

（4）不规定具体条件，凡符合国家公民及财产调查的即可享受生育社会保险，如澳大利亚规定凡本国公民并符合财产调查手续者即可享受生育社会保险。

3. 生育保险的特点

生育保险的特点：①生育保险的覆盖面只限于女性。②给付项目多。③标准高。④生育保险实行"产前与产后都应享受的原则"。

4. 生育保险的给付项目

生育保险的给付项目有假期、医疗、津贴、计划生育奖励。

第十二章　农村社会保障

1. 了解农村社会保障制度的界定和基本功能。
2. 掌握国外农村社会保障制度的发展趋势。
3. 了解我国农村社会保障制度中各组成部分的发展历程以及现状。
4. 掌握农村养老保障的相关知识。
5. 掌握农村合作医疗等相关知识。

📖 重　　点

1. 农村养老保障的相关知识。
2. 农村合作医疗等相关知识。

📖 难　　点

能够运用所学理论对现有制度中的诸如农民工的社会保障问题进行分析，提出自己的见解和看法。

就我国国情来说，由于历史、政策等多方面的原因，导致我国城乡差异悬殊，农民作为一个整体基本处于弱势地位，而我国又是一个农业大国，农业人口占总人口中的绝大多数比重。在新的形势下，为适应社会主义新农村建设的要求，对有关农村社会保障的理论研究成果和实践经验进行梳理和总结具有其必要性。

第一节　农村社会保障制度概述

一、农村社会保障制度的界定

1. 定义

农村社会保障制度是与城镇社会保障制度相对应的，其是为广大农村人口提供社会保障服务的所有措施的集合。农村社会保障制度是指国家和社会为我国农民特别是生活贫困的农民提供的一种普遍的、预设的制度安排框架，其可以使农民在面对外界各种风险威胁时，能够通过该制度的帮助以应对、缓解和消除这些威胁对农民及其贫困农民基本生计安全的影响，农村社会保障制度主要包括养老保险、医疗保险和最低生活保障。《中华人民共和国国民经济和社会发展"九五"计划和2010年远景目标纲要》指出，以完善养老、失业、医疗保险为重点，"加快养老、失业和医疗保险制度的改革，初步形成社会保险、社会救济、社会福利、优抚安置和社会救助、个人储蓄积累相结合的多层次的社会保障制度"是我国今后15年建立和完善社会主义市场经济体制的主要战略任务。

农村社保制度是一国社会保障制度发展进程中的中间产物，也是社会保障成果惠及全民的必由之路。农村社保的对象是面向农村人口，主要是农民和农业工人，其重点对象是农村基本上没有劳动能力、无依无靠、无生活来源的老人、残废人和孤儿。即无法定抚养义务人，或者虽有法定抚养义务人，但是抚养义务人无抚养能力的；无劳动能力的；无生活来源的。也就是说，同时具备上述三个条件的老年人、残疾人或未成年人。

2. 农村社会保障的形式

（1）农村社会救济。农村社会救济指的是政府、公益组织团体对农村特殊困难的家庭提供资金、服务上的救助，使其基本生活得到保障的制度。具体来讲，农村社会保障制度在救济对象上主要针对的是遭受自然灾害以及处于低保的群体。

（2）农村社会保险。社会保险作为农村社会保障制度的重点，其在保障层次上比其他三项制度高。当前我国农村社会保险制度在内容上主要包含计划生育、医疗等五个类型的保险模式。而从其发展现状来看，养老与医疗这两项保险内容是广大农村居民需求最大的险种。

（3）农村社会优抚安置。农村社会保障制度中的优抚安置是指地方政府对特殊困难军人家庭提供的资金与服务上的救助。同时，优抚安置还对革命伤残人员提供相应的社会救助。

（4）农村社会福利。农村社会福利是我国政府在保险之外的向农村特殊群体提供的保障性救助，其主要对象是农村地区的老弱病残群体。另外，农村社会福利还能够为特殊困难家庭提供生活上的特殊服务，如上门看病等。

（5）农村社会互助。农村社会互助指的是在政府组织领导下，社会公益团队对农村地区弱势群体开展的济困活动。农村社会互助主要运用捐赠、邻里互助等多种方式进行。

3. 农村社会保障遵循的重要原则

（1）城乡统筹原则。从社会经济和谐发展的长远要求来看，社会保障城乡统筹和一体化发展是大多数发达国家经济起飞后的必然之举。长期以来，我国的二元社会结构严重失衡，导致与之相伴的社会保障制度结构也严重失衡。城市社会保障受以城市产业发展为重心的经济指导思想的影响，得到了更多的关注和较多的社会保障资源分配。而农村社会保障受农村土地制度、农村生产方式及生产关系的影响，没有得到实质性的改变。这种非均衡的社会保障结构不但难以发挥其应有的保障功能，反而进一步加剧了社会结构的二元性。二元结构是我国统筹城乡经济社会发展的制度性痼疾，城乡分割的社会保障制度自然成为我国统筹城乡经济社会发展的一大障碍。因此，农村社会保障的建设一定要遵循城乡统筹的原则，力求城乡社会保障协调、均衡发展，为经济社会的持续稳定发展服务。

（2）保障水平与经济发展相适应原则。分配决定社会保障水平的逻辑定式，社会保障水平必须同经济发展和社会承受能力相适应。在确定农村社会保障水平时，一定要对农村区域经济状况及社会能力进行综合分析，确立与之相适应的社会保障标准，并建立与农村经济发展水平适时调整的渐进动态机制。与此同时，在社会保障制度体系中，要区别社会保障项目，有限的保障资源分配要有利于保护农村弱势群体，充分发挥社会保障的收入再分配功能，从而真正实现社会保障的公平目标。

（3）广覆盖、低标准、多层次原则。社会公平目标要求城乡居民人人享有社会保障。根据农村经济发展和社会能力综合来看，要实现社会保障的广覆盖，首先，必须对现有的社会保障资源进行调整，通过稳定城镇社会保障标准和提高农村社会保障水平使整个社会保障制度在低标准下达到均衡，这样才能确保该目标的实现。其实，国内外的实践经验也证明，高福利水准的社会保障制度有很多弊端，其容易滋长劳动者的惰性，降低其参加劳动生产的积极性。因此，适度标准的社会保障水平才是最佳状态。同时，农村的社会保障建设要从受保障人群的实际出发，实行分类、重点有别的

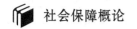

多层次体系，通过各种保障制度和保障项目的合理搭配，提高社会保障的整体功效，使农村居民的生活有基本保障。

（4）多元化筹集资金原则。农村经济水平较低、农民收入不高、政府的财政能力也极为有限，要依靠农村地方经济和农民自身的力量建立和推行社会保障制度难度较大。在我国农村，社会保障要遵循政府、集体、个人和社会多方筹集资金的原则。一方面加强各级政府资金的投入，建立政府资金的引导机制，带动各方积极筹资；另一方面通过制定优惠政策，吸引社会捐助资金，增强农村社会保障基金实力，提高规模，从而保证农村社会保障的快速建立与发展。

二、建立健全我国农村社会保障制度的必要性

加快和完善我国农村社会保障制度的建设是加快和促进中国农业和农村社会发展、改善民生、快速推进社会主义新农村建设的内在需要，对于统筹中国农村和城市经济发展、加快构建社会主义和谐社会和全面建设小康社会都具有重要意义，是中国社会发展与稳定的基础，具有现实性和必要性。

1. 在经济发展方面

农村社会保障的建立可以在相当程度上减轻广大农民面临的养老、疾病等风险，可以缓和农村生活中的各种矛盾，有利于农村经济向市场经济转型，有利于深化农村经济体制改革。能有效促进农村经济增长水平，快速增加农民收入，加快促进实现农村经济的可持续发展。农村社会保障体系是农村发展市场经济的强大、不可或缺的现实基础。

2. 在农村社会稳定方面

我国不同地区的农村经济和社会发展不平衡，普遍存在城乡贫富差距较大和城镇人口与农民的社会保障制度差距大的现象，社会矛盾随之不断升级。农村社会保障制度可以给予农民国民待遇，其也是维护社会公平的基本措施之一。为平衡和加快全国各地区的经济发展、控制社会矛盾升级和巩固社会稳定加快农村社会保障制度的建设步伐就显得尤为迫切和重要。

3. 在政策管理方面

在我国的大多数农村地区国家相关政策的执行和落实效果在很大程度上受农民对政策理解程度的影响。农村社会保障制度的快速建立和完善能极大地促进农民对国家和当地政府的信赖和依附程度，这样会促进和加快国家的计划生育、土壤和耕地保护、农村社区化的其他相关政策的实行和落实。

4. 在国家建设方面

农村社会保障制度的完善是国家健全社会保障制度的必要组成部分，是涉及国家经济发展全局和巩固国防与稳定社会的必要手段。在农村社会保障制度健全的基础上，国家可以通过政策与经济调控来更加合理、科学地分配农村及社会各阶层的人口、人力去向，从而更高效地加快中国城市与农村的经济和社会发展，促进国家构建社会主义和谐社会和全面建设小康社会的前进步伐。

第二节　我国的农村养老保障制度

一、农村养老保障制度的发展

我国农村社会保障的发展有着较为深远的思想渊源，但由于我国以农业为主的封建社会历时太长，使商品经济发展迟缓，导致早期传统的社会保障思想与做法并没有演进成现代完善的社会保障制度。新中国成立后，党和政府很重视农村社会保障工作，但随着社会经济形势的变化，农村社会保障的内容、方式和管理也发生了变化，其演变过程大致经历了以下几个阶段：

1. 以家庭保障为主，政府、社区适当扶助阶段

中华人民共和国成立后，农村土地改革使土地成为广大农村居民的最基本的生活来源。在土地改革期间，农村普遍建立了农会等组织，组织和领导农民开展减租、减息和生产自救活动；政府对遭遇天灾人祸的农民给予最起码的生活保障，对农村退伍军人及烈军属等优抚对象实施优待和抚恤。但是，我国农村自然经济和半自然经济的生产状态没有太大改变，受此影响，这期间的农村社会保障主要实行以家庭保障为主，政府、社区适当扶助的模式，即农民的老、残、病、死，农业生产中遇到的一般自然灾害，主要由农户自我承担和亲戚的相互帮助来解决，如遇大的天灾人祸时，各级地方政府及时拨粮、拨款进行救济，组织生产救灾，使农民的基本生活得到保障，社会得到安定。这一时期的社会保障程度很低，除社会优抚外，社会保障尚未形成制度。

2. 以集体保障为主，国家适当扶助阶段

从农业合作化开始到党的十一届三中全会召开，为了适应计划经济体制的社会主义经济建设发展的需要，党和政府开始着手在农村建立与之相适应的社会保障制度。

1956 年 6 月 30 日，第一届全国人民代表大会第三次会议通过的《高级农业生产合作社示范章程》规定："农业生产合作社对缺乏劳动力或者完全丧失劳动力、生活没有依靠的老、弱、孤、寡、残的社员，在生产上和生活上给予适当的安排和照顾。"还指出，"农业生产合作社必须注意社员在劳动中的安全，不使孕妇、老年和少年担负过重和过多的体力劳动，并且特别注意使女社员在产前产后得到适当的休息……对于因公负伤或者因公致病的社员要负责医治，并且酌量给予劳动日作补助；对于因公死亡的社员家属要给予抚恤"。自此，我国建立并实行了农村"五保"供养制度，农村居民的生、老、病、死基本上依靠集体经济力量来给予保障。从 20 世纪 60~70 年代，许多公社、大队还相继建成了敬老院、福利院，使老有所养、残有所为；普遍地以生产大队为单位建立了医务室（所），推行农村合作医疗制度。农村大部分地区开展了以集体为主的扶贫救济工作，从而使广大农村走向以农村社队集体经济为依托、国家适当扶助的社会保障轨道。但由于农村生产力水平低，社会保障仍停留在较低水平上，且地区保障水平极不平衡。

3. 社会保障制度的探索阶段

从 20 世纪 80 年代初开始一直到现在，随着我国经济体制改革的深入和农村联产承包责任制的推广，农村社会经济得到了极大的发展，社会保障制度开始逐步走向社会化、制度化、规范化的道路。在国务院的统一部署下，民政部自 1987 年以来，以由点到面、逐步推开的原则，基本上建立了范围不同、标准有别的农村基层社会保障体系框架，即在欠发达地区以扶贫扶优为主，变消极的"输血"为积极的"造血"，加强救灾救济、优抚安置工作；中等地区在上述工作的基础上，发展福利生产，安置有劳动能力的残疾人，举办福利事业，收养孤寡老人，开展群众性的互助储金活动，帮助有困难的人达到互助、互保的目的；富裕地区在上述工作基础上，开展以社区为单位的农村社会养老保险和救灾合作保险工作。与此同时，全国建立了以一院（敬老院）、一厂（社会福利工厂）、一会（社会保障基金会）以及群众优待（对优抚对象）和五保（对"三无"对象）统筹为主的农村基层社会保障网络。1992 年民政部颁布了《县级农村社会养老保险基本方案》，并在广大农村开展了社会养老保险的试点工作；同时，在个别地区进行了合作救灾保险的试点工作。1995 年，农村最低生活保障制度开始建立。

2003 年，我国建立了新型农村合作医疗制度。2006 年，党的十六届六中全会通过了《中共中央关于构建社会主义和谐社会若干重大问题的决定》，把到 2020 年基本建立覆盖城乡居民的社会保障体系作为构建社会主义和谐社会的重要目标。2007 年，党的十七大报告进一步明确了社会保障制度建设的远景目标。为此，不少地方开始了以探索新型农村社会养老保险、完善新型农村合作医疗制度和农村最低生活保障制度等为主要内容的农村社会保障制度体系的建设工作。

总体上来看，经过 50 多年的发展，我国农村社会保障体系格局基本形成，大体包括农村社会养老保险制度、农村合作医疗制度、最低生活保障制度、灾害救济制度、五保户供养制度、临时救济制度、社会互助制度及社会优抚制度等。这些制度涵盖了社会保险、社会福利、社会救济及优抚安置四个层面。至此，农村社会保障制度体系建设取得了一定成绩。

二、试点地区的农村社会养老保险制度模式介绍

1. 烟台模式

烟台模式是 1992 年《县级农村社会养老保险基本方案》实施后国家试点探索的传统模式，是以政府倡导和扶持为特征的"准商业保险"模式。这种模式坚持"政府倡导、个人自愿、因地制宜、稳妥推进"的原则，在养老保险资金的筹集上以收定支。

农民参保，政府不补贴。政府只对被征地农民视情况给予适当补贴，农民失地时以城镇低保标准为依据。一次性征地过半，人均不足一分地的，由政府全额缴；人均不足三分地的，由政府缴 30%，个人缴 70%；政府所缴金额从土地补偿款和土地经营收入中列支。农民参保缴费不设上下限，多缴多回报，少缴少回报。

这种模式有别于商业保险的是政府倡导并推动工作的开展，可节省高额的营销费用；农民领取养老金免缴个人收入调节税，参保的回报较之商业保险的高。

烟台模式的缺陷是政府不补贴，农民的积极性不高；农保机构自收自支，基金增值压力大；农民参保不设基数，缴费少的不能真正发挥养老功能，缴费多的则无条件享受更多的政策优惠，形成了有利于富裕阶层的不公平社会机制。

2. 青岛模式

青岛模式是以政府扶持和有限补助为特征的行政支持模式。这种模式坚持"个人缴费、集体补助、政府扶持相结合"的原则，实行财政补助和兜底。

在养老保险资金的筹集上以支定收，各县（市、区）根据自己本地实际情况确定缴费基数。基本上以上年度农民人均收入为基准，个人最低缴 6%，村集体、乡镇、县（市、区）补助 12%。个人缴费设上下限，最低不低于 6%，最高不高于 30%。这种采取行政信誉支持的方式，其财政补助资金可先行挂账（或称"空挂"），视情况分期支付到位，但必须兜底。青岛模式中农保机构为全额拨款的事业单位。

这种模式由于有了政府的扶持、补贴和兜底，农民参保的积极性较高，但此模式的财政补助没有真正到位，对后期财政兜底的压力较大，对政府的信誉和政策的连续性是个考验，如果挂账成了真正的"空挂"，则会给社会稳定埋下祸根。

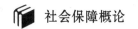
3. 广东模式

广东模式主要是以社区为依托，通过股份合作制乡镇企业中的年龄股份和集体股份来实现对曾在乡镇企业工作过的老年工人的保障。该种模式最大的优点在于能有效保护农村乡镇企业老年人口的权益，增强整体制度的灵活性。其缺陷也是不言而喻的，制度运行的好坏需要以乡镇企业的经济效益作为基本保证；另外，对于那些没有在乡镇企业工作过的老年人口，则不能提供养老保障。

4. 苏南模式

苏南模式最基本的特征在于"以家庭保障为基础，社区保障为核心，商业性保险为补充"，是一种多种保障措施并存共同发展的模式。

苏南模式的优势：一是集体补助比例较高；二是基金筹集标准不是按照《县级农村社会养老保险基本方案》规定的 10 个等级，而是依据当地基本生活水平进行规定，此举可以充分保障农村老年人口的生活水准，同时为日后城乡统筹奠定了一定的基础。

 案例

一、什么是新型农村五保供养制度？

新型农村五保供养制度主要是指国家对无劳动能力、无生活来源又无法定赡养、抚养、扶养义务人，或者其法定赡养、抚养、扶养义务人无赡养、抚养、扶养能力的老年、残疾或者未满 16 周岁的村民在吃、穿、住、医、葬、教等方面给予的生活照顾和物质帮助。

1. 农村五保供养对象

2006 年 1 月国务院第 121 次常务会议通过的《中华人民共和国农村五保供养工作条例》（以下简称《条例》）规定，老年、残疾或者未满 16 周岁的村民，无劳动能力、无生活来源又无法定赡养、抚养、扶养义务人，或者其法定赡养、抚养、扶养义务人无赡养、抚养、扶养能力的，享受农村五保供养待遇。

（1）关于生理属性的规定。老年人，按照 2015 年 4 月修订的《中华人民共和国老年人权益保障法》第二条规定："老年人是指 60 周岁以上的公民。"残疾人是指在心理、生理、人体结构上，某种组织、功能丧失或者不正常，全部或者部分丧失以正常方式从事某种活动能力的人。未成年人是指未满 16 周岁或者已满 16 周岁但仍在接受义务教育的青少年。

（2）关于劳动能力的界定。在实践中，将未满16周岁的村民视为无劳动能力人，将年满60周岁的村民视为不适宜劳动的无劳动能力人，16~60岁中因严重残疾而不适宜劳动的人视为无劳动能力人。

（3）关于经济状况的界定。在实践中，将享有集体经营等收入和土地承包流转经济收入但不足以维持其基本生活的村民视为无生活来源。同时，将用于农村五保供养的集体经营等收入和土地承包流转经济收入列为农村五保供养资金的补充渠道。

（4）关于无法定赡养、抚养、扶养义务人的界定。一是无法定赡养人，即没有婚生子女、养子女和有抚养关系的继子女。二是无法定抚养人。法定抚养人为生父母、养父母和有抚养关系的继父母，还包括祖父母、外祖父母。三是无法定扶养人。法定扶养人是指夫妻、兄弟姐妹。

（5）关于法定赡养、抚养、扶养义务人无赡养、抚养、扶养能力的界定。一是法定赡养、抚养、扶养人因患重病、因重度残疾、因年老体弱等而无法履行义务。二是法定赡养、抚养、扶养人因客观原因而无法与被赡养、抚养、扶养人保持生活联系。

2. 农村五保供养内容

（1）关于保"吃"。保"吃"包括对粮油、副食品和生活用燃料（油米菜盐酱醋柴）的需要。

（2）关于保"穿"。保"穿"包括对服装、被褥等生活用品和零用钱的需要。

（3）关于保"住"。提供符合基本居住条件的住房。

（4）关于保"医"。提供疾病治疗，对生活不能自理的给予照料。农村五保供养对象的疾病治疗应当与当地农村合作医疗和农村医疗救助制度相衔接。

（5）关于保"葬"。农村五保供养对象死亡的，一次性支付其原享受的一年供养金作为丧葬补助费。

（6）关于保"教"。《条例》规定，农村五保供养对象未满16周岁或者已满16周岁仍在接受义务教育的，应当保障其依法接受义务教育所需的费用。五保供养标准不应低于当地村民的平均生活水平。2013年，某市五保供养标准按照分散供养不低于2400元/人·年，集中供养按不低于当地城市最低生活保障标准足额预算供养资金。

3. 取消农村五保供养待遇的情形

（1）自身属性发生了变化。原属于残疾人或未满16周岁未成年人的农村五保供养对象不再属于残疾人或者已满16周岁。

（2）自身属性没有发生变化，但不再同时满足"三无"的三个条件。

（3）农村五保供养对象死亡。

资料来源：新型农村五保供养制度［EB/OL］．衡阳市石鼓区政府网，http：//www.hysgq.gov.cn/main/xxgkml/qt/ndxxgkbg/1_ 20150/，2015-05-20．

二、未来中国农民应该靠谁养老？

众所周知，目前我国农村养老的主要形式还是以家庭为主，这个比例约占整个养老保障的92%。可是，随着人口老龄化时代的到来和经济的发展，人们开始质疑农村原有的养老保障体系是否已经逐渐失去了其传统功效，很多研究列举了一些影响因素，诸如家庭规模缩小增加子女负担、青壮年劳动力的流失弱化家庭养老的功能、农村经济收入偏低使养老缺乏经济支持、道德观念转变导致子女逃避养老责任等。这些因素是否弱化了农村家庭养老模式？家庭规模缩小以及农村劳动力流动真的会导致农村家庭养老模式无法为续吗？

家庭规模缩小真的会增加养老负担吗？我国自20世纪70年代末实行计划生育政策，第一代执行计划生育政策的农村夫妻虽然生长在传统的农村，但是其经历了改革开放，并受交通和信息发展的影响使其看清了城乡二元经济结构造成的城乡巨大差距，从而影响了他们的收入支出习惯。他们不会像上一代人一样将钱用在建造房屋方面，而是将有限的财力用于子女的教育投资和自身储蓄。很多农民的子女通过出外上学的方式跳出了"农门"，使其有能力回报当初父母的教育投资。由于父母长期生活在农村，其生活费用较低，还有储蓄的习惯，所以正常情况下，子女对他们的养老支出不会增加负担。相反，农村若是家庭规模不变，子女的抚养教育支出就会占据家庭收入的绝大部分，有些家庭甚至会因此债台高筑，他们的孩子就可能因缺乏人力资本投资而失去更多获得良好收入的机会，时间一长，这些子女连自身生活都难以为继，更谈不上有余力去供养老人。因此，子女个数的减少可能会提高子女的质量，在如今靠人口质量而不是人口数量取胜的年代，家庭规模缩小并不一定会增加子女负担，父母反而可能因为初期的对教育的高投入使其在老年时获得高回报。

农村劳动力流动会弱化农村家庭养老功能吗？城市化、工业化的进程需要大批劳动力，而农业的发展和农民追求更多利益机会的意愿刚好迎合了这种需求，由此产生了农民工。这是一种必然的趋势。由于对农民工需求的特殊性，使男性体力上的优势更适合这个角色，因此，农村出现"阴盛阳衰"的局面。这部分流动农民工的土地收入转为工资收入，其一部分转移支付给留在农村的老人，这与以前的供养方式没有区别。传统观念下，子女对父母经济上的供给便是最大的孝顺，农民工会比留在农村陪伴父母的农民更有经济实力孝顺父母。所以，农村男性劳动力的流出增加了家庭的收入，农村青年妇女完全有能力通过农业生产承担看护老人的责任。

资料来源：三亿文库.2017年电大社会保障学形成性考核（一）[EB/OL].三亿文库网，http：//3y.uu456.com/bp_46nku2nowp6rgfk15sw18xzko02xoc00fyh_3.html.

第三节　我国农村的医疗保险制度

农村合作医疗是我国农村社会通过集体和个人集资，用以为农村居民提供较低费用的医疗保健服务的一种互助互济制度，它既是中国医疗保障制度中有特色的组成部分，也是中国农村社会保障体系中的重要内容。

一、传统农村合作医疗模式的产生与发展

传统农村合作医疗模式的产生与发展经历了以下几个阶段：

1. 合作医疗制度的出现阶段（1955 年前后）

早在抗日战争时期，解放区就出现过农民集资兴办的合作医疗。新中国成立后，一些地方在土地改革后的农业互助合作运动的启发下，由群众自发集资创办了具有公益性质的保健站和医疗站。

2. 合作医疗正常推广阶段（1956~1965 年）

1956 年，全国人大一届三次会议通过的《高级农业生产合作社示范章程》中规定，合作社对于因公负伤或因公致病的社员要负责医疗费用，并且要酌量给予劳动日作为补助，从而首次赋予集体介入农村社会成员疾病医疗的职责。随后，许多地方开始出现以集体经济为基础，以集体与个人相结合、互助互济的集体保健医疗站、合作医疗站或统筹医疗站。可以说，从新中国成立到 20 世纪 50 年代末，农村合作医疗处于各地自发举建的阶段。

3. 合作医疗异常发展阶段（1966~1976 年）

1959 年 11 月，卫生部在山西省稷山县召开全国农村卫生工作会议，正式肯定了农村合作医疗制度。此后，这一制度在广大农村逐步扩大。1965 年 9 月，中共中央批转卫生部党委《关于把卫生工作重点放到农村的报告》，强调加强农村基层卫生保健工作，极大地推动了农村合作医疗保障事业的发展。到 1965 年底，全国已有山西省、湖北省、江西省、江苏省、福建省、广东省、新疆维吾尔自治区等十多个省、自治区、直辖市的一部分市县实行了合作医疗制度，并被进一步普及；由于合作医疗深受农民欢迎，即使在"文化大革命"中，也在蓬勃发展。到 1976 年，全国已有 90% 的农民参加了合作医疗，从而基本解决了广大农村社会成员看病难的问题，为新中国农

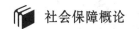

村医疗保障事业的发展写下了光辉的一页。

4. 合作医疗衰退阶段（1978～1989 年）

在 20 世纪 70 年代末期以后，农村合作医疗遭到了破坏，并开始走向低潮。1979年 12 月，卫生部、农业部、财政部、国家医药管理总局、全国供销合作总社联合发布了《农村合作医疗章程（试行草案）》，各地又根据这个章程对农村基层卫生组织和合作医疗制度进行整顿，坚持农民群众自愿参加的原则，强调参加自愿，退出自由，同时改进了资金筹集办法。此后，虽然少数地区的农村合作医疗事业得到了恢复与发展。但随着 20 世纪 80 年代农村承包责任制的推行，乡村公共积累下降，管理不到位，各级卫生行政部门又未能及时加强引导，导致全国大多数农村地区原有的以集体经济为基础的合作医疗制度遭到解体或停办的厄运，绝大部分村卫生室（合作医疗站）成了乡村医生的私人诊所。据 1985 年全国 10 省 45 个县的调查显示，农村居民中仍参加合作医疗的仅占 9.6%，而自费医疗则占 81%，1986 年支持合作医疗的村继续下降至 5% 左右，当时只有上海市的郊县、山东省的招远市、湖北省的武穴市、江苏省的吴县市、无锡市、常熟市等为数不多的地区继续坚持合作医疗。

进入 20 世纪 80 年代后期，农村社会成员的医疗问题又引起了有关政府部门的重视，一些地方在总结历史经验的基础上，根据农村的发展变化，亦对传统的合作医疗制度因地制宜作了改进，从而呈现出不同的模式。目前，农村合作医疗事业作为农村社会保障事业的一个方面，已被列入国家卫生部门的发展计划，正在逐步恢复和发展。

综上所述，中国的合作医疗事业所走的道路是曲折的，这种曲折与其他社会保障制度有所不同，它主要是因为农村承包责任制的推行使之失去了集体经济基础的同时，又无政策引导，其后果就是参加合作医疗的农村社会成员由 1976 年占农村人口的 90% 锐减到 1986 年的 5% 左右，一些地方又出现了农民看病难，看不起病，甚至因病陷入困境、绝境的现象。农村合作医疗事业曲折发展的这一过程应当成为中国现阶段整个社会经济改革发展中的一个深刻教训。

二、我国传统合作医疗制度的主要特征

1. 合作医疗以农村居民为保障对象

在我国，城镇居民一般有公费医疗、劳保医疗或医疗社会保险制度给予的保健与疾病医疗保障。合作医疗作为农民群众在长期与疾病作斗争的过程中逐渐形成和发展起来的一种医疗保障制度，是解决农村居民疾病医疗与保健问题的主要依托。因此，合作医疗是农民创造的，也为农民的健康服务，其主要是农村社会保障体系的重要组

成部分。

2. 合作医疗以群众自愿为原则

合作医疗是合作化运动的产物,实质上是群众的互助互济行为,它从一开始就强调群众自愿的原则,通过政策引导、实施效果引导以及群众相互影响等来吸引群众参加。国家在政策上的重视与扶持、合作医疗本身的公益性、福利性以及群众之间的影响使农民自愿参加并最终成为一项医疗保健制度。在新的历史时期,合作医疗仍应坚持群众自愿的原则,但这并不排除政策引导、政府扶持等措施,并使合作医疗成为农村社会的群众性医疗保障制度。

3. 合作医疗以集体经济为基础

在过去数十年间,合作医疗制度与农村社、队集体核算制度相适应,其经费主要源于集体公益金的补助,社员看病只需缴纳少量的费用,从而是一项低偿的农村集体福利事业。农村改革后,合作医疗走向低潮正是因为其失去了这种集体经济的保障。因此,国家和社会承担的对农村居民的健康职责主要通过政策引导和农村集体经济的供款来实现,集体经济在过去是合作医疗的经济基础,在今后仍将是农村合作医疗的必要保证。

4. 合作医疗以全方位服务为内容

虽然合作医疗的层次低,设施简陋,但从过去数十年的实践来看,它又有着十分丰富的内容。它不仅为农村社会成员提供一般的门诊和住院服务,而且承担着儿童计划免疫、妇女孕产期保健、计划生育、地方病疫情监测等任务,并按照预防为主、防治结合的方针开展各种预防工作和饮食及饮水卫生、爱国卫生工作等。由此可见,合作医疗虽建立在乡、村,是中国最低层次的、粗放型的医疗保障体系,但"麻雀虽小,五脏俱全",对保障农村社会成员的健康发挥着多方面的积极作用。

此外,农村合作医疗还能就近或上门提供医疗服务,这极大地方便了农村居民的疾病医疗和保健的需要。

三、21 世纪关于新型合作医疗制度的探讨

2002 年 10 月 29 日,《中共中央国务院关于进一步加强农村卫生工作的决定》要求,"到 2010 年,使农民人人都能享受初级卫生保健;今后 8 年的时间内,在全国农村基本建立适应社会主义市场经济体制要求和农村经济社会发展水平的农村卫生服务体系和农村合作医疗制度"。

2002 年 12 月 28 日,《中华人民共和国农业法(修订草案)》(以下简称《农业

法》）经九届人大第 31 次会议审议通过，并于 2003 年 3 月 1 日起正式施行。新修订的《农业法》规定："国家鼓励支持农民巩固和发展农村合作医疗和其他医疗保障形式，提高农民健康水平。"

2003 年 1 月 16 日，国务院办公厅转发了卫生部、财政部和农业部所发的《关于建立新型农村合作医疗制度的意见》，要求从 2003 年起，各省（自治区、直辖市）至少要选择 2~3 个县（市）先行试点，取得经验后逐步推开，到 2010 年，实现在全国建立基本覆盖农村居民的新型合作医疗制度的目标，减轻农民因疾病带来的经济负担。从 2003 年起，中央财政对中西部地区除市区以外的参加新型合作医疗的农民每年按人均 10 元安排合作医疗补助资金，地方财政对参加新型合作医疗的农民补助每年不低于人均 10 元""农民为参加合作医疗、抵御疾病风险而履行缴费义务不能视为增加农民负担"。

这是我国政府历史上第一次为解决农民的基本医疗卫生问题进行的大规模投入。从 2003 年开始，本着多方筹资，农民自愿参加的原则，新型农村合作医疗的试点地区正在不断的增加。通过试点地区的经验总结，为将来新型农村合作医疗在全国的全面开展创造了坚实的理论与实践基础。截至 2004 年 12 月，全国共有 310 个县参加了新型农村合作医疗，有 1945 万户，6899 万农民参合，参合率达到了 72.6%。按照"十一五"规划的要求，新型农村合作医疗到 2010 年的覆盖面要达到全国农村的 80% 以上。2011 年 2 月 17 日，中国政府网发布了《医药卫生体制五项重点改革 2011 年度主要工作安排》，这份文件明确承诺，2011 年政府对新农合和城镇居民医保补助标准均由上一年每人每年 120 元提高到每人每年 200 元；城镇居民医保、新农合政策范围内住院费用支付比例力争达到 70% 左右。

2012 年，各级财政对新农合的补助标准从每人每年 200 元提高到每人每年 240 元。其中，原有的 200 元部分继续由中央财政按照原有补助标准支付，新增的 40 元部分，由中央财政对西部地区补助 80%，对中部地区补助 60%，对东部地区按一定比例补助。农民个人缴费原则上提高到每人每年 60 元，有困难的地区，个人缴费部分可分两年到位。个人筹资水平提高后，各地要加大医疗救助工作力度，资助符合条件的困难群众参合。新生儿出生当年，随父母自动获取参合资格并享受新农合待遇，自第二年起按规定缴纳参合费用。

2013 年 9 月 11 日，国家卫生和计划生育委员会下发《关于做好 2013 年新型农村合作医疗工作的通知》，自 2013 年起，各级财政对新农合的补助标准从每人每年 240 元提高到每人每年 280 元。政策范围内住院费用报销比例提高到 75% 左右，并全面推开儿童白血病、先天性心脏病、结肠癌、直肠癌等 20 个病种的重大疾病保障试点工作。

2014 年 5 月 27 日，据财政部网站消息，财政部、国家卫生计生委、人力资源社会保障部 4 月 25 日发布《关于提高 2014 年新型农村合作医疗和城镇居民基本医疗保险筹资标准的通知》，其筹资方法为各级财政对新农合和居民医保人均补助标准在2013年的基础上提高40元，达到320元。其中，中央财政对原有120元的补助标准不变，对200元部分按照西部地区80%和中部地区60%的比例安排补助，对东部地区各省份分别按一定比例补助。农民和城镇居民个人缴费标准在2013年的基础上提高20元，全国平均个人缴费标准达到每人每年90元左右。个人缴费应在参保（合）时按年度一次性缴清。

2016年1月3日，《国务院关于整合城乡居民基本医疗保险制度的意见》（国发〔2016〕3号）中指出，整合城镇居民基本医疗保险和新型农村合作医疗两项制度，建立统一的城乡居民基本医疗保险制度，是推进医药卫生体制改革、实现城乡居民公平享有基本医疗保险权益、促进社会公平正义、增进人民福祉的重大举措，对促进城乡经济社会协调发展、全面建成小康社会具有重要意义。

2017年4月13日，国家卫计委印发《关于做好2017年新型农村合作医疗工作的通知》（以下简称《通知》），《通知》明确，2017年，新农合的人均补助由2016年的420元提高到450元，门诊和住院费用报销比例分别稳定在50%和75%左右。其中，中央财政对新增部分按照西部地区80%、中部地区60%的比例进行补助，对东部地区各省份分别按一定比例补助。农民个人缴费标准在2016年的基础上提高30元，原则上全国平均个人缴费标准达到180元左右。探索建立与经济社会发展水平、各方承受能力相适应的稳定可持续的筹资机制，并积极推进对高血压、糖尿病、严重精神障碍等慢性疾病实施按病种定额付费等有别于普通门诊的慢性病补偿政策。逐步缩小政策报销比和实际报销比之间的差距。

 案例

农村合作医疗制度采用自愿原则下容易引发的几个问题

1. 自愿参与原则易引发农民的逆向选择问题

2003年下半年开始实行的新型农村合作医疗制度采取农民自愿参加的原则，这种自愿参与容易出现类似保险市场的逆向选择问题，其依据是农民参加合作医疗的意愿在很大程度上取决于预期效用与预期成本的对比。在考虑参与与否的问题上，农民的预期效用是参与其中能够减轻患病时的经济负担，而产生此效用的前提是患病风险，所以身体素质好、疾病风险小、年龄层次比较低的农民，其预期效用会明显低于健康状况差和年龄层次较高的人群。因此，前者较之后者更倾向于不参加合作医疗。由于新型农村合作医疗遵循自愿参与的原则，其结果就使合作医疗制度几乎成为一项专门为老年人以及一部分身体素质较差、疾病风险高的人设立的低投入、高收益的机制，即产生了逆向选择行为。如果参与合作医疗的多为健康状况较差的人，那势必会增大合作医疗基金的使用，可能导致新型农村合作医疗陷入入不敷出的困境，整个制度将难以正常运行。

2. 低覆盖率与自愿参与原则直接相关

新型农村合作医疗制度实行以来，覆盖率持续偏低。据统计，2003年覆盖率为9.5%，到2005年9月30日，全国671个试点县中有1.77亿农民参加了合作医疗，占全国农业人口的19.94%，而在《"十一五"时期经济社会发展的主要指标》中公布的合作医疗覆盖率也仅仅提高到23.5%。世界银行经济师斯蒂格利茨等的研究表明，在竞争或垄断的医疗保险市场中，如果保险方和被保险方信息不对称，被保险方人群存在不同的疾病风险或被保险方的风险态度不同，则不存在所有被保险人订立同一保险合同的混同均衡。据此，邓大松认为，在合作医疗中，信息不对称和农民间的疾病风险差异客观上无法消除，而农民对风险的态度差异作为一个主观因素，虽然可以通过宣传教育等手段加以调整，但同样不能从根本上消除。所以，自愿参保的结果必然是合作医疗制度的参保率永远不可能达到100%。另外，新型农村合作医疗的受益面比较狭窄，这一客观制度负面效应也在一定程度上降低了农民参保的积极性，还有部分农民由于受经济条件和传统观念的制约，健康风险和保障意识不足，互助互济的观念也比较淡薄，依靠自觉自愿也很难将这部分人口覆盖进来。

3. 不利于筹资机制的稳定

任何一项医疗保障制度都离不开一个稳定的资金筹措机制，相对于传统农村合作医疗来说，新型农村合作医疗加大了政府资金的支持力度，有利于筹资的稳定。但是，过去某些政府部门乱收费或违背承诺的记忆使农民对政府的出资承诺缺乏信心，采取"只有政府先出钱我才能出钱"的策略。而政策规定的筹资程序与农民的想法恰恰相反。地方政府的出资是以农民的出资为前提的，而中央政府为了控制地方政府的道德风险行为，采取了"只有地方政府先出资我才能出资"的办法。因而，在有相当部分农民对新型农村合作医疗制度不支持、不信任的情况下，坚持农民自愿参加原则，使合作医疗基金在筹集力度上受到的影响可想而知。同时，在自愿参加原则下，农民可选择参加，也可选择退出，进退的随意性也十分不利于筹资机制的稳定。

4. 自愿参加必然形成对经济困难群体的排斥

社会保障制度应当遵循对贫困者转移支付和缓解社会不平等的基本原则，然而有的学者认为，在新型农村合作医疗制度中，自愿原则的实行使实施结果不仅没有缓解贫困和不平等，相反还造成了对困难群体的排斥。上海社会科学院人口与发展研究所研究员胡苏云指出，能够参加农村合作医疗的是农村中相对富裕的群体，他们也就更有可能享受政府提供的补贴以及相应的医疗保障，这在客观上形成了富人既富又有保障，穷人越穷越没有保障，政府对参保者的财政补贴因此就变成了一种典型的逆向转移支付（导致了"穷人补贴富人"的逆向转移支付），显然，这与社会保障济贫、防贫的目的相悖，加剧了农村医疗卫生领域的不平等。

资料来源：李佳. 自愿与强制之间的抉择：适度强制——新型农村合作医疗制度中参与原则的博弈分析 [J]. 学术交流，2017（4）.

第四节　我国农民工的社会保障制度

一、农民工的产生和界定

农民工是指具有农民与工人双重身份的劳动者，其主要特征是持有农村户口在城镇企业进行工作或者并未放弃农村土地承包经营权，但以务工所得薪金为主要生存手段的人员。农民工是我国城市化进程的必然产物，如果不能给众多的农民工提供足够的社会保障，势必会给我国的经济发展和社会稳定带来巨大的冲击，因此，建立并完善农民工的社会保障制度刻不容缓。

二、我国农民工的情况介绍

自 20 世纪 80 年代中期以来，我国各地掀起"民工潮"。大量农村富余劳动力由农村流向城市。《2016 年农民工监测调查报告》显示，截至 2016 年底，农民工总量已达到 28171 万人，比上年增长 1.5%。在超过 2.8 亿农民工大军中，本地农民工为11237 万人，外出进城的农民工为 13585 万人，而且今后还将继续增加。我国农民工的特点主要有以下几点：

1. 以中青年为主

2015 年和 2016 年《农民工监测调查报告》显示，农民工仍以青壮年为主，但所占比重继续下降，其平均年龄不断提高。据调查，2015 年农民工平均年龄达 38.6 岁，

2016 年则为 39 岁。从年龄结构看，40 岁以下的农民工占比为最高，而 50 岁以上的占比也有 17% 左右。

2. "候鸟式"作业

农民工在农忙时回家务农，农闲时外出务工，哪里工作好找，哪里赚钱，就往哪里走，务工期限不定，流动频繁。

3. 有稳固的根据地，基本无后顾之忧

农民工在城里能找到事做就留居城镇，不然就回家乡，靠土地维持生计。

随着市场经济的发展和人们观念的变化，催生出了新生代农民工。他们是生于 20 世纪 80 年代以后，年龄在 16 岁以上，在异地以非农就业为主的农业户籍人口，目前全国约有 1 亿人。这些新生代农民工的特点是受教育时间较长，但专业技能较欠缺。尽管他们受教育年限普遍更长，但绝大多数仍停留在义务教育和普通高中教育阶段。

三、建立农民工社会保障制度的现实意义

随着经济的发展和城乡收入差距的拉大，越来越多的农民离开祖祖辈辈生活的地方进城打工。有数据显示，自 1991 年以来，进城务工经商的农民工的数量一直在增加。按现有的耕作水平计算，除已有的农民工外，农村仍有 1.5 亿富余劳动力。如此庞大的剩余劳动力，其就业和生活都处在激烈的市场竞争环境中，随时可能落入"无工作、无收入、无保障"的"三无"境地，这给社会的稳定带来了极大的隐患，也成为制约我国社会经济可持续发展的瓶颈，因此，建立健全农民工的社会保障制度具有深远意义。

1. 是解决"三农"问题，全面建设小康社会的需要

全面建设小康社会的宏伟目标最艰巨的任务在农村，温家宝总理在十届全国人大二次会议上作政府工作报告时强调，解决农业、农村和农民问题是我们全部工作的重中之重。解决"三农"问题的一个主要措施就是把农村剩余劳动力从土地中解放出来，向非农产业和城镇转移。由于当前农业收入增长缓慢，农民工希望在城市中通过非农产业劳动增加收入，正因如此，他们与城镇居民一样也面临着失业、工伤、职业病等相同的风险，客观上需要建立与其风险相适应的农民工社会保障制度，从而在一定程度上解决农民问题。

2. 是实现社会公平、维护城市社会稳定的需要

农民工对促进城市经济增长，拉动内需，做出了很大的贡献，同时又转移了大量

农村剩余劳动力，逐渐缩小了城乡差距。可以说，农民工已深化成一种强大的力量，推动了中国以社会主义市场经济为目标模式的改革不断深入和发展，提高了市场经济运行的总效率。但我们也要看到，大多数农民工被排斥在城市的社会保障体系之外，致使其在遇到生活风险时铤而走险，成为城市社会稳定的一大隐患。究其原因，"非国民待遇"，特别是社会保障的严重滞后乃至缺失是诱发他们的思想和行为失范的根源。因此，把农民工纳入社会保障体系，给予其正当的社会认可和人文关怀，不仅有利于兼顾经济效率与社会公平，还可以从一定程度上减少社会动荡的因素，以维护社会的稳定运行。

3. 是提高我国城市化水平的需要

城市化是指一国在工业化进程中，人口、产业（或资本）不断从农村向城市集聚使城市数量和城市人口增多的过程。改革开放以来，我国城市化处于快速发展期，但是仍有一些突出问题，如农民收入过低和增长乏力、就业压力大等，这在很大程度上制约着城市化的发展进程。而提高城市化水平最重要的实际措施之一就是建立面向农民工的社会保障制度。根据有关专家预计，到2021年及21世纪中叶我国城市化水平将分别达到45%和65%。如果没有建立农民工社会保障制度，这些目标是很难顺利实现的。

4. 是社会保障制度改革的长期目标需要

社会保障要与我国的社会主义制度相适应，就必须建立城乡统一的一元化的社会保障体系，这也是我国社会保障制度改革的长期目标。此目标虽然在短时间内难以实现，但解决农民工这一日益庞大的社会群体的社会保障问题，考虑把其纳入社会保障体系也是必须要做的工作。从长远来看，这种工作既能减少未来社会保障制度改革的阻力与成本，又不会扭曲迈向城乡一元化社会保障目标的路径。

四、农民工社会保障制度的具体建构

农民工社会保障制度的具体设计。相当一部分农民工处于流动不居的状态，其所从事的职业也各具特色，因此，在构建农民工社会保障制度时，不应采取"一刀切"的方式，而应该采取分类分层的保障办法。根据农民工所从事的职业特点及流动程度的不同，可将农民工大致分为两类：①有雇主且职业稳定、有固定收入的农民工。此类农民工绝大部分已在城市生活多年，市民化程度较高。②有雇主但职业不稳定、也无固定收入或者无雇主的农民工。此类农民工一般流动性较强，市民化程度较低。对于第一类农民工其社会保障项目的设置及经费筹集方式均可与城镇居民相同；对于第二类农民工，由于其流动性较强，因此，对他们应采取比较灵活的政策。

1. 工伤保障制度

从层出不穷的农民工工伤事故到规模惊人的农民工职业病群体以及由此导致的数不清的劳资纠纷，均决定了针对农民工的工伤保障制度应当作为我国最基本的社会保障项目尽快得到确立，这也是所有建立了社会保险制度的国家普遍优先考虑的保障项目。

2. 医疗保障制度

农民工的医疗保障首先应按本文前述的分类标准进行分类。对于第一类农民工，由于他们市民化程度高，可以参加当地的职工基本医疗保险；对于第二类农民工，可让其参加专为农民工设立的医疗保险基金。具体而言，该医疗基金要有缴费的底线，所有农民工都按此标准缴纳，按此层次享受的待遇为基本医疗保障。如果某一农民工有特殊的要求，需要更高的保障时，可以多缴费参加大病统筹，这部分多缴的费用纳入农民工的个人账户。如果发生医疗支出，缴费多的农民工享受的待遇比仅缴纳最低额度的农民工要高，具体高多少需要由当地政府根据本地实际情况制定具体的办法。其次，农民工也可根据在当地的服务年限享受有差别的医疗保障待遇。例如，农民工在某地劳动时间越长，其享受的保障待遇越高，反之则相反。

3. 失业保障制度

对于农民工的失业保障，首先也应按本文前述的分类标准进行分类。农民工从进入城市开始就要登记，缴纳较低的保险费。在确定工作之后，用人单位向专为农民工设立的失业保险基金缴费，同时，农民工也需要缴纳相对较高的失业保险费。如果农民工职业稳定、有固定收入达到一定年限，即成为第一类农民工，则可以参加城镇职工失业保险，同时将已在农民工专门的失业保险基金中享有的份额转入城镇失业保险基金中。农民工失业以后，如果在失业保险年限内可以由社会保险管理机构按月或按季度统一发放失业保险金；如果农民工选择回农村，可以一次性返还基金中可返还的数额。其次，有学者建议由有关部门实施"公共劳动"形式的农民工"失业保障"机制，给他们提供公共劳动机会，同时也将比较散乱的农民工纳入一定的管理体系。笔者认为，这种失业保障机制对农民工而言是个很有益的设想，可行性颇高。我国目前公共服务很不健全，从市政景观来看，街道上尘土飞扬、垃圾堆积、铺面不洁，城市环卫劳力十分有限；与此同时大量年轻力壮的失业农民工四处游荡、无所适从。如果由有关部门组织他们参加公共服务型的劳动不仅可以解决他们的就业问题，还能发挥"社会安全阀"的特殊保障功能。

4. 养老保障制度

对于第一类农民工应该将他们纳入城镇社会养老保险体系，其养老保险的缴纳办法可以视同于城镇职工，即企业缴纳基本养老保险费的比例一般不得低于企业招用农民合同工工资总额的 2%，个人缴纳部分一般不低于本人工资的 7%。对于第二类农民工则可以设计一种过渡性的方案，比如，制定一定范围内不同档次的缴费率供农民工自愿选择，同时规定，凡雇用农民工的企业必须根据农民工自愿选择的缴费率缴纳相应档次的基本养老保险费。对于进入城市从事经营性的自雇性农民则可以参照城镇个体工商户的保障制度安排。

以上是关于保障农民工基本权益的一些制度，但这些制度的建立还需要一些配套的设施。如制定相关的社会保障法律。尽快制定一部符合中国国情的社会保障基本法，这部法律从整体上保障农民工的权益。同时要加强《中华人民共和国失业保险法》《中华人民共和国养老保险法》《中华人民共和国工伤保险法》《中华人民共和国医疗保险法》等专门法的立法工作。这样建立一个以社会保障基本法为龙头、基本法和专门法并举的社会保障法律体系，从而保障以上制度的实施，实现农民工的合法权益，进而体现社会保障的公平性和社会的公正性。

练习题

一、不定项选择题

1. "五保"不包括（   ）。

A. 保吃　　　　B. 保穿　　　　C. 保住　　　　D. 保富

2. "五保对象"的"五保"内容为（   ）。

A. 保吃　　　　B. 保穿　　　　C. 保住　　　　D. 保医与保葬

3. 新型农村社会养老保险的参保对象为年满（   ）周岁（不含在校学生）、未参加城镇职工基本养老保险的农村居民，可以在户籍地自愿参加新农保。

A. 14　　　　　B. 15　　　　　C. 16　　　　　D. 18

4. 目前，中央确定的养老金标准为每人每月（   ）元。

A. 40　　　　　B. 45　　　　　C. 50　　　　　D. 55

5. 新型农村合作医疗，农民个人每年的缴费标准不应低于（   ）元。

A. 5　　　　　B. 8　　　　　C. 10　　　　　D. 20

6. 农村社会保障遵循的原则有（　　　　）。

A. 城乡统筹原则

B. 保障水平与经济发展相适应原则

C. 广覆盖、低标准、多层次原则

D. 多元化筹集资金原则

二、简答题

1. 目前我国农村老年社会保障的措施有哪些？
2. 发展农村老年社会保障必要的对策有哪些？
3. 什么是新型农村合作医疗制度？其特点是什么？

参考答案

一、1. D　2. ABCD　3. C　4. D　5. C　6. ABCD

二、简答题

1. 目前我国农村老年社会保障的措施

（1）农村老年社会救济。此为"五保"制度，所谓"五保"就是由国家和集体对农村基本无劳动能力、无生活来源、无依无靠的老年人以及残疾人和孤儿，实行保吃、保穿、保住、保医、保葬（孤儿保教）的供养制度。

（2）农村社会养老保险。

（3）农村计划生育养老保险，其由计划生育部门组织。

（4）农村集体退休金制度。近些年来，在我国农村集体经济发达的地区，也仿照城镇企业单位的退休制度，给具备条件的老年人发放退休金。

2. 发展农村老年社会保障的必要对策

（1）由政府出面理顺农村社会养老保险管理体制。

（2）从实际出发，由政府领导负责，积极、稳步、适度发展。

（3）建立健全管理规章制度，加强队伍建设。

（4）对于特殊对象，如独生子女父母、军烈属等应有一定的特殊优惠政策。

（5）将社会化养老措施和家庭养老相结合，使二者相辅相成，互相促进。

（6）发挥农村基层组织的作用，调动社区群众组织的积极性，如发挥农村老年协会的重要作用。

3. 新型农村合作医疗制度及其特点

新型农村合作医疗是由政府组织、引导、支持，农民自愿参加，个人、集体和政府多方筹资，以大病统筹为主的农民医疗互助共济制度。

新型农村合作医疗制度的特点有以下几点：

（1）政府投入力度加大。

（2）突出以大病统筹为主。

（3）提高了统筹层次，由以乡为单位提升到以县为单位。

（4）明确农民自愿参加的原则。

（5）由政府负责和指导建立组织协调机构、经办和监督机构。

（6）建立医疗救助制度（通过民政和扶贫部门进行）。

第十三章　社会保障法律制度

学习目的

1. 了解社会保障法的基本含义及特征。
2. 掌握社会保障法的内容及基本原则。
3. 了解国外社会保障立法的阶段。
4. 了解国内社会保障立法的过程、现状、当前面临的问题及未来发展趋势。

重　　点

社会保障法的功能。

难　　点

当前我国社会保障立法中的突出问题及立法趋势。

第一节　社会保障法律制度的特征及原则

一、社会保障法的概念

社会保障法有形式意义与实质意义之分。形式意义上的社会保障法是以"社会保障法""社会保险法""社会救助法""社会优抚法"等为名称的法律，如美国的《社会保障法》和我国的《中华人民共和国劳动保险条例》；实质意义上的社会保障法是指有关社会保障关系的法律规范的总和，其不仅包括形式上的社会保障法，也包括其他法律、法规中有关社会保障的规范，还包括具有法律效力的关于社会保障问题的规章、决定、指示等规范性文件以及最高人民法院有关社会保障的司法解释等。一般研究的社会保障法是实质意义上的，而不限于形式意义上的。现代社会保障制度的建立是以解决国民生存保障问题，并促使社会经济协调发展为基本出发点与归宿点的，因此，现代社会保障法实质上既是社会成员生存权利的保护法和社会的安全法，同时也是社会稳定法和社会和谐法。社会保障法是指调整社会保障关系的法律规范的总和，具体是指调整国家、社会和全体社会成员之间在保障社会成员基本生活需要，并不断提高生活水平的过程中产生的社会保障关系的法律规范总和。它既包括以基本法形式出现的社会保障法，也包括其他法律、法规中有关社会保障的规范，还包括具有法律效力的、关于社会保障事项的地方性法规和规章。

社会保障法在工业发达国家均已发展成为独立于民事立法的新型法律部门。社会保障立法的独立性主要体现在以下几个方面：

1. 具有独立的调整对象

当今，人们已经认识社会保障法律关系的综合性和复杂性。同时，随着保障模式和制度在全世界范围的改革，将有更多新的调整对象及法律关系需要被认识。

2. 需要特定的调整原则

社会保险要坚持权利与义务相对应、公平与效率相统一、待遇水平与生产力发展水平相适应的立法原则，并随着时代的发展创造适应知识经济时代的新原则。

3. 已经形成专门的内容体系

基于国际劳工组织 102 号的《社会保障最低标准公约》使社会保险立法的基本内容体系已经形成，21 世纪社会保险制度将沿着多支柱的道路发展，内容将更加丰富。

4. 具有跨部门发展的趋势

社会保险始终在公法范围内发展，多支柱发展趋势决定其向私法领域延伸，成为跨领域的新兴法律部门。人类社会进入了 21 世纪，社会保障法学研究与立法实践不断丰富和深化，在中国也正在进入独立发展阶段。社会保障法也独立于劳动法。员工的社会保障与劳动法具有密切的联系，并具有延伸性和互补性。社会保障法和劳动法都属于社会法范畴，是社会法的主要内容。

二、社会保障法的基本特征

1. 社会性

社会保障法的社会性主要表现为权利和义务涉及全体社会成员。在权利方面，全体社会成员共同地、平等地享有社会保障，从公民的出生到死亡，从特定的劳动者到不同身份的人都是社会保障的受益人。在义务方面，社会保障的义务与责任也是由全社会承担。通过国家立法的形式，在社会保障的主要制度上实行强制的措施，要求国家、用人单位和社会成员等共同承担，共同筹集资金，以多渠道的资金来源保证社会保障的正常运转。

社会保障法属于社会法的范畴，因而其社会性是最主要的特征。社会性主要体现在三个方面：第一，目的具有社会性。社会保障法的主要目的是通过保障社会成员的基本生活需要来实现社会的稳定和发展。第二，享受权利的主体具有普遍性。社会保障的权利由全体社会成员享有，而且随着经济的发展，可以享受保障的成员数目以及社会保障项目会越来越多。按照《中华人民共和国宪法》（以下简称《宪法》）的规定，中国公民平等地享有社会保障的权利。在国际上，有些国家之间还订有社会保障待遇互惠协议，保护旅居国外的本国公民平等地享受旅居国社会保障的权利和待遇。第三，义务和责任的承担具有社会化趋势。社会保障制度的长久发展需要整个社会的参与。社会保障的义务与责任也是由全社会承担。社会保障法规定，社会保障基金由国家、用人单位和社会成员三方共同负担。

2. 强制性

社会保障的强制性是指其由国家通过立法强制实施的。比如，在社会保险中的各项保险义务都是当事人必须履行、不可选择的。其中一些项目还是部分当事人只尽义务，另一当事人只享有权利的，如工伤保险等。有关部门和个人必须严格遵守，并及时、足额缴纳社会保险费，否则会受到法律的制裁。社会保障的强制性是国家对社会经济生活实行干预的表现，也是社会保障制度得以存在和实施的保证。社会保障法本质上属于社会法，既不同于注重自治的私法，也不同于强调国家干预的公法，其具有公法与私法相结合的特征。社会保障由国家通过立法强制实施是为了保障公民的基本生活需要而规定的一系列准则，明确了国家（各级政府）、社会、个人及有关各方在社会保障中必须履行的义务，对于涉及全体社会成员基本保障权益的项目，包括社会保障项目的确立、资金的筹集和缴纳、享受人群范围以及资金的发放、待遇标准计算方式等均以强制性规范形式体现，任何单位和个人没有选择的权利，无论其意愿如何都必须严格遵守，不得任意改变，否则会受到法律的制裁。在社会保障制度中，对于一些临时性、突发性事件的社会保障方式，除强制性规定外，还有一些自愿性规范，允许当事人选择适用，如救灾扶贫中的捐赠就是由社会成员自愿选择的。因此，社会保障法具有强制性与自愿性相结合、以强制性为主的特征。

3. 协调性

由于社会保障的事项庞杂，内容很多，而且不同事项需要不同的法律方式进行调整，因而不可能用一部法律来规定全部社会保障事务。各国通常都制定多部社会保障方面的法律，从而构成社会保障法律制度。在社会保障法律与其他法律之间、法律与法规之间、法规与法规之间，既有客观分工，各自规范着一定范围内的社会保障事务，又要互相协调，既不能重复交叉，又要能相互配合，共同构成一个完整的社会保障法制体系。社会保障法的调整对象是其在运行过程中产生的各种社会保障关系。随着市场经济的发展和社会文明的提高，这种关系范围不仅不会缩小，反而会发展和扩大，并且显现出与其他社会关系不同的独特的性质：社会保障关系只产生于社会保障活动过程之中，即只有在其运行过程中所引发的各种社会关系才能形成社会保障关系；社会保障关系的当事人具有特殊性；社会保障主要表现为既不同于民事关系也不同于行政、刑事关系的一种权利和义务关系，并且这种权利和义务的内容一般由社会保障法直接加以规定，不能由当事人自由商定，其调整方法既有法律关系主体的权利、义务、实现形式和对违法行为的制裁形式，也有自己的特色。由于社会保障关系的特殊性和复杂性，使其对象具有广泛性，实施范围具有全民性，社会保障的内容非常丰富，且其问题则表现出特殊性和解决的重要性。所有这些问题都决定了社会保障法既不能被其他法律部门所包容，也不能与其他法律部门相混淆。因此，社会保障法应当是一个独立的法律部门，其自成体系并发挥专门的规范社会保障的作用。这既是社会保障制度的内在要求，也是一个国家的社会保障法不断走向完整、全面、自成体系的需要。

4. 安全性

社会保障以立法的形式，通过对其对象、范围、权利、义务等的规定，使符合条件的、生存发生困难的社会成员的基本生活得以保障。社会保障制度是实现公民生存权以及其他基本人权的保障，也是社会稳定和经济发展的重要支柱。我国经过改革开放近40年的发展，在利益分配上由过去平均主义"大锅饭"的极端走到了收入分配严重不均的另一个极端，贫富差距过大引发了公众不满、价值取向扭曲等，影响了社会安全稳定，同时，社会成员在社会生活和生产劳动过程中，难免会遇到各种风险和事故，而社会保障制度则能够有效调节收入分配，保护低收入阶层的利益，能够通过完善的养老、医疗、失业、工伤、生育等方面的社会保险制度，使社会成员和劳动者在受到意外和风险时不至于生活没有着落。社会保障法的这种安全性特征不仅反映了国家在社会保障问题上的态度和应承担的责任，同时，也为社会成员提供了一种"安全感"，使人们能够保持一种社会心理上的平衡，为整个社会的安定创造良好的条件。因此，社会保障法是社会稳定的重要防线，是社会的"安全网"和"减震器"。市场经济在某种意义上是一种风险经济，社会成员都处于这种风险之中，当个人风险积聚到一定程度就会形成社会风险，最终导致社会的动荡与不安。而以规避和转移风险为目的建立的社会保障制度通过社会财富由富者向贫者、由强者向弱者的转移，体现的是以社会利益为本位的思想。社会保障法正是通过各种立法，保障了人们在各种意外风险出现时的基本生活，保障了社会成员共同地分享社会发展成果。

三、社会保障法的原则

社会保障法的原则是指贯穿社会保障法律规范始终，并对其整体体系起主导作用的基本准则。它全面地反映了社会保障法所调整的社会关系的客观要求，并对其如何调整社会保障法律关系进行指导和规范。社会保障法的原则是社会保障立法的灵魂。这里所说的社会保障法的原则是指整个社会保障立法的基本原则，社会保障法的各个分支，如社会保险法、社会救济法、社会福利法、社会优抚法等都在遵循基本原则的前提下，分别确立若干特殊原则，以体现分支部门的不同特征和要求。

1. 权利保障原则

权利保障，即将获得的保障视为公民权利和国家义务。《经济、社会及文化权利国际公约》及国际劳工组织的公约和建议书规定，成员国公民享有社会保障的权利和义务。2004年，我国将"国家尊重和保障人权"写入《宪法》，作为《宪法》中一项纲领性权利，对生存权的保障成为社会保障立法的最基本原则。现代人权最基础的权利就是生存权，宪政国家对于生存权的立法保障就是通过社会保障法律体系来实现的。因此，权利保障原则是社会保障法的首要原则。这项原则要求各社会保障主体既享受法定的权利，又承担法定的义务。社会保障立法在规定各社会保障主体的权利与义务时，应当注意其关系的平衡。因社会保障法在调整社会保障关系过程中产生的法律关系实质上是一种权利与义务关系。在这一关系中，享受权利的一方称为权利主体，承担义务的一方称为义务主体。当公民个人生活遇到困难而获得保障金时，属于权利主体的地位；但公民取得权利主体地位有一定的先决条件，即必须按照社会保障法的规定，缴纳一定数量的社会保障费及履行有关的义务，此时属于义务主体的地位。权利与义务相统一的原则并不意味着每个人所付出的社会保障费和所获得的社会保障金相等。社会保障并不纯粹是储蓄，它还是一种国民经济再分配和促进社会公平的手段。

2. 社会共同责任原则

通过强制立法建立社会共同责任机制，使社会风险由全体社会成员共同承担。一方面，国家要承担诸如提供基本保障、监督管理、补充保障计划以及鼓励个人自我保障等方面的责任；另一方面，也要注意发挥企业、各类社会组织、社区、家庭及个人在构建社会保障体系中的作用，并以社会保障立法的形式逐步明确国家、企业和个人的责任，促进社会保障主体的多元化、筹资渠道的多样化、保障形式的多层次化，为建立多支柱社会保障法律体系奠定基础。

3. 与社会经济发展水平相适应原则

社会保障发展水平受一国经济发展水平的制约，在为社会保障的项目及标准立法时，必须从国家发展的实际情况出发，考虑国家、社会及社会成员能够承担的财力和物力。我国社会经济还不发达，人民生活水平普遍较低，因此，就现阶段而言，满足人民基本生活需求是我国社会保障制度的重要目标。另外，社会保障制度的内容和模式的选择也应体现与本国经济社会特点相适应的原则。比如，中国人口多，底子薄，各地经济发展状况不平衡，我国要建立与社会主义市场经济体制相适应的、完善的社会保障制度所遇到的情况与问题与经济发达国家是不同的。我们必须借鉴和吸取国际上带有共性的经验，从自己的国情出发，建立具有中国特色的社会保障法律制度。

（1）社会保障水平不宜定得过高，脱离实际。我国在总体上仍然处在社会主义初级阶段。虽然经过60多年特别是近30年的发展，我国生产力有了很大提高，各项事业有了很大进步，但总的来说，人口多，底子薄，地区间发展不平衡，生产力不发达的状况没有得到根本改变。我国的社会保障水平只能随着我国社会生产力水平的提高和现代化进程的推进而逐步提高。西方国家实行的高福利已经引发了许多社会问题，社会保障费用负担过重，形成庞大的预算赤字，我们要引以为鉴。

（2）社会保障水平不宜定得过低。在我国目前的条件下，社会保障应当能够保证社会成员在丧失或中断谋生能力时最基本的生存和生活需要。对于已经为社会贡献了一生的离退休人员，应当保障他们享受不低于原生活水平，并且随着社会经济的发展，该水平应与其他社会成员一样逐步得到提高。过低的社会保障水平会损害劳动者的积极性，也不符合社会主义制度的要求。农村的社会保障问题涉及广大农民的切身利益，绝不可排斥在社会保障制度之外，而应当从社会生产力发展水平的实际出发，构筑农村社会保障体系，确定适当的社会保障水平。

4. 社会公平原则

社会保障是对国民收入的分配和再分配过程，是国民收入的一种转移，这种转移的理论基础是社会公平，也是现代社会保障制度成为社会长期稳定、和谐和经济长期发展的维系、润滑、保障机制的根本要求。所以，社会保障是实现公平的一种政府机制，但是这种公平必须和经济发展的效果结合起来，否则，将阻碍经济的发展，不利于社会问题的解决。在发达国家，随着福利国家制度的推行，社会保障对经济的负面效应逐渐显现出来，因为高福利制度体现了形式上的"公平"，却牺牲了经济效益。比如，保障项目的增多、待遇标准的提升使失业者的收入与在业者的收入相差不多，出现失业者不再愿意从事新工作的局面。有鉴于此，人们开始强调社会成员个人在社会保障中的责任，并以法律的形式规定社会成员个人对社会保障金的供给份额，建立社会保障金的获取及获取份额的多少与其是否缴纳社会保障费及缴纳多少有关的机制，体现多劳动、多贡献，社会保障待遇就多获得的分配方针，激发劳动者劳动的主动性，从而激励社会成员为获得更高的社会保障而努力劳动和缴纳社会保障费的积极性。

效率和公平相一致原则。这项原则要求社会保障既有利于提高社会效率，促进社会生产力发展，又有利于社会公平理想的实现。效率是公平的基础，任何损害效率的行为最终将损害公平。公平是社会保障制度追求的重要目标。公平不能狭义地理解为数量上的完全相等，其也是权利的平等，机会的平等。实行社会保障制度，使全体社会成员有机会共享社会进步的成果，促进社会公平分配。社会保障制度有利于实现社会安定，发展经济，提高社会生产力。从受保障者来说，其基本生活得到了保障，解除了生存和生活的后顾之忧，这将激励受保障者的劳动积极性，提高效率。当然，不能促进生产力发展的社会保障哪怕非常公平，也将难以为继。

5. 普遍性与特殊性相结合原则

社会保障的普遍性是指其覆盖对象是全体国民，而特殊性则是要求根据不同的社会成员制定不同的社会保障标准。世界各国的社会保障制度，有偏重于普遍性原则的，也有偏重于选择性原则的。如英国、瑞典、丹麦坚持普遍性原则。英国以建立典型福利国家为追求目标，在社会保障制度上强调普遍公平原则和政府的责任。1942年，英国政府规定了建立社会保障的三条基本原则，即普遍性原则、按需保障原则和政府统筹原则。强调社会保障以全体公民为享受对象，以需要为标准，不应受其他限制，公民生活中一切必需的方面都应纳入社会保障范围。政府根据社会保障项目的具体需要，通过国家预算，统一规划，统一领导，组织和协调社会保障的各方面的具体措施以保证政策的贯彻落实。瑞典的《社会保险法》（1962年）也强调实行普遍社会保障制度。所有瑞典公民以及工作居住在瑞典的非瑞典公民都应受到保障。丹麦是世界上实行社会保障较早的国家之一，到20世纪50年代全面实行社会保障，成为"福利国家"。丹麦的社会保障以全体居民为实施对象，在全国实行统一的社会保障标准。美国的《社会保障法》强调选择性原则，即根据地区经济发展的不平衡，实行差别化的社会保障。

普遍性与特殊性相结合就是要把全体公民纳入保障范围，以保障公民的基本生活需要，我国要根据经济发展水平及各地区发展状况，构建一个多层次的社会保障体系，使每一个公民都能获得基本生活的保障。社会保障的渠道和方式有多种，要充分利用社会保险、社会救助、社会福利、社会优抚等各种社会保障措施来使每个人的基本生活都能得到保障。我国社会保障法律法规应当坚持普遍性和特殊性相结合的原则。一方面，我国社会保障法以普遍性原则确立全体公民的平等社会保障权利，落实《宪法》第 45 条第 1 款关于"中华人民共和国公民在年老、疾病或者丧失劳动能力的情况下，有从国家和社会获得物质帮助的权利"的规定。另一方面，面对地区发展不平衡和不同人群保障不平衡的状况，我国社会保障法在坚持普遍性原则的同时还必须根据特殊性原则制定城乡有别的，不同地区、不同行业、用人单位有别的保障标准。如在城镇实行的养老保险可以在普遍适用基本养老金标准的同时允许企业根据其经济效益实行补充养老保险。

四、社会保障法的内容

社会保障关系的基本内容包括社会保障法的调整对象、主体和客体。社会保障法的调整对象是国家、各类单位和社会成员在社会保障互动中所发生的各种社会经济关系，主要包括国家与全体社会成员之间，社会保障机构与政府之间，社会保障各机构与社会成员之间，社会保障机构与用人单位和乡村集体组织之间，企业、社会团体及官方机构与劳动者个人之间的关系以及社会保障运行过程中的相关关系、监督关系和其他社会保障关系。

社会保障法的内容由社会风险覆盖事项和社会保障关系覆盖事项构成。国际劳工组织 1952 年颁布的《社会保障最低标准公约》规定，社会风险覆盖事项包括生育、疾病、失业、职业伤害、年老、死亡和家庭困难，社会保障关系覆盖事项包括资金筹集与运营、制度管理与监督、待遇支付、争议处理等。根据欧洲最著名的《国际法律百科全书·社会保障法卷》的概括，由社会保障关系覆盖事项构成的社会保障法的主要内容：①制度模式，包括社会保障体系构成、账户管理模式。②管理机构，包括政府、非政府组织（非营利组织或营利组织）。③资金筹集，包括税收或缴费、资金来源与费基和费率、基金管理。④健康保障，包括适用范围、保障模式及待遇标准。⑤无工作能力人的保障，包括适用范围、保障模式、待遇标准、工作分类及鉴定规则。⑥工业伤害与职业病保险，包括适用范围、工业伤害的定义、职业病的定义、医疗待遇、无工作能力鉴定、死亡、职业病的预防、生活补贴、无责任保险、民事赔偿和计划规则。⑦失业保障，包括适用范围、授权资格、待遇标准、就业服务。⑧养老保险，包括制度种类、适用范围、授权资格、待遇标准。⑨残疾人保障，包括残疾人定义、资金来源、待遇标准。⑩家庭补贴，包括适用范围、待遇标准（子女及其他）

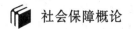

和给付。⑪最低生活保障，包括受益者范围、待遇标准、救济申请及管理、索求救济金的复议。⑫诉权保障，包括诉讼及处理。

第二节 中国社会保障法律制度的历史发展

一、国外社会保障法的产生与发展

1. 社会保障法的产生

最早对社会保障进行专门立法的是英国。1601 年英国女王伊丽莎白颁布了《济贫法》，这标志着社会保障从分散走向统一，从临时性走向制度化，从随意性走向法律化，对稳定当时的社会和促进资本主义经济的发展起到了重要作用。该法也因此被后期的资本主义国家所重视，尤其是欧洲资本主义国家纷纷效仿，如瑞典在 1763 年也制定了《济贫法》，由政府征收济贫税，承担救济贫民的责任等。

2. 社会保障法的形成

现代意义上的社会保障法形成于 19 世纪下半叶的德国。当时，俾斯麦任普鲁士帝国的首相，为了解决由于国内经济萧条、劳动人民生活贫困、工人运动风起云涌而形成的劳工问题，其所主持的政府通过了《职工疾病社会保险法》（1883）、《工伤事故保险法》（1884）、《老年和残疾社会保险法》（1889）。1911 年，上述三部法律同时被确定为德意志帝国统一的法律文本，并另增加《孤儿寡妇保障法》，形成了著名的《社会保障法典》。由此，社会保障全面进入国家立法阶段，实行"统一"和"平等"的原则，力图通过国家直接干预和调节社会再分配来消除社会问题，缓和社会矛盾。这标志着现代社会保障制度的形成。其他工业化国家也陆续颁布了有关社会保障方面的法律。

20 世纪 30 年代，资本主义国家发生了严重的经济危机，造成了严重的后果，由此，资本主义国家陆续进入了国家干预经济的时代。国家不仅把经济干预和调节的范围扩大到再生产的许多领域，而且扩大到国民收入再分配领域。实行社会保障制度就是国家干预国民收入再分配的一种形式。1933 年美国颁布了《联邦紧急救济法案》；1935 年美国国会通过了《社会保障法》，该法是世界上第一部对社会保障进行全面系统规范的法律，其所确立的社会保障的普遍性和社会性原则成为世界各国社会保障立法的基本原则。

3. 社会保障法的完善和发展

"二战"后，资本主义国家在经济上有了不同程度的发展，由于产业结构的调整，重工业和其他一些劳动力集中的产业衰落，大批工人失业或被迫改换工作。面对庞大的失业大军和需要解决的日益严重的社会问题，社会保障法的发展进入了新的阶段。英国的贝弗里奇于 1942 年 11 月提出了《社会保险及有关福利问题的报告》强调，将社会保障作为国家责任确立下来，提出国家对于每一个公民"从摇篮到坟墓"即由生到死的全面广泛的社会保障计划。以此为基础，英国先后通过了一系列重要法律，其中主要有《家庭互助法》《国民保障法》《工业伤害保障法》《国民救济法》《国民健康服务法》等。上述法律于 1948 年 7 月 5 日同时生效，英国工党政府随即宣布建立了福利国家。在英国的影响下，世界各国纷纷进行社会保障立法。1952 年国际劳工组织颁布了《社会保障最低标准公约》，该公约对退休待遇、疾病津贴、医疗护理、失业救济、工伤补偿、残疾津贴、子女补助、死亡补助等内容做了规定，并对协调各国社会保障立法，促进社会保障的发展起到了积极的作用。

二、中国社会保障法的产生与发展

1. 新中国成立前的社会保障立法

在旧中国，由于家族统治、社会制度不健全，社会保障立法并未受到重视，不存在全国性质的社会保障法。但是，国民政府统治时期，在国民党统治区和共产党领导的地区都制定过一些社会保障方面的法规或草案。中国共产党从开展革命斗争开始就提出了建立社会保障制度的主张，在革命根据地就出现了具有现代意义的社会保障制度。1922 年 8 月，在中国劳动组合书记部拟定的《劳动立法原则》中，就有关于社会保险的内容，如第 17 条："一切保险事业规章之订立，均应合劳动者参加之，俾可保障政府、公共及私人企业中劳动者所受到的损失，其保险费完全由雇主或国家分担之，不得使被保险者负担。"1926 年在第三次全国劳动大会上通过的《失业问题决议案》和《劳动法大纲决议案》提出，失业保障是工人应有的权利，国家设立劳动保险，保险费用由雇主或国家支出。1927 年第四次劳动大会通过的《产业工人经济斗争决议案》《救济失业工人决议案》《手工业工人经济斗争决议案》提出，对生、老、病、死、伤残等进行全面保障的社会保障要求。1929 年国民政府广东建设厅起草了《劳动保险草案》，主要对伤害保险和疾病保险进行了规定。1930 年 5 月在全国苏维埃区域代表大会上通过的《劳动保障法》规定了"保障与抚恤"和"社会保险"方面的内容。1931 年 11 月颁布的《中华苏维埃共和国劳动法》（1933 年修改）以及稍后颁布的《中国工农红军优待条例》《红军抚恤条例》《优待红军家属条例》等都对有关社会保障工作进行了规定。抗日战争时期，边区政府制定了针对抗战军人及家属的保障和劳工保护问题的政策法规。各抗日根据地制定的劳动保护条例也有关于社会保险的内容，主要是关于安置失业工人和保护女工的规定。1948年7月，在哈尔滨举行了全国第六次劳动大会，通过了《关于中国职工运动当前任务的决议》提出了有关社会保障的立法建议。同年颁布的《东北公营企业战时暂行劳动保险条例》是中国保险立法史上第一个关于社会保险的专门法律。新中国成立前的社会保障立法活动为以后的社会保障法律制度的建立奠定了基础。

2. 新中国成立后的社会保障立法

新中国成立后，党和政府从全国范围出发制定和实施了社会保障法规。在新中国成立初期，《中国人民政治协商会议共同纲领》规定，要在企业中逐步实行社会保险制度，从此开始了中国社会保障立法的进程。新中国成立以来的社会保障法律制度不断制定、修订和完善，大致经历了以下几个阶段：

（1）创立时期（1949~1966年）。创立时期主要是制定全国统一的社会保障基本制度，颁布了一些基本立法。制定了包括《中华人民共和国劳动保险条例》在内的社会保障政策和法规，初步形成了我国社会保障政策与法规体系，其中，社会保险、社会福利、社会救助和优抚安置四大部分的社会保障政策法规框架已经搭建完毕。1949年颁布的《中国人民政治协商会议共同纲领》为新中国社会保障体系建立提供了最基本的法律依据。1950年颁布了五个关于军人优抚的条例，即《革命烈士家属革命军人家属优待暂行条例》《革命残废军人优待抚恤暂行条例》《革命工作人员牺牲、病故褒恤暂行条例》《革命工作人员伤亡褒恤暂行条例》《民兵民工伤亡抚恤暂行条例》。此外，还颁布了有关政府工作人员、女工作人员及国家机关工作人员的相关社会保险规定。1951年2月，政务院公布了《中华人民共和国劳动保险条例》，使暂时或长期丧失劳动能力的职工在生活上有了基本保障；还规定了对于生、死、病、老、伤、残等方面的保险。1952年6月，政务院颁布了《关于各级人民政府工作人员退休处理暂行规定》；1955年12月，国务院发布了《国家机关工作人员退休处理暂行办法》及《国家机关工作人员退职处理暂行办法》。这些规范性文件确立了当时社会保障法规的基本构架，并为以后社会保障法律体系的形成奠定了基础。1956年通过了《高级农业生产合作社示范章程》，建立了农村五保制度。1960年颁布了《关于全国农村卫生工作山西稷山现场会议情况的报告》及附件《关于人民公社卫生工作几个问题的意见》建立了农村合作医疗制度。上述这些法规规章是当时中国社会保障制度实施的主要依据，构成了当时社会保障法规的基本框架，也为以后社会保障法律体系的进一步完善奠定了基础。这同时也反映了新中国成立初期中国社会保障法制建设的低层次性与分散性。

（2）停滞时期（1966~1977年）。如果我国的社会保障法制建设沿着20世纪50

年代开始的道路健康地发展下去，其制度建设或许已经走向了成熟和完善。但是，"文化大革命"使我国的社会经济制度和正常的经济秩序遭到破坏，致使社会保障制度也遭受到了严重的破坏，各管理机构被撤销，负责职工社会保险活动的工会被迫停止工作，负责社会保障行政管理的劳动部、民政部、卫生部、人事部门等长期处于瘫痪状态，社会保障工作基本无人管理，新中国成立以来建立的各种社会保障法律法规和制度实际被废止。1969 年，由财政部颁发的《关于国营企业财务工作中几项制度的改革意见（草案）》否定了《中华人民共和国劳动保险条例》中的有关规定，停止了企业提取劳动保险金，企业的退休职工、长期病号工资及其他劳保开支改在营业外列支。这导致了中国的劳动保险制度蜕变为"企业保险制度"，从而为企业发展带来了一系列弊端。

（3）改革发展时期（1978~1989 年）。1978 年，党的十一届三中全会确定了改革开放的方针政策，使我国的政治经济形势发生了根本性的变化，法制建设得到了重视。社会保障法在这一时期也得到了一定程度的发展。在重建社会保障制度的同时，国家对社会保障法规进行了重新审议、修改和补充。1984 年，十二届三中全会通过了《中共中央关于经济体制改革的决定》，开始了以搞活国有企业为中心环节的经济体制改革，社会保障体制的改革也被提到议事日程。1985 年 9 月，在《中共中央关于制定国民经济和社会发展第七个五年计划的建议》中第一次明确提出了"社会保障"的概念，将社会保险、社会福利、社会救助、社会优抚等制度统一归并于社会保障制度中。国家对传统制度进行修正或完善，重建城镇劳动者的退休养老制度和统一军人抚恤优待制度，开始尝试着建立失业保险制度等。1978~1989 年，我国先后制定了《国务院关于工人退休、退职的暂行办法》《国务院关于安置老弱病残干部的暂行办法》《国务院、中央军委关于军队干部退休的暂行规定》《国营企业职工待业保险暂行规定》《退伍义务兵安置条例》《军人抚恤优待条例》《女职工劳动保护规定》等一批法规，这标志着社会保障立法在适应经济体制改革中全面铺开。在重建社会保障制度的同时，国家对社会保障法规也进行了重新审议、修改和补充。

（4）逐步完善时期（1990 年至今）。20 世纪 90 年代，我国加大了改革开放的步伐，并开始建立社会主义市场经济体制，社会保障制度也开始朝着社会化和制度化的方向发展，国家开始注重适应社会主义市场经济体制的社会保障法律制度的建设。在继续为国有企业改革做好配套工作的同时，明确了社会保障制度是我国社会主义市场经济框架的重要部分；在社会保障项目单项改革继续深化的同时，初步形成了我国社会保障制度改革的总体框架，明确了要建立适应社会主义市场经济的社会保障体系。从 1990 年开始，国家颁布了一系列的法律法规，如《中华人民共和国社会保险法》《中华人民共和国残疾人保障法》《中华人民共和国未成年人保护法》《中华人民共和国妇女权益保障法》《中华人民共和国母婴保健法》《中华人民共和国劳动法》《中华人民共和国老年人权益保障法》《国务院关于企业职工养老保险制度改革的决定》

《国有企业职工待业保险规定》《国务院关于深化城镇住房制度改革的决定》《城市居民最低生活保障条例》《国务院关于建立统一的企业职工基本养老保险制度的决定》《国务院关于建立城镇职工基本医疗保险制度的决定》《关于建立新型农村合作医疗制度的意见》《工伤保险条例》《国务院关于开展城镇居民基本医疗保险试点的指导意见》《国务院关于开展新型农村社会养老保险试点的指导意见》《国务院关于开展城镇居民社会养老保险试点的指导意见》等。2010 年 10 月 28 日，在历经近三年时间、共四次的审议后，全国人大常委会表决通过了《社会保险法》，并于 2011 年 7 月 1 日起施行。《社会保险法》的立法宗旨：一是规范社会保险关系；二是维护公民参加社会保险和享受社会保险待遇的合法权益，使公民共享发展成果；三是促进社会和谐稳定。《社会保险法》在国家立法层面上确立了国家建立基本养老保险、基本医疗保险、工伤保险、失业保险、生育保险等社会保险制度，保障公民在年老、疾病、工伤、失业、生育等情况下依法从国家和社会获得物质帮助的权利。它确立了我国社会保险制度的基本方针："社会保险制度坚持广覆盖、保基本、多层次、可持续的方针，社会保险水平应当与经济社会发展水平相适应。"这表明我国以法律规范化的形式建立了覆盖城乡全体居民的社会保险制度，凸显出养老医保"异地漫游"、养老保险"全国统筹"、社会保险保费强化征收、监管"盯牢"保命钱四大亮点，体现了统筹城乡的原则，突出了参保人员的合法权利，彰显了平等保障人民基本生存权利的精神。《社会保险法》以政策法律化、规范化的形式宣告了我国以政策为支柱的社会保险时期的结束以及以法律为支柱的社会保险时期的到来。

三、中国社会保障法律制度的基本形式

社会保障法律制度的形式是指社会保障法律规范的表现方式，即有关社会保障的规范性法律文件。新中国社会保障法的形式包括以下几个层次：

1. 《宪法》

《宪法》作为国家的根本大法是制定社会保障法律、法规和实行社会保障制度的基本依据。2004 年 3 月，十届全国人大二次会议通过的《宪法》修正案首次将"国家建立健全同经济发展水平相适应的社会保障制度"载入其中，这表明国家已经明确了建立社会保障制度的目标。同时，现行《宪法》第 44 条规定："国家依照法律规定实行企业事业组织的职工和国家机关工作人员的退休制度。退休人员的生活受到国家和社会的保障。"第 45 条还规定："中华人民共和国公民在年老、疾病或者丧失劳动能力的情况下，有从国家和社会获得物质帮助的权利。国家发展为公民享受这些权利所需要的社会保险、社会救济和医疗卫生事业""国家和社会保障残废军人的生活，抚恤烈士家属，优待军人家属""国家和社会帮助安排盲、聋、哑和其他有残疾的公

民的劳动、生活和教育"。《宪法》的这些规定，构成了中国社会保障法的基本渊源。

2. 法律

这里的法律专指由国家最高权力机关及其常设机关即全国人民代表大会及其常务委员会颁布的规范性文件。法律又分为基本法律和其他法律，前者由全国人民代表大会制定和修改，比较全面地规定和调整国家及社会生活某一方面的基本社会关系；后者由全国人大常委会制定和修改，通常规定和调整基本法律问题以外的比较具体的社会关系。2010 年 10 月 28 日，第十一届全国人民代表大会常务委员会第十七次会议通过，2011 年 7 月 1 日施行的《社会保险法》是我国第一部专门规定社会保险制度的法律。此外，1990 年 12 月 28 日第七届全国人大常委会第十七次会议通过的《中华人民共和国残疾人保障法》、1992 年 4 月 2 日第七届全国人民代表大会第五次会议通过的《中华人民共和国妇女儿童权益保护法》、1994 年 7 月 5 日第八届全国人民代表大会常务委员会第八次会议通过的《中华人民共和国劳动法》、1996 年 8 月 29 日第八届全国人大常委会第 21 次会议通过的《中华人民共和国老年人权益保障法》等都是我国社会保障领域的一些重要法律制度。

3. 行政法规

行政法规是国家最高行政机关即国务院制定的规范性法律文件。关于社会保障方面的行政法规已有多部，如 2004 年颁布的《劳动保障监察条例》、2003 年颁布的《工伤保险条例》以及 1999 年颁布的《社会保险费征缴暂行条例》等。

4. 地方性法规、自治条例和单行条例

地方性法规是由省（自治区、直辖市）的人民代表大会及其常委会制定的规范性法律文件。如 1999 年 7 月 25 日，浙江省第九届人民代表大会常务委员会第十四次会议通过《浙江省职工基本养老保险条例》。而根据《宪法》规定，民族自治地方的人民代表大会及其常委会有权依照当地民族的政治、经济、文化特点，制定自治条例和单行条例，如西藏自治区于 1998 年 1 月 9 日颁布的《西藏自治区实施〈中华人民共和国残疾人保障法〉办法》等。

5. 部门规章和地方规章

部门规章和地方规章统称为行政规章。部门规章是指国务院各部委和某些其他工作部门发布的规范性法律文件，如劳动和社会保障部 2005 年 2 月 1 日开始实施的《关于实施〈劳动保障监察条例〉若干规定》，民政部 2007 年 7 月颁布的《伤残抚恤管理办法》等。地方法规是指省、自治区、直辖市人民政府，省、自治区人民政府所在地和国务院批准的较大的市以及经济特区的人民政府制定的规章，如北京市 2007

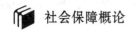

年颁布的《北京市城乡无社会保障老年居民养老保障办法》等。社会保障的行政规章在一定程度上弥补了法律的空白，但由于立法层次过低，影响了社会保障的可靠性和权威性。

6. 法律解释

法律解释是指国家机关的规范性解释，包括最高国家权力机关（全国人民代表大会及其常务委员会）的解释、最高国家行政机关（国务院）的解释、最高司法机关（最高人民法院、最高人民检察院）的解释，也包括地方国家权力机关和行政机关的解释。如 1996 年 11 月 12 日颁布的最高人民法院《关于实行社会保险的企业破产后各种社会保险统筹费用应缴纳至何时的批复》等。

7. 条约与协定

中国参加的国际组织（如国际劳工组织）通过的国际条约与协定经国家最高权力机关批准后即在中国生效，如 1987 年 9 月 5 日，经第六届全国人民代表大会常务委员会批准的第 69 届国际劳工大会通过的第 159 号公约《（残疾人）职业康复和就业公约》等。经过立法机关批准或签署的公约作为中国国内社会保障法的形式而存在，以保障其得以实施。

四、我国社会保障法制建设中存在的问题

虽然新中国成立以来的社会保障法制建设历经半个多世纪，已经有许多相关的法律和法规，但从总体上看，我国的社会保障法制建设还十分落后，这主要表现在以下几个方面：

1. 缺乏整体规划，结构不完整

由于种种原因，我国现行的社会保障立法还缺乏统一性、体系性。社会保险、社会救助、社会福利、优抚安置等各个领域都是单独立法，相互之间缺乏必要的衔接与整合；即使在同一个社会保障领域内，各子系统的法律制度也没有完全实现统一，由各自分散的法规和规章构成。一方面，从《宪法》中的有关规定直接到国务院及其职能部门颁布的各种与社会保障有关的行政性法规、规章、制度中间没有相应的社会保障法律承上启下，形成一种断层的局面；另一方面，虽然颁布了几部与社会保障有关的法律，社会保险、社会救助、社会福利等基本理念也已经形成，但是还没有相应的比较完善的法律体系，一部分的社会保障项目仅仅依靠有限的暂行办法或通知、规定来实施，这很明显地反映了我国社会保障法律制度的建设不仅缺乏整体规划，还缺乏体系。社会保障法制体系的残缺不全造成了在社会保障运行过程中无法可依或法律依

据不足的局面。

2. 立法层次较低，法律规定混乱

社会保障是一个国家社会经济生活的基本问题，应该有一个独立的法律部门来规制其法律关系。然而，从目前我国社会保障立法的现状来看，正在实施的社会保障规范性文件主要是由国务院或各部委制定的行政性法规或部门规章制度，其立法的效力层次较低，权威性、稳定性较差。迄今为止，经过全国人大通过的与社会保障相关的基本法律共有 14 部，除《社会保险法》外，多数法律与其他内容混在一起，并非是专门适用于社会保障领域的基本法律。目前，社会保障法律体系仍主要是由国务院及其职能部门颁布的众多行政法规和部门规章构成，并且其中很大一部分是以"试行""暂行""意见""通知"的形式出现，这种局面表明，我国社会保障法制建设的权威性和稳定性随着实践的发展还有待提升。另外，由于国务院及其相关职能部门出台的很多有关社会保障的政策和规章只是一些原则性的规定，在具体执行中，还需要各地细化，使其各地的办法五花八门，各行其道。由于我国的地区多样性的特殊国情和改革步伐渐进性等原因，社会保障制度改革及其立法走的是"中央试点指导，地方立法为主"的道路。这虽然在一定程度上有利于改革的进行，但其问题也是明显的。这种模式在客观上形成了地区之间社会保障制度的不统一、法规混乱的现实状况。在没有权威性的社会保障基本法的情况下，地方法规具有较强的独立性，由此产生的后果就是社会保障的地方保护主义。社会保障的目的之一就是要用国民收入再分配过程中的平等来调节初次分配中的差别，从而减少社会矛盾，而地方保护主义显然与此相悖。

3. 法律规范强制力不足，体系功能弱化

社会保障的实施机制包括行政执法、司法、争议解决的仲裁活动、法律监督程序等。长期以来，我国社会保障的实施机制较弱，主要原因是已有的法律法规中普遍缺乏法律责任和制裁办法。这一方面是因为基本法律的缺失；另一方面也是因为已有的法规立法层次低，没有足够的强制力来保障其实施。在我国已经制定的社会保障法规中普遍存在着对于违反社会保障法的行为无明确的法律依据，而做出相应制裁的现象，无法确保社会保障措施的有效实施。在社会保障方面发生争议进行仲裁和提起诉讼时，由于社会保障法的立法层次低、立法滞后和已有法律规范的缺陷，仲裁机关和法院无法根据有效的法规对社会保障争议、纠纷进行仲裁和判决，部分争议处于无法可依的状态，违法者得不到法律制裁，逍遥法外。比如，针对现实中大量存在的挪用和挤占社会保障基金的不法行为，《中华人民共和国劳动法》第 74 条规定，"任何组织和个人不得挪用社会保险基金"，但条文中却没有明确制裁措施。再如，《中华人民共和国刑法》中也只对挪用救灾、抢险、防汛、优抚、扶贫、移民、救助款物的行为做出刑法处罚，但对挪用社会保险基金却没有详细规定。因此，我国社会保障体系功

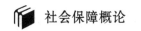

能弱化,不能产生较好的强制性作用,这是我国社会保障立法的明显缺陷。

五、我国社会保障的立法趋势

人大立法是社会保障制度建设的法律基础。国家将加强社会保障立法工作,进一步充实和完善社会保障方面的基本法律,除《社会保险法》外,还将制定《社会救助法》《社会福利法》等,在这些基本法律的统领下,进一步制定和完善配套的法规政策体系。总体上看,社会保障立法有以下几个趋势:

1. 由地方立法向中央立法发展

目前,我国社会保障立法大量表现为地方立法。各省、自治区和直辖市都颁布了大量的地方性法规和地方性规章,这种状态是社会保障制度改革在部分地区综合试点或在部分单位分散试点的需要。但是,随着社会保障制度进入总体设计与整体推进阶段国家也越来越高度重视并有计划地制定全国性的社会保障法律和法规,并在总结地方立法的基础上,努力为全国统一立法创造条件,实现以全国立法来规范指导地方立法,从而在全国范围内保持制度的统一性和完整性。

2. 由分散立法向相对集中立法发展

我国的社会保障的各个部分多是单项立法,彼此之间整体协调性不强,法律制度之间有的存在重复交叉,有的留有空白;由于没有统一立法,制度的实施也是各自为政,难以使其有效整合行政资源。随着社会保障各项制度逐步成熟和普及,国家将进一步进行顶层设计,适当集中立法;并在制定各基本法律时,更加注重相互配合,相互衔接。

3. 由行政立法向人大立法发展

社会保障专业领域的立法除 2010 年颁布的《社会保险法》外,大多数为国务院条例、部门规章和地方政府规章,属于行政立法范畴,其中还有不少"暂行""试行"规定,法律效力相对较低。随着我国社会保障制度的实践发展,一些实行多年并行之有效的做法将通过人大立法得到巩固和加强,同时借此增强其权威性和执行力。

4. 强化社会保障法律制度的实施机制

社会保障功效的发挥需要强有力的制度和措施作后盾。一方面,法律规范本身的强制性将加强,如最近颁布的《社会保险法》就明确了相关的法律责任,对拒不缴费的用人单位、挤占挪用社保基金的责任人以及冒领诈骗社保基金的行为人依法追究其行政责任、民事责任和刑事责任,这将在其他社会保障法律中得到体现;另一方面,也要加强各级人民法院的立案和审理工作，使当事人在社会保障权益受到不法侵害时能获得有力的司法保护，并对社会保障领域发生的违法、犯罪案件依法及时处置，同时，也要进一步增强行政执法力度，加强劳动监察、社保稽核、基金监督和争议处理等各方面的工作。

六、我国社会保障立法中应注意的问题

1. 社会经济转型与立法的超前性

我国仍处于社会经济转型期，在社会保障制度建设上，存在着不少转型时期的应急性和过渡性措施，但是随着社会保障制度的发展，应更多地考虑长远和稳定的制度安排。立法既是反映现实社会生活的镜子，又是指引社会生活的灯塔。因此，要在科学预测社会保障发展趋势的基础上，有根据、有目的地作出社会保障立法规划，以确保社会保障法的稳定性和生命力。

2. 城乡二元结构与社会保障立法的一体化

社会保障是国家的一项基本制度，其内在的公平性和普遍性的属性要求其必须统一立法。但由于我国二元经济结构显著，城乡差别大，在一段时期内，农村地区可能还需要单独立法，实行有别于城市的社会保障制度。但是，未来社会保障立法应更多从统筹城乡发展的角度出发，在制度框架、制度模式上考虑与城镇的对接与统一。

3. 中央立法和地方立法权限

社会保障应该统一由中央立法，以保证所有的公民都能享受基本的社会保障权益，各地在具体实施上都要有可遵循的依据。考虑我国地区之间经济发展水平和管理水平仍存在巨大的差异，允许地方在一定时期、一定程度上保留部分立法权限，但地方立法不能与国家立法相冲突。

4. 我国社会保障制度与国际社会保障制度的接轨

社会保障是人权的重要组成部分。2001年我国参加了联合国大会通过的《经济、社会及文化权利国际公约》，该公约明确规定，缔约国承认人人有权享受社会保障。除此之外，在我国已批准的20多个国际劳工公约中也包含不少社会保障方面的内容。这些国际公约也都构成了我国社会保障立法的依据。另外，在立法中，对尚未批准的有关社会保障的国际劳工公约和建议书也需要吸收和借鉴。

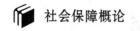

练习题

1. 简述社会保障法的基本含义及特征。
2. 简述社会保障法的基本原则。
3. 简述社会保障法的主要内容。
4. 简述我国社会保障法律制度的基本形式。
5. 简述我国社会保障立法的未来发展趋势。

参考答案

1. 社会保障法的基本含义及特征

社会保障法是指调整社会保障关系的法律规范的总和，具体是指调整国家、社会和全体社会成员之间在保障社会成员基本生活需要，并不断提高生活水平的过程中产生的法律关系规范的总和。

社会保障法的特征有以下几点：

（1）社会性。主要表现为社会保障法的权利和义务涉及全体社会成员。

（2）强制性。社会保障由国家通过立法强制实施。

（3）协调性。由于社会保障的事项庞杂，内容很多，而且不同事项需要不同的法律进行调整，因而不可能用一部法律来规定全部社会保障事务。

（4）安全性。社会保障以立法的形式，通过对社会保障的对象、范围、权利、义务等的规定，使符合条件的发生生存困难的社会成员的基本生活得到保障。

2. 社会保障法的基本原则

（1）权利保障原则。

（2）社会共担责任原则。

（3）与社会经济发展水平相适应原则。

（4）社会公平原则。

（5）普遍性与特殊性相结合原则。

3. 社会保障法的主要内容

社会保障法的主要内容：①制度模式，包括社会保障体系构成、账户管理模式。②管理机构，包括政府、非政府组织（非营利组织或营利组织）。③资金筹集，包括税收或缴费、资金来源与费基和费率、基金管理。④健康保障，包括适用范围、保障模式及待遇标准。⑤无工作能力人的保障，包括适用范围、保障模式、待遇标准、工作分类及鉴定规则。⑥工业伤害与职业病保险，包括适用范围、工业伤害的定义、职业病的定义、医疗待遇、无工作能力鉴定、死亡、职业病的预防、生活补贴、无责任保险、民事赔偿和计划规则。⑦失业保障，包括适用范围、授权资格、待遇标准、就业服务。⑧养老保障，包括制度种类、适用范围、授权资格、待遇标准。⑨残疾人保障，包括残疾人定义、资金来源、待遇标准。⑩家庭补贴，包括适用范围、待遇标准（子女及其他）和给付。⑪最低生活保障，包括受益者范围、待遇标准、救济申请及管理、索求救济金的复议。⑫诉权保障，包括诉讼及处理。

4. 我国社会保障法律制度的基本形式

社会保障法律制度的形式是指社会保障法律规范的表现方式，即有关社会保障的规范性法律文件。我国社会保障法的形式包括以下几个层次：

（1）宪法。

（2）法律。

（3）行政法规。

（4）地方性法规、自治条例和单行条例。

（5）部门规章和地方规章。

（6）法律解释。

（7）条约与协定

5. 我国社会保障立法的未来发展趋势

人大立法是社会保障制度建设的法律基础。国家将加强社会保障立法工作，进一步充实和完善社会保障方面的基本法律，除《社会保险法》外，还将制定《社会救助法》《社会福利法》等，在这些基本法律的统领下，进一步制定和完善配套的法规政策体系。总体来看，社会保障立法有以下几个趋势：

（1）由地方立法向中央立法发展。

（2）由分散立法向相对集中立法发展。

（3）由行政立法向人大立法发展。

（4）强化社会保障法律制度的实施机制。

参考文献

[1] 林义. 社会保险 [M]. 北京：中国金融出版社，2016.

[2] 吕学静. 现代社会保障概论 [M]. 北京：首都经济贸易大学出版社，2005.

[3] 夏淑梅，罗遐. 社会保障概论 [M]. 合肥：安徽大学出版社，2005.

[4] 孙光德，董克用. 社会保障概论 [M]. 北京：中国人民大学出版社，2011.

[5] 张克非. 社会保障概论 [M]. 北京：高等教育出版社，2014.

[6] 郑功成. 社会保障学 [M]. 北京：商务印书馆，2000.

[7] 孙光德. 社会保障概论 [M]. 北京：中国人民大学出版社，2000.

[8] 张彦，陈红霞. 社会保障概论 [M]. 南京：南京大学出版社，2008.

[9] 齐海鹏. 社会保障 [M]. 大连：东北财经大学出版社，1999.

[10] 李晓林，王绪瑾. 社会保障学 [M]. 北京：中国财政经济出版社，2017.

[11] 贾洪波. 社会保障概论 [M]. 天津：南开大学出版社，2014.

[12] 张琪. 社会保障概论 [M]. 北京：中国劳动社会保障出版社，2017.

[13] 胡晓义. 社会保障概论 [M]. 北京：中国劳动社会保障出版社，2016.

[14] 冯氏惠. 中国社会保障制度改革发展与中国梦 [J]. 当代中国史研究，2014 (5)：79-88.

[15] 李佳. 自愿与强制之间的抉择：适度强制——新型农村合作医疗制度中参与原则的博弈分析 [J]. 学术交流，2017 (4).